河北大学燕赵文化高等研究院
INSTITUTE FOR ADVANCED STUDY OF YANZHAO CULTURE, HEBEI UNIVERSITY
成果文库

京津冀方志金石文献述论

张志勇 ◎ 著

社会科学文献出版社
SOCIAL SCIENCES ACADEMIC PRESS (CHINA)

目　　录

绪　论

中国地方志有悠久的历史。地方志是记录特定时期和特定地域内山川景物、政令沿革、风俗教化、名胜古迹、人物行藏以及诗文著作等内容的综合性史志资料。地方志具有"地域性""阶段性""延续性""系统性"等特点。其中"地域性"是指方志编纂秉承"不越境而书"的原则，一地有一地的方志，故研究地域文化必须借重方志。"阶段性"是指每本地方志均有自身时间断限，体现特定的时代内容，从中自可考索、发掘时代语境及文学观念，恰与王国维先生"一代有一代之文学"的提法相印证。而与"阶段性"相辅相成的则是方志的"延续性"——自隋代以后，官方规定每隔若干年就必须修撰一次方志。以宋代而论，当时方志非常普遍，凌万顷言"郡县必有志"①（《淳祐玉峰志·序》），周辉《清波杂志》言"近时州郡皆修图志"②，黄岩孙曰"今僻陋之邦，偏小之邑，亦必有纪录焉"③（《仙溪志·跋》），看似夸大其词，实则不然。据统计，宋代方志应该在800种以上④，考虑到南宋嘉定以后置府、州、县总数有800多个，少数地区还可能有一地多志的情况，则凌万顷等人所言是基本属实的，宋代地方纂修志书确实是一种普遍性的活动。同时，宋代又是中国地方志体例趋于定型的时期，此后无论朝代如何更迭，统治者以及地方士绅文人都比较重视方志的编修，由此形成了中国方志文献的庞大数量。以现存旧志

---

① （清）陆心源撰《皕宋楼藏书志　皕宋楼藏书续志》，中华书局，1990，第346页。
② （宋）周辉撰，刘永翔校注《清波杂志校注》，中华书局，1994，第164页。
③ （宋）刘克庄著，辛更儒笺校《刘克庄集笺校》，中华书局，2011，第4077页。
④ 《中国方志史》："由于中央政府的高度重视，也得益于经济、文化的空前繁荣，宋代方志有了前所未有的发展和提高。《宋史·艺文志》著录两宋方志达302种，这是最早但不是完全的数字。据张国淦《中国古方志考》著录宋代方志782种，刘纬毅《宋元方志辑佚》（稿）辑宋代方志490种。扣除重复者，宋代方志总共应在800种以上。"刘纬毅等：《中国方志史》，三晋出版社，2010，第120页。

（编成于 1949 年以前的方志）为例，1958 年朱士嘉修订《中国地方志综录》，据全国 41 个图书馆所藏方志目录，著录现存方志 7413 种，共109143 卷；编制于 20 世纪 70 年代后期的《中国地方志联合目录》，著录现存旧方志 8264 种[①]；金恩辉、胡述兆主编的《中国地方志总目提要》则收录旧方志达 8577 种[②]。当然，其中所收并非存世的所有方志，但已经可见方志文献资源的丰富。这样，单个的、形诸历史文化坐标的方志就已被串接于历史长河之中。若从历时性角度加以观照，自可沿波而讨源，从中发掘学术嬗变的因子，并提炼出那些稳定的、相沿而下的文化特质，达到"辨章学术，考镜源流"之功效。以此观之，方志又成为我们借以钩稽、把握地域文化流变及发展脉络的文献载体。再者，方志的编纂又秉承一定的体例，在资料的收录、运用方面自成一体，为研究区域文化提供了"全景百科式"的资料体系。此即方志"系统性"之所在。综上，方志史料与地域文化研究存在难以分割之密切联系。

丰富的文献是深入研究的基础，准确的文本是求真索隐的前提。方志是一类数量庞大而利用尚不充分的文献。对于"京津冀协同发展"背景下迫切需要探寻三地文化同源"根脉"的燕赵学术研究来说，方志文献的利用也更为重要。有鉴于此，我们拟在燕赵文学研究领域率先引入对方志文学史料的钩考探索，以便通过更加宏阔的视野来搜集更为丰富的研究材料，为重构燕赵文学史、学术史打下先期的基础。下面，首先回顾燕赵地方史志出版发行及研究现状，并在此基础上简要揭示方志金石文献研究工作的价值与意义。

一　京津冀方志研究现状举隅

目前，与燕赵地域方志中的文学史料相关的历史文献资料和近年来学界文献成果大体可分为以下三种类型。

（一）京津冀方志集成类丛书

宋代以后，中国地方史志修撰进入"丰产期"。自民国至当代，不断有出版机构将其汇编出版。其中涉及燕赵地域方志者甚多，这一方面具代

---

① 庄威凤：《〈中国地方志联合目录〉的特点及存在的问题》，《中国地方志通讯》1984 年第 2 期。

② 金恩辉、胡述兆主编《中国地方志总目提要》，（台北）汉美图书有限公司，1975。

表性的文献有以下四种。

1. 上海书店出版社、巴蜀书社、江苏古籍出版社联合出版之《中国地方志集成》系列丛书。2002 年，上海书店出版社出版《中国地方志集成·北京府县志辑》凡 7 册，收录光绪《顺天府志》等北京各地府、州、县志书凡 17 种；2004 年，出版《中国地方志集成·天津府县志辑》凡 6 册，收录光绪《重修天津府志》等天津各地府、县志书凡 8 种；2006 年，又出版《中国地方志集成·河北府县志辑》凡 73 册，收录乾隆《正定府志》等河北各地府、州、厅、县志书凡 162 种。

2. 1961～1966 年上海古籍书店出版《天一阁藏明代方志选刊》、1990 年上海书店出版《天一阁藏明代方志选刊续编》系列丛书，收录与燕赵地区相关的嘉靖《河间府志》等各地府、州、县志书凡 19 种。

3. 1979 年以后书目文献出版社出版《日本藏中国罕见地方志丛刊》收录与燕赵地区相关的万历《保定府志》1 种；2003 年以后该社出版《日本藏中国罕见地方志丛刊续编》，收录与京津冀地区相关的万历《沙河县志》、崇祯《蔚州志》、康熙《平乡县志》3 种。

4. 1966 年以后台湾成文出版社出版《中国方志丛书》，收录与燕赵地区相关的《固安文献志》等各地府、州、县志书和专题志书凡 130 种。

（二）燕赵地域方志概述、提要类文献

随着地方史志研究探索的深入开展，近几十年也涌现出许多对燕赵地域方志进行概述、提要之文献成果。其中具代表性者有以下六种。

1. 由来新夏等编纂，天津大学出版社于 1992 年出版的《河北地方志提要》，系 20 世纪 80 年代 "中国地方志整理规划" 之阶段性成果。该书除记载地方史志书名、著者、卷数、版本、体例等基本信息外，尚补入 "藏者"（收藏方志之机构、个人）一项，并对方志 "史料价值" 予以述评，故可称为河北地方史志研究的入门工具书。

2. 由河北大学地方史研究室编纂，河北人民出版社于 1989 年出版的《河北历代地方志总目》。该书系 1983 年河北省地方志办公室委托河北大学地方史研究室整理、编次河北历代地方史志的最终成果。其特色是：在编次河北地方志书、志略、佚书凡 1304 种之基础上，兼收京、津两地志书、佚书 169 种。该书亦可为今日京津冀方志史料的协同研究提供必要之门径。

3. 由于洪儒等编纂，吉林省地方志编纂委员会、吉林省图书馆学会于1988年出版的《河北省方志概要》。该书系"中国地方志详论丛书"之河北分册，在每一县、市的条目下，按年代先后顺序分别著录历代地方志书名目，简明清晰，亦为研究河北地方志有力之工具书。

4. 由谭烈飞主编，中国书店于2006年出版的《北京方志提要》。该书不仅收录了自元代至民国的北京地方府、州、县志及各种专题类志书，而且还详细列举了新中国成立以后新编北京市志、区县志的条目内容，可谓贯通古今，大备于时。

5. 由魏东波等编纂，吉林省地方志编纂委员会、吉林省图书馆学会于1985年出版的《天津地方志考略》，系"中国地方志详论丛书"之天津分册。该书主要对明清以后天津卫所、州、府方志的著录内容、刊刻流布等情况予以枚举考订，并对今天津市辖境内的宁河、蓟州、宝坻、武清、静海等区方志进行钩稽概述，实为研究天津方志的入门工具书。

6. 由顾宏义撰，上海古籍出版社于2012年出版的《金元方志考》，虽非燕赵地域方志领域专著，但其对金元时期燕赵地域已佚方志相关条目在其他各类文献中的引录摘编情况进行了详细考订和明确标示，亦可在一定程度上发挥对当前京津冀方志研究材料补遗之功效。

（三）以燕赵地域方志史料为依托展开相关学科专题研究的文献

此类文献并非以京津冀方志作为研究对象，但援引了上述三地方志中的某些史料为据，为自身论证史学、文学、音乐、民俗等相关学科的研究观点提供支持。这一方面的代表性文献成果有以下四类。

1. 依托燕赵地域方志史料展开文学、文献学研究的成果。主要包括罗海燕《天津文学文献整理与研究》①、王明好和王长华《清代畿辅方志艺文志的时空分布及文化成因》②、张晶《光绪〈畿辅通志·金石略〉研究》③ 等。

罗海燕著《天津文学文献整理与研究》，专立一章"方志文献"，分别辑录"（天津地方）旧志中的文学文献"和"新志中的文学文献"，为整

---

① 罗海燕：《天津文学文献整理与研究》，社会科学文献出版社，2017。
② 王明好、王长华：《清代畿辅方志艺文志的时空分布及文化成因》，《地域文化研究》2019年第1期。
③ 张晶：《光绪〈畿辅通志·金石略〉研究》，硕士学位论文，河北师范大学，2018。

理、汇编天津地方史志中的文学、文献学资料做了很多扎实的工作；而张晶的硕士学位论文《光绪〈畿辅通志·金石略〉研究》以黄彭年主持修纂的光绪《畿辅通志·金石略》为底本，以出土的吉金铭文、碑铭墓志、摩崖刻石、经幢造像等各类金石文献为依托，从"按语类型"和"引书类型"切入，对《畿辅通志·金石略》编者所撰考证按语展开了钩稽考证，指出了《金石略》所收文献的分布规律。

2. 依托京津冀地方史志展开燕赵地区古代、近代历史专题研究的成果。主要包括秦进才《光绪〈畿辅通志·明列传〉校证举要》①、《清光绪〈畿辅通志·明列传〉人物收录辨误》② 以及王昕《〈畿辅通志〉辽进士考辨与辑补》③ 等论文。其中，秦进才曾参与《河北省志·人物志》的编写工作，所以他在上述的两篇文章中既指出光绪《畿辅通志·明列传》是"明清两朝全国各地对畿辅明人活动记录的总结"，又对该书因沿袭旧志、地名相同、籍贯不同等而误收的明代人物进行了——辨误考订。所以，秦进才的两篇文章既是依托燕赵地方志开展历史学科研究的典型文献，又提示了地方志编撰中存在的局限性，指出了辩证地看待方志记载的必要性。

3. 依托京津冀地方史志探究明清直隶地区戏曲发展史的成果，主要包括王政《京津冀方志所见民间演剧史料辑考》④、王琳《清代及民国方志演剧史料研究——以晋、冀、豫地区为例》⑤、张靖和延保全《清代及民国河北方志所见演剧史料考述》⑥ 等论著。其中，《京津冀方志所见民间演剧史料辑考》最具代表性。该文以表格的形式汇总辑录京津冀三地方志中所载年节花会、岁时节庆等戏曲演出资料，借此提出了一些新观点：旧时京津冀地区戏曲演出多以酬神还愿为目的，这导致在岁时节庆活动之外的日常生活中也往往充斥着演剧事象，甚至从戏曲演出活动中派生出群众扮演常

---

① 秦进才：《光绪〈畿辅通志·明列传〉校证举要》，《河北师院学报》（社会科学版）1996年第 2 期。

② 秦进才：《清光绪〈畿辅通志·明列传〉人物收录辨误》。《中国地方志》2003 年第 3 期。

③ 王昕：《〈畿辅通志〉辽进士考辨与辑补》，《河北师范大学学报》（哲学社会科学版）2016 年第 4 期。

④ 王政：《京津冀方志所见民间演剧史料辑考》，《北京社会科学》2010 年第 2 期。

⑤ 王琳：《清代及民国方志演剧史料研究——以晋、冀、豫地区为例》，社会科学文献出版社，2018。

⑥ 张靖、延保全：《清代及民国河北方志所见演剧史料考述》，《艺术学界》2018 年第 1 期。

见戏曲人物角色而沿街游行的"戏象"式表演类型。因此，在明清民国时期，戏曲往往是作为民俗礼仪事象的重要组成部分出现的。

4. 依托京津冀地方史志考索、探究地方文化演变及发展历程的成果。此类文献同样为数不多。具代表性者有杨春扬《地方文化传统的转移——以民国时期河北省地方志的纂修为例》①、徐雪梅《清朝华北旌表女研究——以〈畿辅通志〉所列华北地区为主》②等论文。其中《地方文化传统的转移——以民国时期河北省地方志的纂修为例》一文，从民国以后河北方志纂修主体、内容体例等方面相对于明清同区域方志的变化切入，指出民国以后新式知识分子群体取代旧式乡绅成为修志主体，导致方志内容开始更多地注重经济、实业、民生等全新领域。这也从侧面揭示了民国时期河北地方文化观念随经济、社会演变而得以更新发展的嬗变历程。

上述的各类研究资料和文献成果，展现了依托燕赵地域方志开展各学科研究的广阔前景。然而，综观当前的研究资料和文献成果，也不难发现学术界对于燕赵地域方志文献资料的借鉴和运用仍呈现不足态势。具体表现在：对京津冀方志文献进行汇编、整理、提要的文献较多，以京津冀地方志本身（内容、体例、特色、修撰机制等）为探讨对象的研究成果亦不在少数，但援引燕赵地域方志文献资料开展各相关领域学科研究的成果的种类、数量却都普遍较少。

所以，更多地将研究、探索的目光转移到燕赵地域方志资料上，以此来催生新的学术观点，堪称推动该区域各学科学术发展的新思路、新方式、新"引擎"。而要更为广泛地援引方志史料来推动各学科学术研究的进步，则需要从专题研究的视角出发，首先对京津冀方志史料展开分门别类的、有针对性的辑录、考订和整理等工作。

二 方志金石文献的校勘价值与意义

纸本文献在抄刻流传过程中，会因辗转传抄而产生诸多异文，相对而言，金石文献的文本则要稳定得多。方志中的金石文献，因地域相近，能

---

① 杨春扬：《地方文化传统的转移——以民国时期河北省地方志的纂修为例》，硕士学位论文，天津师范大学，2010。
② 徐雪梅：《清朝华北旌表女研究——以〈畿辅通志〉所列华北地区为主》，硕士学位论文，河北师范大学，2015。

基本保存其原貌。尽管会在刻石和转录过程中产生讹误，但其程度较低。因此，从版本的角度而言，金石文献与纸本文献因其"异源"性质，具备了互资校勘的条件。在校勘中，不仅可据金石文献来探究纸本文献沿袭已久的讹脱错乱，也可据纸本文献说明其与金石文献产生异文的原因。同时，还可在比较二者差异的基础上，进一步从文章学的角度说明文本生产过程中的细节问题。

比如，《木兰辞》是一篇流传极广的乐府古辞，今存最早的文本为北宋初年《文苑英华》所录，其次为北宋中期郭茂倩的《乐府诗集》，还有《古文苑》，其时代至晚也在南宋前期①。这三个版本外，方志中还存有一个北宋中期的版本，即河北完县（今顺平县）木兰祠宋代卧碑所刻本②。此碑为钱景初录辞而托郭寅立石，时在熙宁辛亥（1071），绞郭茂倩编《乐府诗集》略早。木兰祠卧碑所录文本有几处重要异文，不见于他本，值得注意。今以《乐府诗集》卷二五所录《木兰辞》为底本，参校各本，并比较其优劣。

"唧唧复唧唧"，《乐府诗集》注"一作促织何唧唧"，《古文苑》卷九作"促织何唧唧"，《文苑英华》卷三三三作"唧唧何力力"，宋碑作"即足何历历"。按：《乐府诗集》所录为通行文本，所注异文与《古文苑》同，《文苑英华》所录文意勉强能通，唯有宋碑差异最大，又最费解。实则宋碑此句更接近原貌。"即足"为拟声词，《广雅·释鸟》"（凤皇）雄鸣曰即即，雌鸣曰足足"③，凡鸟雀之声皆可泛谓"即即足足"，简言之则为"即足"。"历历"为清楚分明之意。"即足何历历"，其艺术手法属于《诗经》的"兴"，借鸟鸣之声以引起木兰之事。后世在传抄中，因"足"字草书作"之"，与重文符号相似，遂讹作"即即"，又加"口"旁作"唧唧"。又涉下文"唯闻女叹息"而误解"唧唧"为叹息声，不仅失去文本原貌，而且使诗歌韵味大减。

"愿驰千里足"，《乐府诗集》《古文苑》同，《文苑英华》作"愿得鸣驼千里足"，注"得鸣"一作"借明"，又本句一作"愿驰千里足"，宋碑作"愿借千里足"。按：作五字句为是。唐代驿站置有"明驼使"，《文苑

---

① 王晓娟：《〈古文苑〉成书年代考》，《文史哲》2010 年第 1 期。
② 民国《完县新志》卷九，《中国地方志集成·河北府县志辑》第 40 册，上海书店出版社，2006，第 360 页。
③ （清）王念孙著，钟宇讯点校《广雅疏证》，中华书局，2004，第 381 页。

英华》"明驼"（讹作"鸣驼"）二字疑为唐人所加。又木兰不愿受赏，唯思早归故乡，故愿可汗能"借"与千里足。若作"驰"字，文意固然可通，但从辞令上看，则不够稳惬。

"出郭相扶将"，《乐府诗集》《文苑英华》《古文苑》并同，宋碑作"出迎相扶将"。按：作"迎"字是，当从宋碑本。"迎"字之"卬"与"郭"草书形近，又脱去"辶"，遂讹作"郭"。木兰爷娘听闻女儿归来，出门相迎。若作"出郭"，从礼制上来说，父母远迎女儿，不合尊卑之礼。且木兰骤然归家，门前下马，事出望外，故其爷娘相扶出迎，阿妹理妆，小弟备馔，一片热闹匆遽之状，十分生动。若"出郭"相迎，诗歌情景便失于缓滞。

"阿姊闻妹来，当户理红妆"，《乐府诗集》《古文苑》《文苑英华》并同，宋碑作"小妹闻姊来，对镜理红妆"。按：上句"姊""妹"二字互倒，文意俱可通，无以定其是非。下句当以"对镜"为是，若作"当户"，则细节描写不够鲜明准确。赵匡胤祖父名敬，宋人避嫌讳"镜"字，"当户"二字疑因避讳而改。

此外，宋碑所存异文还有数例，如"策勋十二转，赏赐百千强。可汗问所欲，木兰不用尚书郎"，宋碑无"赏赐百千强。可汗问所欲"二句。"着我旧时裳"，宋碑作"着我旧衣裳"。"同行十二年"，宋碑作"相随十二年"。对于理解诗意，均有裨益。该碑所录《木兰辞》的版本价值颇高，逯钦立《先秦汉魏晋南北朝诗》中《梁诗》卷二九收《木兰诗》，未能据宋碑加以校勘，殊为憾事。

第二个例子是韩琦守定州时所写的《重修儒学记》，篇首阐释学校对于教化人民的功效。

> 天与人性不一，圣人欲率焉而一之于善，非学不能也。三代之兴也，自国家以达乎乡党必有学，以教其民人，导其性使一之于善，以明乎君君、臣臣、父父、子子、兄兄、弟弟、夫夫、妇妇之道，然后安其分而享国长久。[①]

此文又见《安阳集》卷二一，题作《定州新建州学记》。但比勘二者，

发现其文本最大的差异是，在"非学不能也"句下，《安阳集》尚多 102 字，即：

> 夫子之言性有三，曰上智，曰下愚，曰中人。谓智愚则不移矣，然而中人之可以上下者，由学与不学乎！昌黎文公曰：上之性就学而愈明，下之性畏威而寡罪。夫智者之欲益明，愚者使知其可畏，又必在乎学而已矣。呜呼！文公之言性，可谓能广圣人之道，而所劝多矣。①

碑文比本集少百余字，显然不是漏刻，因为韩琦身为一州最高长官，他为州学所撰之文，石工于情于理不应疏漏，更何况百余字之多。同时也不是方志编纂者过录碑文时漏抄，因为漏抄一二字，容有其事，而漏抄百余字，且还是文意完整的一段话，明显不合常理。最合理的解释是，碑文为韩琦所作初稿，待日后收入文集时又有所增订，故而两本文字颇有互异之处。

从该文的文理而言，"天与人性不一，圣人欲率焉而一之于善，非学不能也"是全文的核心论点，"三代之兴也"以下是论据。但是人的禀性愚智不齐、利钝不一，何以"学"能够导民向善？如果"学"对不同人的教化效果不一样，那么三代又如何能郅治升平而"兴"呢？碑文在逻辑上明显不够严密，阐述也有欠充分。待收入文集时，作者补充孔子及韩愈的话作为依据，说明"学"对于教化不同的人，各有其重要性，能使智愚之人各得其宜，正因为如此，所以三代社会才能兴盛。有了新补的这段话，文章的论述便缜密多了。方志载录的碑文有助于我们更细致深入地认识韩琦该篇文本的形成过程，同时从文章学的角度为我们了解古人的写作及修改方法提供了一个可资借鉴的实例。

类似的例子在方志中还有很多，如杨士奇《赠资善大夫北京行部尚书李公人义神道碑》一文②，又见《东里续集》卷二六，题作《李氏先茔之碑》。其中异文同样文集较碑文为优，从比勘中可体会到作者修改时的用意。例如"惟二圣大德如天，靡不遍覆"，下四字《东里续集》作"有以

---

① （宋）韩琦撰《安阳集》，《景印文渊阁四库全书》第 1089 册，（台北）台湾商务印书馆，1986，第 326 页。

② 民国《清苑县志》卷五，《中国地方志集成·河北府县志辑》第 29 册，第 525 页。

施及"，语言更为平实准确，不似碑文之浮夸。"暨先人所以留遗我者"句之"留遗"二字，《东里续集》作"敷遗"，语出《尚书·康王之诰》，用词典雅贴切。"其所及人益厚"，《东里续集》下多"平居睦族乐宾，笃子姓于善而已"十三字，描写人物行事更加完备，形象也更丰满。再有《工部尚书李公神道碑》一文①，又见《东里续集》卷二七，也可以方志所录为校勘之资，体察其为文之用心所在。

在古代书籍的传播过程中，方志的流通范围较小，即便有人注意到方志，也因厚古薄今的态度，对时代较后的方志文献置若罔闻。方志中的金石类文献更是备受冷落，更不用说具有丰富地域文化色彩的京津冀方志中的金石类文献。

京津冀方志金石文献是有别于其他文本文献的珍贵史料。这类金石文献地域分布总体呈现"京、保、沧多，津、唐、邢少"的格局。北京作为国都、保定作为直隶总督署都获益于南北文化交融，文人荟萃，这些为全面提升京津冀方志金石文献的发展水平提供了可能。这部分金石文献蕴含非常丰富的历史文化信息，对其进行整理与研究，既可用于补足文史方家叙事的细节缺漏，又能纠正纸质史书的书写错误。就整体而言，京津冀方志金石文献是一种价值独特的文化遗存，对其在内容和艺术上所取得的卓越成就的重视、研究，无疑对该时期的文学、历史以及文化研究多有裨益。

具体而言，本书以《中国地方志集成》中京津冀地区相关方志为底本，将京津冀方志金石文献作为研究对象，对现存方志中"金石"一门的史料文献进行重新整理，并依托出土吉金铭文、碑铭墓志、摩崖刻石、经幢造像以及各方志中所附的相关考订文字等各类金石文献对其进行梳理。

为便宜行文，本书仿照现今地域区划，按北京、天津唐山廊坊沧州、石家庄、保定雄安、邢台邯郸、衡水、张家口承德秦皇岛等划分章节，讨论京津冀方志金石文献的数量与版本、体例与沿革、内容与类别、创作特征、道德教化、宗教文化的传递以及学术价值的判断，并结合史传、总集、别集等文献，对相关篇章加以校勘，特别是对文坛名家、达官显宦的创作进行深度解读，注明异同，判定是非。

---

① 民国《清苑县志》卷五，《中国地方志集成·河北府县志辑》第29册，第525～526页。

传统金石学研究的基本立场是考据式的，强调的是决疑问、定是非，即利用新出文献，考订人名、地名、种族、爵里、官制等。本书关于京津冀方志中的金石类文献研究则强调在考证基础上更进一步，具体体现在以下四个方面。

第一，本书着力于钩稽考证并系统梳理散见在方志金石文献当中的燕赵文学研究资料。之所以说本书有助于进一步理清燕赵文化的发展脉络，是因为京津冀方志文学史料中包含大量极具学术价值的信息，有助于我们重新观照、解读古代燕赵区域文学、学术与整个中国古代文学、学术之间交相互动、互渗及相互影响的历史进程。

第二，本书还十分注重对金石文献中所隐含之政治景观效应的发微探索。具体表现在：索隐碑铭兴造、磨灭、重刻背后的政治角逐，探究金石文献场域展现出的权力关系，发掘金石文献撰者、修志人与读者之间的互动与张力，以此作为介入往昔的新入口。

第三，关注金石文献背后的社会经济变迁。对古人生活世界中承载文字之物的制作生产过程、馆阁桥梁楼台的建设与题铭及其在古人世界中的意义承载予以全景式、立体化的审视，从而在伦序纲常、征异谶纬、碑铭颂赞内外发现一些新的更有意义的话题或视野。

第四，归纳总结金石文献的地域文化价值及意义。撰述、兴造、存废无疑是古人特别是士人精英生活世界中的重要组成部分，这些不仅仅反映了文人士大夫的旨趣，更多的是地域思想文化的图景映射。对其进行多层次的讨论可以让我们"亲承之道"，感受古人"风猷"，在还原或趋近地域历史文化现场的探索中，为地域历史文化演进提供更精确的诠释。

总之，京津冀方志金石文献的整理与研究有助于传统文史之学的考证研究，有裨于总集和别集文献的编纂校勘。从学科分类而言，本书对于燕赵文学、文献学、历史学、宗教学、金石学研究工作来说，均有望提供更具参考价值的研究视角。故不揣冒昧，奋笔为文，汇成此册，权作抛砖引玉，和广大同人切磋探讨。亦同野人献曝，更愿针对本书中所涉之学术前沿问题就教于大方之家。其中所论若有疏漏局限之处，还恳请广大同人大力斧正！

第一章
北京方志金石文献研究

　　在祖国数量庞大的方志当中，以北京地区所修方志为多。虽然因旧志有不少遗失，无法得出确切的总数，但从现存旧志数量亦可想见北京旧志总数：谭烈飞主编的《北京方志提要》，著录现存的北京旧方志 91 种①，其中府（市）志共 9 种，元代 1 种，明代 3 种，清代 4 种，民国 1 种；州（县）志共 50 种，明代 7 种，清代 30 种，民国 13 种；专志共 32 种，明代 4 种，清代 14 种，民国 14 种。这与北京特殊的历史地位有密切关系。西周初年，北京及其周边地区为召公封地，秦代时于广阳郡治下正式设北京为蓟县，其后在漫长而动荡的历史长河之中，北京虽然一再改名，但多次被作为都城来建设，其政治中心的地位愈发显著。如辽自会同元年（938）于北京地区建立陪都，号南京幽都府，开泰元年（1012）又改号为析津府；元世祖至元元年（1264），将北京地区置为中都路大兴府，又于至元九年改名为大都路，即元大都，是为元朝的政治、交通中心；明永乐十九年（1421）正月，明朝中央政府迁都北京，以顺天府北京为京师，其后的清朝亦将北京作为都城，称其为京师顺天府，隶属直隶省。如果从辽升幽州为其南京开始算起，则北京建都已有一千多年，如果从北京作为元大都开始算，那么北京作为中国的政治中心也有 750 年之久。这样一种特殊的地位，造就了北京地方志的庞大数量。

　　首先，本章探讨北京地区方志中所收金石文献的大概情况（主要针对专门设有"金石""碑刻""墓志"等相关门类的府县方志）。其次，由于北京地区方志中著录金石的部分比较多，但是体例各有特点，故本章主要

---

　　①　谭烈飞主编《北京方志提要》，中国书店，2006。

以之为例，通过分析、比较北京地区方志著录金石文献的体例，探讨其金石观念中的多种认知，总结金石文献在方志中最佳的著录方法和体例。最后，北京方志中金石文献的教化色彩比较浓厚，同时也不乏文学性，这种特色也是本章将要揭示的部分。考虑到《中国地方志集成》所收地方志较具代表性①，本章所研究的对象，主要为《中国地方志集成》中所收有关北京地区方志中的金石文献。同时，由于《中国地方志集成》"所收方志以晚近时期修纂的为主"，固然有"后出转精"的优长，也有不利于历时考察方志变迁的缺憾，本章所论又兼及部分《中国地方志集成》未收的相关志书。

第一节　北京地区方志金石文献概述

北京今有东城、西城、朝阳、丰台、石景山、海淀、顺义、通州、大兴、房山、门头沟、昌平、平谷、密云、怀柔、延庆等 16 个辖区。今存北京旧方志中，专门设有"金石""碑刻""墓志"等相关门类的府县方志有 13 部：万历《顺天府志》、康熙《天府广记》、康熙《顺义县志》、光绪《顺天府志》、光绪《昌平外志》、民国《良乡县志》、民国《房山县志》、《民国通县志稿》（原名《通县编纂省志材料》）、民国《顺义县志》、民国《平谷县志》、民国《密云县志》、民国《北京市志稿》、民国《通县志要》。现分别概述如下。

①　《中国地方志集成·编辑弁言》曰："据有关专家对全国馆藏的调查，全国现存的历代方志约八千余种，十一万卷。《集成》从中选择收录三千余种，四万七千余卷，包括各地的通志、府志、州志、厅志、县志、乡镇志，以及山水志、寺庙志、园林志等。选收以资料较丰富、使用价值较大为原则，兼顾地区分布和版本价值。我们的宗旨是使《集成》成为覆盖面广、编印质量高、实用价值大的大型丛书。所谓覆盖面广，即全国各府、各县志书都有收录，另有乡镇志和山水、寺庙、园林志专辑，使各地的历史面貌都能得到较为全面的反映。所谓编印质量高，即所收志书尽量选用版本珍贵书品较好的底本；如有残缺，力争从他本复制补齐；模糊不清之处，尽量加以修描；未刊稿本的修改批注字迹，各种图表等一概存真；印制质量力争达到较高水平，务求所收志书能完整清晰地展现于读者面前。所谓实用价值大，即所收方志以晚近时期修纂的为主，取其涵盖时间长，记述方面广，包容材料多的优点，无论是自然环境的变迁，社会状况的演化，各种制度的沿革，都对当代或后人有较大的查考价值。"从数量上看，《中国地方志集成》所收方志占了全国今存方志总数的三分之一强；从质量上讲，精选版本，修复残缺模糊；从内容上说，门类齐全，覆盖面广。因此《中国地方志集成》所收方志较具代表性。

一　万历《顺天府志》

明代沈应文等编纂，万历二十一年（1593）刻本，齐鲁书社 1996 年版《四库全书存目丛书》史部第 208 册收录。

全书共 6 卷，分别为地理志、营建志、食货志、政事志、人物志和艺文志，其中艺文志下著录"碑刻"和"题咏"两门。"碑刻"条下按曰："夫勒勋贞珉，称伐碗琰者，借不朽也。顾名行可师，不朽者德；除蔷御患，不朽者功；树猷垂训，不朽者言。碑刻之存否，以是焉耳。"① 此以"三不朽"为碑刻存否之标准，与卷六"艺文志"条下所言同："文章非鲜少也。思驰三玄，腾辉五际，煜奕廊庙，炜烨寰区，黼黻皇猷，表扬世道。立朝注屑，则其摛藻在当时；穴处岩居，则其经纶在唇吻。盖经国之事业，不朽之盛也。我祖宗作士二百余年，彬彬词美，代不乏人，自荐绅先生与都人士，敷华工蒉，莫非感时示则，触事立言，言以彰德，则以率轨，文献征之矣。"② 故"碑刻"所录诸篇，或作者有绝大功业，或传主有高尚品格，或记造福乡里之事，皆为教化民心、表扬世道者。

"碑刻"条下著录题目、作者和全文，依次收录乐毅《报燕惠王书》、《女史箴》③、韦稹《涿州新置文宣王庙碑》、范仲淹《窦谏议阴德记》、费宏《重修孔子庙碑》、王鏊《宝坻新城记》、李时《敕建永济桥记》、《希包堂记》④、袁炜《敕修卢沟河堤记》、丘濬《霸州重修庙学记》、王华《霸州新筑河堤记》、陈于陛《重修房山县学记》、顾清《修河缮城记》、张四维《平谷县修城记》、刘应节《密云新建重城记》、刘应节《密镇创建武学记》、余有丁《密云县疏河记》、刘应节《密云忠义庙记》、陆泰《密云石匣营新建石城记》、商辂《新城记》、张位《潮县新城记》、杨士奇《文丞相祠记》、罗伦《文丞相祠记》、罗洪先《文山先生文集序》、许有壬《文丞相传序》、李鼎克真《神石铭》、王世贞《神石铭》、李桢《首善编序》、谢杰《宛署杂记叙》、沈榜《宛署杂记自序》，凡 30 篇。其中罗

---

① （明）沈应文等撰万历《顺天府志》，《四库全书存目丛书》史部第 208 册，齐鲁书社，1996，第 244 页。
② （明）沈应文等撰万历《顺天府志》，《四库全书存目丛书》史部第 208 册，第 243 页。
③ 作者为晋代张华，万历《顺天府志》缺名。
④ 题下不著作者，文末题曰"杨廉"。

洪先《文山先生文集序》、许有壬《文丞相传序》、李桢《首善编序》、谢杰《宛署杂记叙》、沈榜《宛署杂记自序》一般只置于文集中，但这里记载其曾被刻石，值得我们注意。

二　康熙《天府广记》

明末清初人孙承泽撰。是书多年来以抄本形式流传，据其卷首"都门八十岁老人孙承泽纂"可知此书约成于清康熙十年（1671）。今有北京出版社 1962 年点校排印本二册，以及北京古籍出版社分别于 1982 年和 1984 年出版的重排本。

全书共 44 卷，卷三十九专录"石刻"，其前一卷为"寺庙"，后一卷为"陵园"，故"石刻"所录，重在著录时地因由、石刻形态，兼有辩证考索，不以摘录所刻全文为指归。其录"周宣王石鼓文"，首叙今存之地，次言石鼓形态，次言流转之迹，次言文本数量；其后又分别引杨慎、陆深论及石鼓文文字内容之语，辩证疑难，条分缕析；最后依天干顺序分别著录各石鼓正文。此后所录石刻诸条，不录正文文字，多只著录碑名、时间和撰文立碑者，唯于定武本《兰亭叙》、《唐云麾将军李秀碑》、《敬元垢净光宝塔颂》、《平辽碑》、《通惠河碑》多有附注：于《兰亭叙》记其本事、流转，于《唐云麾将军李秀碑》《敬元垢净光宝塔颂》辨旧传之误，于《平辽碑》后录书写者宇文虚中的《题平辽碑》一诗，于《通惠河碑》后略叙碑文内容。

著者认为"石刻在世，可以考证逸事，补史之讹缺"①，故其附记文字不多，重点主要放在记叙和考辨史事旧闻上。除了对《兰亭叙》等碑的记录，卷末又以小字附录了三条内容。第一条是关于燕都虞帝庙之碑"复庙碑"事，神异难明。后两条一则关于九经石刻，一则叙长安碑石、洛中故碑、六朝旧碑事，皆不为人所重，甚至被故意破坏，漫漶难寻。其言语之间充满了深深的无奈和深重的历史忧患感。

三　康熙《顺义县志》

康熙年间所修《顺义县志》有两部，一部为韩淑文所修的康熙十三年

---

① （清）孙承泽撰《天府广记》，北京古籍出版社，1984，第 603 页。

（1674）刻本，一部为黄成章纂修的康熙六十一年（1722）刻本。黄氏此本后出转精，内容较韩书更为充实，正文四卷、补遗一卷。四卷分别为疆域志、形胜志、秩官志和艺文志，每卷中又详分条目，其中卷四艺文志细分为"奏议"、"碑记"和"诗"。"碑记"条下曰："泰岳封禅，《岣嵝》纪一朝之瑞；阴山远遁，《燕然》铭百世之勋。克树令德于旗常，期垂典册；频镌茂烈于华表，永勒贞珉。故欲致文献之留传，必恒借琬琰之纪录。顺邑传记、碑铭比比而是，但以方策沉埋，披览无自，篆籀剥蚀，摹拓无从。寥寥数稿，亟镌诸板，以诏来兹。"①"碑记"部分收录了自元代至清代康熙年间的碑文如《大成至圣文宣王赞》、《加封先圣考妣》、王士熙《天下通祀碑记》、张损《重修庙学记》、《重修学宫记》、《乡贤祠碑记》、《明伦堂告示碑记》、《敬一咸有序碑记》、商挺《大中大夫曹公善行碑记》、杨霆《昌平道白公生祠记》、《明资德大夫少保敬庵李公墓表》等41篇，另有记文4篇，颇有助于后来人考察顺义县的典章制度、历史故实和人物。

四　光绪《顺天府志》

周家楣修，张之洞、缪荃孙等纂，清光绪十二年（1886）刻本。收录于《中国地方志集成》。

全书共分十部分，依次为京师志、地理志、河渠志、食货志、经政志、故事志、官师志、人物志、艺文志、金石志。金石志为江阴缪荃孙撰，分为三部分，一为"御碑"，二为"历代上"，三为"历代下"。"御碑"条后有缪氏按语，其曰：

> 汉《艺文志》载秦刻石名山文，此汇编金石文字之始。魏《地形志》载碑刻，此金石入地志之始。而《舆地纪胜》别出碑记一目，后之地志善者均立此门。所以考证都邑、陵墓、河渠、关隘、古今兴废之迹，大有裨于政事，不独奇文翰墨足垂永久也。元天历间，幽州梁有九思，奉敕历山东、河北拓金石文字三万通汇进，类其副二百卷，题曰《文翰英华》，而此书不传。今志以御书墨宝恭纪于前，自周至

---

① （清）黄成章撰《顺义县志》卷四，北京师范大学藏民国四年（1915）刊本，第8a页。

元分存、佚、未见三门，存者以打本据录，佚、未见者详注所出，若尽录全文，卷帙太巨，非志体也。①

缪氏是近代著名的藏书家、目录学家和教育家，这一条按语"考镜源流，辨章学术"，充分显示了他的学者本色。在他看来，"志"属于目录学一类，如"金石志"者，如果完全照搬全文，卷帙就太浩大了，不是"志"应该做的。这一看法是很有心得的。

故此金石志所录，遵循目录学体例，如"御碑"类依次录题名、字体、时间、卷数、文体、所在地等信息，所录御制诗尤多，详细注明同题诗作何体、作于何年及数量。如"御制万松寺诗"条下曰："行书，乾隆九年五言律三首，十二年、十四年、十七年五言律各一首，十九年七言古一首，二十年五言古一首，二十八年七言古一首，二十九年七言绝二首，三十四年、三十五年、三十六年七言绝各一首，三十七年七言绝二首，三十九年七言绝二首，四十年五言古一首，四十七年、五十年七言绝各二首。在盘山。"② 诸如此类，对于给乾隆诗歌编年是非常有帮助的。"历代上""历代下"所录金石类型颇多，如鼎、尊、罍、壶、簋、瓿、石鼓文、碑、砖、石函铭、造像记、石幢、塔铭、经幢、佛像题字、佛塔题字、造像、浮图颂、壁记、田记、墓志、诗刻等。缪氏于诸条下所注内容或为自注，或为引注，多少不一，少则寥寥数语，多者达数百上千字，尤注意揭示文献出处、故实始末与流转之迹。如《太子左卫率府率御史大夫上柱国李内贞墓志》后所注，分别引《潜研堂集》和《授堂金石文字续跋》共计千余字③，前者重在考订人物事迹，后者可视为对前者的补充。

五　光绪《昌平外志》

光绪十八年（1892）刻本，六卷，麻兆庆纂。《中国地方志集成》收录。1991 年北京燕山出版社出版了由姜纬堂点校注释的《昌平外志校理》。六卷分别为：地理沿革考，地理纠缪考、河渠考、金石记、《新志》校勘

---

① 光绪《顺天府志》（三），《中国地方志集成·北京府县志辑》第 3 册，上海书店出版社，2002，第 741 页。

② 光绪《顺天府志》（三），《中国地方志集成·北京府县志辑》第 3 册，第 745 页。

③ 光绪《顺天府志》（三），《中国地方志集成·北京府县志辑》第 3 册，第 784 ~ 785 页。

记、《新志》拾遗记。

卷四"金石记"条下曰："稽古征讹，端赖金石；近世博雅，搜罗颇多。此访碑者之所以作《录》也。《新志》宗潘、王旧本，仅二元碑，余皆明人白、曹诸公《生祠记》。近学《访碑记》，作金石。阙遗虽多，尚望夫后之同志者。作金石记。"① 录寺碑、造像记、墓志铭、幢记、神道碑等凡 21 种，依次为《御制香岩寺碑》、《元魏造像记》、《宋俨墓志铭》、《清水院藏经记》、《义冢幢记》、《灯幢记》、《尊胜陀罗尼□□幢》、《白瀑院灵塔记》、《元银山宝岩禅寺上下院修殿堂记》、《云峰檀公禅师道行石幢记》、《五峰山修真阳观记》、《银山九圣禅寺坚公山主终身供记》、《敕赐龙泉寺记略》、《重修崇寿禅寺碑略》、《重修法云寺碑记》、《驻跸山石龛记》、《庆云侯周公神道碑》、《周太后祭墓文》（三通）、《徐文侯神道碑铭》、《乡先贤伯哈智墓碑》、《州城门额》。其中，除了《元魏造像记》《尊胜陀罗尼□□幢》《敕赐龙泉寺记略》《重修崇寿禅寺碑略》《重修法云寺碑记》未录全文内容之外，其余金石皆收录正文内容。末附"旧志刻石"所载记录三条，并有按语一则，交代待访金石之线索。

所录第一篇《御制香岩寺碑》，其政治性为置之于首的主要原因，然文辞朴质，语义清明，前述佳景曰："京师近郊峰峦林壑之胜，无逾西山。历世以来，琳宫梵宇在崖谷间者，星罗棋布。永丰屯则距山数里，旧有奉佛处曰弥勒院。连山环拱，苍翠万状，烟林相错，皋壤联绵，兼以轮蹄罕至，清旷无尘，洵自然之福地也。"② 毫无浮丽之辞。后表心志，曰："朕临御天下五十余年，幸方内乂安，时和年丰，兆民乐业。上天锡福，莫大于此。朕以天下为一家，四海为一人。所愿亲疏遐迩，无不获康宁寿考之庆。此朕之素志也，庶几为诸神灵之所鉴欤！"③ 彰显英主之态。尤其是"以天下为一家，四海为一人"之语，可以窥见当时统治者的部分心态。

编者态度严谨，于著录之后多以按语的形式考订文献，指摘舛误。如《义冢幢记》后按语曰："余所目睹之《义冢记》、《白瀑院灵塔记》、《宝岩禅寺修殿堂记》、《寰宇访碑录》，均作'寿昌'。《辽史》作'寿隆'，

---

① （清）麻兆庆原著，姜纬堂校理《昌平外志校理》，北京燕山出版社，1991，第67页。
② （清）麻兆庆原著，姜纬堂校理《昌平外志校理》，第67页。
③ （清）麻兆庆原著，姜纬堂校理《昌平外志校理》，第67页。

误。"① 则以金石文献辩证正史之误。又如《元银山宝岩禅寺上下院修殿堂记》后按语曰："元至元有二，一世祖，一顺帝。此至元，以'有元甲辰间'并'殿堂年深'诸句考之，似是世祖至元。"② 因落款时间有歧义，编者采用类似于"本校"的策略，依据正文所写，指出此记文应该是写于元世祖而非元顺帝时期。再如《乡先贤伯哈智墓碑》，编者曰："州境回民每岁于三月二十四日会祭公墓。初以非所当祭之鬼，疑之。近阅《旧志》云：'默德那人，有道术。殁，葬于州东何家营（即北邵村之阳）。数显异。值闯寇之变，村野蹂躏，独其墓草无恙。民潜其间者，尽得全活，晏如也。时，盖见有衣白回回坐墓门前，然兵革不及。'按，《礼·祭法》：'能御大菑，能捍大患，则祀之。'伯公当逆闯之变，灵异护民，《祭法》当祀。岁祭其墓，宜哉！"③ 编者起初对州境回民祭祀伯哈智的行为不是很理解，以为不当，后来看到《旧志》和《礼记》中的相关内容，才明白其中缘由和合理性。

六　民国《良乡县志》

民国十三年（1924）铅印本，八卷。周志中、吕植等人纂修。《中国地方志集成》收录。此书为良乡历史上最后一部志书。八卷分别为：舆地志、建置志、赋役志、官师志、人物志、纪幽志、物产志和艺文志。其中艺文志条下类目有"碑文"一门，收录《良乡县创修城隍庙碑》《重修良乡县署碑》《新建琉璃河桥碑》《创修良乡县西门瓮城碑》《敕赐万寿禅院碑记》《敕谕延福寺住持碑文》《护国大善弘恩寺碑》《重修良乡县学宫碑》《新建魁楼碑》《良乡十三里如意禅林碑记》《重修寿因寺碑》《曹母王孺人捐置学田碑》《新建挟河中桥碑》《良乡县杨子英县尊裁革车徭德政碑记》《重修良乡县文庙碑记》《补修良乡县文庙记》《王徐氏碑记》《独力创修节孝祠碑祀文》《李氏宗祠碑记》《御制惠端亲王碑文》《十三里嫠妇刘龚氏捐款记》《重修关帝庙碑记》《创建琉璃河舆梁碑记》《重修长羊村石桥碑记》《修理护城桥道暨西南二桥之碑记》《重修天王寺碑记》《哑吧河桥碑文》，凡27篇。这些碑文虽多是反映某一建筑的修建情况，但有

①　（清）麻兆庆原著，姜纬堂校理《昌平外志校理》，第70页。
②　（清）麻兆庆原著，姜纬堂校理《昌平外志校理》，第73～74页。
③　（清）麻兆庆原著，姜纬堂校理《昌平外志校理》，第84页。

的却能反映当时的民生、世道状况，具有一定的史料价值，如《重修良乡县署碑》《良乡县杨子英县尊裁革车徭德政碑记》，都记载了当地作为交通要地，地方官员和百姓疲于应对接待四方往来官员，以致民生凋敝的社会现实。

七　民国《房山县志》

民国十七年（1928）铅印本。廖飞鹏、马庆澜等修，高书官纂。《中国地方志集成》收录此书。全书八卷，依次为地理三卷、政治一卷、礼俗一卷、选举一卷、艺文两卷。卷七、卷八艺文下分"著作""文录""诗录"三门，"文录"下又分"诏书"和"碑志"。

卷七"艺文志"条下曰："旧志所载，多有关风化之文，况创一事、建一物，及前人懿行，每为后世所资。而欲考其原因，悉其梗概，将于碑记乎？是赖是编，所采碑记为多，兼及乎各体诗篇、文人著作，盖以大房之灵秀，每借文艺以表彰，而名山胜境，一形诸歌咏，发为文章，使后人履其地、诵其词，触目兴怀，借资观感，未始非考古者之一助也。故志艺文。"① 房山县的特点是山多景美，是北京郊区文物古迹最多的地方，因此全书地理志就占了三卷，同时碑因山而夥，所以艺文志中"所采碑记为多"。

其所采碑记皆著录全文，依次有华湘《房山县重缮城碑》、郑民悦《房山县改建石城碑》、魏必复《房山县创建县学碑》、陈以勤《重修县学碑》、陈于陛《房山县重修县学碑》、王图《重修县学碑》、田麟《重修学宫碑》、戍基命《房山县学田碑》、冯立敬《县学复俸廪置学田库圃碑》、徐缙《修乡贤名宦祠碑》、朱衡《重修文庙碑》、高兰《重修三元正殿碑》、欧阳元《创建黑龙潭庙碑》、郑民悦《城隍庙碑》、马守恕《县尹朱公去思碑记》、张宏振《达鲁花赤脱脱帖木儿去思碑》、赵锦《邑少宰王公去思碑》、张文宪《县尹邓公德政碑》、郑民悦《县尹李公去思碑》、王图《邑侯陈公去思碑》、李联芳《邑侯张公生祠碑记》、杨之柄《邑侯娄公德政碑》和《母邑侯申革里民值月并厘剔凤弊碑记》、梅之焕《重修汉前将军庙碑》、明宣宗《隆阳宫痴呆子来鹤记》等81篇。

---

① 民国《房山县志》，《中国地方志集成·北京府县志辑》第7册，第519页。

八　《民国通县志稿》

此书原名《通县编纂省志材料》，是为纂修省志提供材料而编，刘鹗书总纂，何绍曾、冯承棣等人编修，于民国二十一年（1932）油印，二册。2002年4月，通州区史志办公室对其进行点校整理，重命名为《民国通县志稿》，在内部刊印发行。整理本"出版说明"曰："《通县编纂省志材料》（以下简称材料）是竖排油印，是当时的县政府为河北省编纂《河北省志》而于1932年8月采集编纂的，并以此为基础编纂续修《通县志》，但因翌年初长城抗战爆发而中止。《材料》基本具备县志的雏形，包括弁言、凡例、疆域、气候、人口、物产、实业、金融、行政、教育、风土、人物、通县庚子殉难记、著述书目、艺术、金石、大事记、通县辛亥革命始末记、表等。虽然《材料》粗糙，语言时而半文半白，时而口语化，个别处晦涩难懂，全文无标点，语句成份不全，前后矛盾与多字少字现象较为普遍，间有讹误，但它毕竟比较系统地记载了清末到1931年通县各方面的主要情况，保留下十分珍贵的史料，为我们了解研究民国初期的通县历史提供了重要依据。"①

书中"金石"所录不多，计有14条（含"补遗"3条），依次为"燃灯佛舍利塔铃""闲邪公李秉彝家传石刻""董尚书墓石""穆御史碑二座""英石诗刻石""御制通州石道碑刻石""王大鹤自书诗刻石""白镕书赤壁赋石刻""煮石山人樊镇书画石刻各六件""唐林藻深慰帖刻石""星陨石""铜狮""鼓楼铜钟""李卓吾墓碑"。金石各条后对其形制大小、来历、藏处、刻石内容之出处多有介绍，有的材料不常见，如"唐林藻深慰帖刻石"条记载："宗浩于宣统辛亥（1911）秋得于京师，筑林亭于通州通惠河畔藏之，并刻石其中。林纾为作'林亭图'并题诗云……"又于林纾诗后录其题识曰："丁巳（1917）二月敬观御史公真帖，并作林亭图于其后，裔孙纾敬识。"② 查《民国丛书》第四编所收之《畏庐诗存》，只收录此诗③，无其他信息，且个别字词稍有出入。今则可据此方志中所载考察林纾的交往情况并为此诗编年系地。又如"王大鹤自书诗刻

---

① 通州区史志办公室整理《民国通县志稿》，通州区史志办公室，2002，"出版说明"。
② 通州区史志办公室整理《民国通县志稿》，第215～216页。
③ 林纾：《畏庐诗存》卷上，《民国丛书》第四编第94册，上海书店，1989，第28页。

石"一条，记曰："自跋云：予不能书，而索书者甚众，纸册盈案，笔砚为劳。仇君霞村精铁笔，公余仿各种体书，近作若干章。仇君镂之石以应求者。貌古之，诮所不辞耳。庚子初秋，潞河王大鹤书于河南学署之饮香亭内。计：'黄河大工告成'五古一章、'舟行即事'四律，均归德府作。'戊戌（戌）（1778）腊月十一日雪分体咏诗四首'，陈州府作。'卧龙冈谒武侯祠一首'，'谒岳武穆庙观秦桧铸像'一首，均汤阴作。'汪生浣花吊昌黎'诗有生不同时之感。'用其意申之'一首河南府作，'宿香山寺'一首香山作。"① 王大鹤虽名重一时，然其诗文集未见《中国古籍总目》著录，或已失传，这条材料可以补充一些关于他的重要信息。

九 民国《顺义县志》

民国二十二年（1933）铅印本，九册十六卷。杨得馨、李维瀛、袁进仁等纂，李芳、苏士俊等监修。《中国地方志集成》收录。十六卷条目依次为：疆域、建置、交通、气候、行政、赋役、建议、教育、物产、实业、金融、风土、人物、艺术、金石、杂事。其中卷十五"金石"下又细分为"石刻""金制""其他"三门。

卷十五"金石"条下曰："周铜汉鼎，文勒诸铭；秦石魏碑，功传于世。考兴亡之遗迹，俾文献之足征。顺义原野绝少名山，凡古墓之留踪，与梵宇之建筑，名区胜地，津渡关梁，多于政治有所资考。志金石。"② 则知其地因缺少名山，故与山有关的碑文亦少，此金石志"石刻"门所著录主要以寺观碑刻、墓碑为主，先列题名，后叙所在地、时间、撰文者、书写人等信息。偶有按语，则重在表彰懿行，如所著录"御赐两江总督裕谦墓碑 在后沙峪东咸丰初年立"，其后按语曰："案，裕谦为班第之嫡孙，官两江总督。鸦片战起，浙江告急，公奉命视师，会定海失陷，葛、郑、王三总镇相继战死，公以殉难获朝廷优异，敕立功道碑于墓前。光绪初雷雨，大风吹折碑旁古树，适压碑，碑倒而座物头坏，今犹偃仆道旁，字迹莫辨。"③ 按语表明墓主裕谦是以身殉国的民族英雄，表达了编纂者的崇仰之情；同时编者又指出，这样一座民族英雄的嘉奖碑，后来竟落得无人打

---

① 通州区史志办公室整理《民国通县志稿》，第 214~215 页。
② 民国《顺义县志》，《中国地方志集成·北京府县志辑》第 6 册，第 377 页。
③ 民国《顺义县志》，《中国地方志集成·北京府县志辑》第 6 册，第 381 页。

理、破败道中的境况，表达出强烈的悲叹之情。

又如"张喜庄崇兴寺碑　宣统二年建邑庠张树枒撰书"后按语曰："案，是庙原只一楹，乾隆间两淮盐政戴全德迁此，出己资扩大建设，成为家庙。清季戴氏落魄，无力整理，将此庙地完全归与村会，由村人出资，偿与双方各无纷争，刻石树立，以垂久远。"① 这条按语介绍了此碑的辗转迁变，虽不着一赞语，而实录戴全德自己出资建设实际上与其没什么直接关系的崇兴寺碑，其后村会出资维护，实际上就是编纂者对他们这一义举和功德的彰扬。

再如"顺义增城碑"后载：

> 黄志载：是碑立旧署前，废为两半，字缺陷甚多。余审其字之留存者，知为前巡抚刘公具题请筑增高，动公藏借民力修筑，邑令卢公悉心干理，视如家事，日课时程，不惮勤劳。民输其力，匠程其艺，高坚且厚，谓为完城，邑人庆之。金颂卢公增城一节，足为万世之利，爰记增城之年，立不朽之石，为将来者劝。工始于隆庆二年九月初六，讫于三年十月初一也。又按，崇祯八年，上官苾题名碑记于卢渐下，著见名宦。卢公讳"渐"，浙江鄞县乙丑进士，初任溧阳，再令顺邑，立石之期适去思之日，成章谨识。今佚。②

这一段记载顺义城碑所立之缘由，乃前巡抚刘公提议将顺义城墙加高，其后县令卢渐负责此事，终克其成，百姓称颂。显示了县令卢渐等官员不惮劳苦建设县邑、造福民众的功绩，以及邑人团结用心，齐心修筑县城的盛况，可谓"官民一家"的典范。

"金制"门所著录主要为寺观庙宇的钟鼎，如"延庆寺钟""白云观钟""小店关帝庙铁鼎"等。"其他"门只著录两条："古城村元砖。村南土冈中有掘土者，露出砖墙，破之，内空，仅见大定皇庆等钱，其砖较大，面带纵沟。""张喜庄崇兴寺楠木大龛三座，雕刻玲珑。"③ 盖因此二条不便归入前面的"石刻"和"金制"二门，故附录最末。

---

① 民国《顺义县志》，《中国地方志集成·北京府县志辑》第 6 册，第 381 页。
② 民国《顺义县志》，《中国地方志集成·北京府县志辑》第 6 册，第 379 页。
③ 民国《顺义县志》，《中国地方志集成·北京府县志辑》第 6 册，第 384 页。

十 民国《平谷县志》

民国二十三年（1934）由天津文竹斋铅印发行，六卷。李兴焯修，王兆元纂。《中国地方志集成》收录。王兆元从民国五年开始就一直在编修平谷县志，前后总共编了三部《平谷县志》和一部《平谷县志料》，而以这最后一部《平谷县志》为最佳。该书六卷依次为地理志、经政志、社会志、物产志、人物志、艺文志，每卷下分若干细目，其中卷六"艺文志"分为"文类""诗类""金石""志余琐记"四类。

值得注意的是，这部方志在安排金石碑刻的时候，体例与他书有别：卷六"艺文志"中"文类"，并非文学性较强的散文，而主要是学记、碑记、寺记一类的33篇记文，其中除了碑记一类乃载于石碑上之外，从题目上看，诸如"重修××记"之类，一般也会载于石刻。然"金石"目下注明有七条金石碑刻之正文见此书"艺文志"①，分别为"明伦堂记""平谷县新城记碑""东岳行祠碑""岳侯遗爱碑""重修平谷县学宫碑""平谷县修城碑""重修平谷县学宫碑"，而不载33篇记文中其他文章的刻石情况，盖未见刻石欤？未被刻石欤？编者遗漏欤？此外，"金石"门类中分别著录的杨兆、徐学古的"登水峪寺诗石刻"之诗歌正文，全部放到了"诗类"中。因此，总的来看，编者著录金石的思路是这样的："金石"门下记录金石载体本身的情况，金石所刻文章内容则放到"文类""诗类"中。但是在具体收录的时候，编者并非一网打尽，而是有所筛选或者有一些缺漏，如"金石"门类中著录的"尊胜陁罗尼幢记石刻""云峰大禅师功行碑""御祭工部尚书赠太子少保倪光荐墓碑"等都还存在，其上刻石正文就没有在"文类"中著录；"复生柏诗石刻"今存，具体诗歌正文也没有著录在"诗类"中。不知何故。

"金石"著录了自辽至清代平谷县的碑刻、石刻情况，计21条，其中第一条对平谷县古塔内所存辽代《陀罗尼经》石刻做了较详细的考察：王兆元首先进行实地考察，介绍地理位置，塔的高度，石刻的数量、尺寸、完好程度、字迹等情况，然后据石刻《重修古塔志》、清代《平谷续志·

---

① 实际上编者还漏了一条没有注明，如"金石"所著录的"敕赐兴善寺记碑"，其正文亦全文收录在"文类"中。

地震记》、《清史》，指出此塔并非如《重修古塔志》所载建于唐开元时期，而是建于辽代，于康熙十八年（1679）七月大地震中坍塌，其后重建，因资金有限而不复旧观。①

十一　民国《密云县志》

民国二十七年（1938）日伪密云县公署铅印本，封面题签"密云县公署　县知事王缙　县顾问川本定雄"字样，书前有日本川本定雄的日文序言和日文凡例。陈中岳、王缙等修，武锦等纂。

民国三年（1914）宗庆煦等曾纂修一部《密云县志》，此书就是对民国三年版的接续。因为此书成于日伪占领时期，故在一定程度上带有日伪统治的色彩，但其材料还是很有价值的。全书共有 13 章 51 节，每一节下又有细目，对民国时期密云县的政府机构、交通运输、宗教、司法、金融等情况均有记录。

第十章"教育宗教及文艺"下第三节为"文艺"，其下又分为四项：第一项为诗，第二项为碑文（又分三目，依次为"民国三年县志""民国十九年县志""现存石碑"），第三项为金石，第四项为史事。第三项"金石"只著录了 11 条，依次为《大佛寺经幢》《明兵部侍郎汪道昆燕然勒功铭》《明少师杨公生祠碑》《戚继光大字行书碑》《唐李氏墓志铭》《清高宗割麦行石刻》《白龙潭龙泉寺石刻》《龙泉寺瞻礼寺石刻》《和硕安定亲王碑》《和硕荣纯亲王碑》《御制喜雨赋》。第二项"碑文"则比较多，一共收录民国三年和民国十九年县志中的碑文 41 篇，以及现存石碑 156 座（其中除极少数碑文字迹漫漶不清外，其余碑文皆录全文）。值得注意的是，这 156 座石碑皆以表格的形式著录，按照从右至左的阅读顺序依次注明"所在地""建立之沿革""现状""记载文"（即碑文全文，字迹模糊者替之以"○"），显得简洁直观。

有一点疑问："文艺"条下既列目"碑文"，又列目"金石"，然观此金石细目，量既不多，其中亦多碑刻，不知何以不入"碑文"条而单列。

---

① 民国《平谷县志》，《中国地方志集成·北京府县志辑》第 7 册，第 157 页。

十二 民国《北京市志稿》

此书为民国时期比较重要的一部官修北京地方志，初稿参与者众多，有吴廷燮、夏仁虎、夏孙桐、张综文、苏晋仁等人。初稿大部分还未通纂，只完成了体例拟定、资料搜集、书稿抄录等内容。成稿本157卷。后来又加以补充修订，编纂工作从1938年开始，至1939年秋截止，凡196卷。1998年北京燕山出版社点校整理出版，凡15册。全书分14大类：前事、建置、民政、度支、货殖、文教、礼俗、宗教、名迹、金石、艺文、人物、职官、选举。全书上溯三代，下迄民国二十七年（1938），故所搜集的资料文献非常广泛，其中的民国文献尤其丰富珍贵，具有很重要的史料价值。

其中"金石志"九卷，依次录太学金石一卷、寺观金石三卷、故宫金石一卷、廨署金石一卷、祠庙金石一卷、名迹金石一卷和陵墓碑志一卷。题名后简述所录对象的藏处、形态、变迁流转之迹、文字内容等，凡所依据，皆注出处，使文献一一可征。如其志"石鼓文"一段，所引文献竟达15种之多[1]。其条分缕析，对证众说，往往切中肯綮，有所发明。如志"燕铜马像铭赞"条曰："《水经·（漯）〔湿〕水注》〔五八七〕：昔慕容魔有骏马，至儁光寿元年，齿四十九矣，而骏逸不亏。儁奇之，比鲍氏骢，命铸铜以图其像，亲为铭赞，镌颂其旁，像成而马死矣。按《元一统志》：元初设左右二院，左院领旧城东南、东北二隅。旧坊门之名二十，有铜马坊。《旧闻考》云：'此具录金时坊名。其坊位界至久，已湮没，今以《析津志》、《元一统志》、《五城坊巷胡同集》所载考之。'云云。《顺天志》按：铜马坊以铜马门得名，郦道元《水经注·漯水篇》：东掖门下，旧慕容儁立铜马像处。《元一统志》《析津志》皆云门在旧城东南隅。《日下旧闻》谓，当在今德胜门外八里土城关。考旧城在外城西南隅，铜马门又在旧城东南隅，则今广安、右安两门之间是其旧迹也。德胜门外土城关，乃元新城遗址，明徐达改筑北平时限诸城外。朱说似未核。"[2] 先注出处，然后以按语的形式，将多种文献的记载对比分析，并与实地对照，从

---

① 吴廷燮等编纂《北京市志稿》第9册《金石志》，北京燕山出版社，1998，第4~7页。

② 吴廷燮等编纂《北京市志稿》第9册《金石志》，第482~483页。

而指出所在地历史变迁的过程，以及前人说法的不妥之处。

书中"金石志"虽然以目录提要为主，但是对于个别较稀有不易得见的金石对象，编者会著录金石所刻的正文内容。如"名迹金石"卷下所录第一条"晋刘靖戾陵堰碑"，就据《水经注》引录了碑文全文。之所以如此不惮辞费，是因为编者认为这一碑文仅见于《水经注》，文辞华美，又具有重要的文献价值，属于珍稀文献，所以要著录其正文，如其后按语中所言："按：此碑惟见《郦注》，不见其他著录，亦不著何人所撰。若其条理委曲，词华并茂，犹见西晋人手笔。汉以来幽冀言水利者，应以沛国父子为祖，宜庙食千祀，而今遂不传，邦之人若无闻焉。故具录其文。"① 有一些金石上所刻文字短小者，编者也有著录，如周康侯鼎上"康侯手作宝（鼎）〔尊〕"②、召仲簠上"惟六月初吉丁亥，召仲考父自作壶，用祀用享，多福滂，用蕲眉寿，万年无疆，子子孙孙永保是尚"③ 之类。

十三　民国《通县志要》

民国三十年（1941）铅印本，分为四册十卷，徐白、金士坚等纂修。《中国地方志集成》收录。《北京方志提要》记载："金士坚，曾任宛平县知事兼伪新民会宛平县指导部委员会委员长，民国二十八年（1939 年）八月任日伪通县调署，宛平任内曾参与《宛平县事情》的编纂出版工作。徐白，日伪通县教育科一等科员。"④ 则知此志可能带有一定的日伪政权色彩。十卷分别为疆域志、政治志、建置志、交通志、赋役志、文教志、警备志、人物志、风土志、艺文志，每卷又细分若干条目。卷十艺文志下设传记、墓志、诗、词、箴、铭六类，门类虽多，内容却较少，"墓志"一门只收录了一篇，即进士王文锦所著《詹一峰先生墓志铭》，曰：

君讳桂，字一峰，世居白河东卜落垡村。生而岐嶷，幼失怙，继

---

① 吴廷燮等编纂《北京市志稿》第 9 册《金石志》，第 482 页。
② 吴廷燮等编纂《北京市志稿》第 9 册《金石志》，第 1 页。
③ 吴廷燮等编纂《北京市志稿》第 9 册《金石志》，第 3 页。
④ 谭烈飞主编《北京方志提要》，第 73 页。

母张太宜人抚如己出，兄华峰教之读，日下百行。甫成童，尽通经史，学制艺，举手成篇。应童子试，以冠军入庠，寻食饩道光甲辰恩科，登贤书，三赴礼闱，不第，以大批归班教职，旋里仍事舌耕。德益加进，业益加修，泊如也。

咸丰癸丑粤匪，天津、畿辅戒严，巡防大臣委办乡团，事平，选授成安县教谕。君振兴文艺，兼及古学，捐修文庙，俎豆以新。己未秋，东匪猖獗，成邑地仅弹丸，颓城难守，卒以君力获全。戊辰，捻匪至成邑，君正凭城俯视，匪以洋枪拟君，弹从头上过，君屹立不动。贼大惊，引去。训导雷公终于任，子嗣式微，君分俸以周其乏。直督合肥相国闻其贤，保升知县。光绪丁丑，引见开教职缺，旋主讲清晖、紫山两书院。乙酉五月，选期已及，因目疾投供不到，而捷足者遂以先登。丁亥四月，选授遵化学正。己丑犯痰疾，至秋加剧，而易箦矣。

君一生轻财好义，内行克敦，待亲友、族党惟敬惟诚，遇事必持大礼，虽危急存亡而神明不乱。著有《补拙堂诗古文词》，刻入《遵化州志》。君生于嘉庆二十一年三月二十三日亥时，殁于光绪十五年九月十八日未时，享寿七十四，葬于西郊之纱帽翅。宜人赵氏，佐君内政惟谨，子鹏云增生，先君卒，柏云附生，继君卒，孙平附生，次常，次珏，次琪，次璧，类能以诗书世其家。乃为之铭曰：德隆望重，大道是肩。至情至性，得天独全。睦姻任恤，忠厚缠绵。见危见利，大义拳拳。一官蹭蹬，澹然泊然。升沉有定，操券自天。报施不爽，后世其贤。①

墓志铭一类的文章，在谈到传主的时候，多不免为尊者讳，此文则较为平实，其描写传主临敌而不乱的细节，颇为真实。此外，文中还提到了几股农民起义的动向，如咸丰初年广东一带发生农民起义，使得北方的畿辅戒严；己未（1859）秋，被朝廷称作"东匪"的农民起义曾到成邑；戊辰年（1868），历史上比较神秘的捻军也攻打到成邑。这些材料对于研究农民起义运动来说，是有一定价值的。

---

① 民国《通县志要》，《中国地方志集成·北京府县志辑》第6册，第752～753页。

第二节　多样的金石体例与观念

专门设有"金石""碑刻""墓志"等相关门类的今存北京府县旧方志有 13 部，这一数量可谓不少。但是，这些地方志尽管都著录了金石及其相关门类，其体例却不尽相同，呈现多样化的特点。而之所以出现这样的差异，正与方志编纂者对"金石"之认识有关。概而言之，编纂者对于"何为金石"、"何为方志中的金石"以及"金石价值"等问题的不同看法，导致他们在具体编纂过程中采取不同的编写策略。而对北京方志中的金石体例与金石观念之考察，在一定程度上能够反映一些普遍性的问题：这些不同的观念以及由不同观念导致的不同策略，究竟是对是错？方志中设立金石志，到底该如何编写？这些也是接下来要重点讨论的问题。

一　北京方志中多样的金石著录体例

虽然方志编纂的体例在宋代就渐渐确立起来，但是这并不意味着有了完全统一的标准，即使发展到明代，在具体条目设置和层次编排等方面，方志体例仍然具有多样化的特点。仓修良指出："宋代方志的编修逐步趋于定型，而方志的体裁仍是多样并行，有细目并列，也有分纲列目。而在后者，又区分有多种类型，有的通体称志，下分细目；有的大类全都称考，下列细目；也有采用纪传体，纪、表、图、传、志，下面再分细目。总之，各行其是，没有说明采用某种体裁的理由。而到了明代，在方志编修领域中，所采用的体裁可以说更是百花齐放，细目并列与分纲列目两大类自不必多说，而在分纲列目这一大类中，又可区分为纪传体形式与总志再分细目两种。当然，采用纪传体的，也不见得纪志图表传五者齐全，有的仅用考表传志四体，有的则用图纪考传四体，体例品式既不一致，所用名称也不划一。至于同样总志再分细目，称呼也不相同。"① 具体到每一种类目，各部方志实际并不完全相同，甚至有的差异很大。在前述 13 部方志中，其金石体例就多有不同，反映出多样化的特征。从历时角度观之，似

---

① 仓修良：《方志学通论》（修订本），方志出版社，2003，第 322～323 页。

乎看不出其金石体例有什么规律，但可以用几个标准或者说问题，将以上诸志的金石体例进行分类，如"是否独立金石志为一章""金石志所收包括哪些对象""金石志是否收录全文"等。

第一，"是否独立金石志为一章"。这个问题涉及金石的外部定位，主要是指"金石志"的区分度，具体又体现在"金石"与"艺文"之关系，即究竟是平行关系、从属关系还是交叉关系。这三种关系代表了三种不同的编目策略。在平行关系中，"金石"与"艺文"各为一章，如康熙《天府广记》、光绪《顺天府志》、光绪《昌平外志》、《民国通县志稿》、民国《顺义县志》、民国《北京市志稿》。平行关系之外的，则属于从属关系或者交叉关系。在从属关系中，地方志书的"艺文志"下又设立若干子目，其中就有"金石"一目，如民国《平谷县志》、民国《密云县志》。在交叉关系中，地方志书的"艺文志"下设立若干子目，但并没有设立"金石"一目，而是有从属于金石的如"碑文"或"墓志"为一目，如万历《顺天府志》、康熙《顺义县志》、民国《良乡县志》、民国《房山县志》、民国《通县志要》。据此，则知以上13种北京方志中，以平行关系来确立金石在书中层级的方志最多，有6部；以交叉关系来确立层级的方志有5部；以从属关系来确立层级的方志最少，只有2部。

第二，"金石志所收包括哪些对象"。这个问题涉及金石的内部结构，主要是指金石具体所包含的门类。从以上方志可以看出，绝大部分所录金石范围比较小，如万历《顺天府志》、康熙《天府广记》、康熙《顺义县志》、民国《良乡县志》、民国《房山县志》、民国《密云县志》、民国《通县志要》基本上都是以收录碑刻为重点；而光绪《昌平外志》、《民国通县志稿》、民国《平谷县志》、民国《北京市志稿》虽然著录的门类要多一些，但也多限于石质载体，所谓"金石"，只有个别志书稍有涉及；光绪《顺天府志》、民国《顺义县志》则对金器加以著录，如光绪《顺天府志》著录了周代的青铜器如尊、康侯鼎之类，民国《顺义县志》则更是单列"金制"一类，以与"石刻"相区别。

第三，"金石志是否收录全文"。这个问题涉及金石志的定位与呈现方式，具体表现在方志中，则有不同的处理策略：有的重在抄录金石碑刻所载的全部文字（文章），如万历《顺天府志》、康熙《顺义县志》、民国《良乡县志》、民国《房山县志》、民国《通县志要》，这一类有个特点，即多不以"金石志"立目，而是在"艺文志"中设"碑文""碑记"之属；有的则只依照目录学习惯著录金石本体的相关信息，不录所载文字，如康熙《天府广记》、光绪《顺天府志》、《民国通县志稿》、民国《顺义县志》之类，其特点是多专设"金石志"类。这两种是主要的处理策略，此外还有一种较为特殊的体例：既注重著录金石载体，同时又全文抄录部分金石所载之文字内容，如民国《平谷县志》、民国《密云县志》皆有"金石"类，注重目录文献，至于金石所载之全文，则另外收录到诸如"文类""碑文"等目类之中，这些目类在方志层级编排上与"金石"是同级的；又如民国《北京市志稿》虽然没有将原本属于"金石"的子目单独拿出来，且其"金石志"九卷以著录金石载体信息为主，但是一些在编纂者看来比较稀有或具有较为重要价值的碑文、碑记等石刻全文，也会有选择性地抄录全文。另有光绪《昌平外志》除个别篇目外，绝大部分收录全文。

可以看到，在编排收录金石的时候，这 13 部方志中，基本遵循这样一个思路：对于金石志这一类目而言，主要从文献学、目录学角度来撰写，而金石所载全文，则从艺文的角度予以收录。但是，在实际操作中，并非所有方志都能遵循这条基准线，而是有所变动，如本应和"艺文志"平级的"金石志"，被放到"艺文志"当中，实际上完全充当了艺文的功能；有的"金石"目虽然收录到"艺文志"之中，但是并未著录金石全文；有的"金石"子目与"金石"层级并行，同置于"艺文志"条下；等等。这些情况，固然显示了金石志体例的多样性，也显示了一定的不确定性甚至是某些逻辑层次的混乱。

二　北京方志中多样的金石观念

北京这 13 部方志在著录"金石志"时所采用的不同编排体例，绝不是只存在于北京方志之中，而是具有一定的普遍性。这反映了编纂者对"金石"的不同观念。

首先，这些体例反映了编选者对"金石志"内涵的不同理解。较普遍的看法是：金石志是对金石文献的提要和叙录，而非对金石所载全文的收录。这是编纂者基于对"志体"的认知而确定的。何谓"志体"？今人总结认为，"志体是指专记单项事物的各个分志体裁而言，如经济志、文化志、社会志、农业志等"，其体裁特点是"依事直叙"，"述而不作"。① 也就是说，金石志一类志体，是对相关研究对象的目录学、文献学角度的客观记叙。著名文献学家、学者缪荃孙在光绪《顺天府志》之金石志一"御碑"条后说道：

> 汉《艺文志》载秦刻石名山文，此汇编金石文字之始。魏《地形志》载碑刻，此金石入地志之始。而《舆地纪胜》别出碑记一目，后之地志善者均立此门。所以考证都邑、陵墓、河渠、关隘、古今兴废之迹，大有裨于政事，不独奇文翰墨足垂永久也。……若尽录全文，卷帙太巨，非志体也。②

在他看来，金石入地志，其首要目的不是使得"奇文翰墨"永久流传下去，而是发挥"史"的作用，以有助于考证都邑、陵墓、河渠、关隘、古今兴废之迹，以为后来执政者鉴，如果将所有金石之文全部抄录，卷帙就太过浩大，不符合志体的传统。

那么金石志具体在方志中又是如何行文的呢？兹举缪荃孙于光绪《顺天府志·金石志二》中所记数例。

> 冀州从事张纯碑　佚。《春明梦余录》：张纯碑在昌平。于奕正《天下金石志》误张纯为王纯，从事为刺史。考之《隶释》，王纯碑在中都，今之汶上，非昌平也。③

> 左冯翊韩延寿碑　未见。《金石林时地考》：韩延寿碑在宛平。《春明梦余录》：韩家山在京西三十六里，俗名罕山，有汉左冯翊韩延寿碑，漶灭不可读。④

> 感怨文　存。正书。天宝十一载。在房山。碑刻完好，无撰书人姓名。孙氏即王晋之妻，云二品孙者，犹《梁府君碑》称四品孙、

① 王德恒：《中国方志学》，大象出版社，1997，第56~58页。
② 光绪《顺天府志》（三），《中国地方志集成·北京府县志辑》第3册，第741页。
③ 光绪《顺天府志》（三），《中国地方志集成·北京府县志辑》第3册，第764页。
④ 光绪《顺天府志》（三），《中国地方志集成·北京府县志辑》第3册，第764页。

五品孙也。竹汀先生跋《梁府君碑》，引《唐书·选举志》"三品以上荫曾孙，五品以上荫孙；孙降子一等"，谓朱宾、郑庄二人法当荫叙，而尚未得官，故以四品孙、五品孙署衔。然则此二品孙者，亦荫未得官之称，当是晋之署衔，然以加于妇人，创见于此，未可遽为金石之例。文记造浮图之由，英二妹以下述《花萼》《柏舟》之志，下方镌像两躯，张令忠等各题名于旁，六月庚寅非十五即十六日，是年五月丙午朔也。"怨"作"惌"，段氏云班、马《字类》《韵会》皆引《史记·封禅书》"百姓惌其法"字作惌，今《史记》无此字者，此字亡矣。《广韵》云，同"怨"。①

这三条记载在叙述方式上有相同和不同之处。相同的是：首列题名，次注存佚，次为叙录，多征引他书，皆注明文献出处。不同的是其叙录的角度和侧重点各有不同，如第一条因为碑石已佚，相关信息较少，故只翻得文献中两条相关记载，辩证张纯非王纯；第二条著录的碑石，其存佚情况不明，缪氏也未曾见到碑文，故亦只能援引两条记载碑石地点各异的文献，且作存疑；而第三条所录石刻今存，且缪氏见到了全文，所以可说的地方就多一些，重在考证文中所记人物和疑难字词，如"二品孙"、"怨"作"惌"之类。

以上三条代表了一般情况下金石志著录的大体方式和行文策略，但是并非所有编纂者都严格按照目录学的要求来著录金石，即如缪荃孙认为"尽录全文"非志体，但对于《刘靖戾陵堰碑》却著录了全文②，盖因此碑已佚，碑文只留存在《水经注·鲍丘水》注文当中，不易得见，为恐文献佚失，故转录此碑原文，此亦目录学、文献学之家事也。民国《北京市志稿》也是如此处理。

其次，这些编排方式反映了编纂者对"金石"与"艺文"关系的不同理解。

在一般情况下，方志编纂者视"金石志"为有别于"艺文志"的同层级内容，二者各有侧重，并无太多交涉。但是有的编纂者并不视史料价值、政治价值为金石的第一要义，或者说并不太看重金石的史料、政治价

---

① 光绪《顺天府志》（三），《中国地方志集成·北京府县志辑》第 3 册，第 769～770 页。

② 光绪《顺天府志》（三），《中国地方志集成·北京府县志辑》第 3 册，第 764～765 页。

值，而是注重金石的艺术价值和文学价值、审美价值，所以在地方志中，并不将"金石志"单独作为"艺文志"的同层次内容，而是将其当成"艺文志"的一部分，甚至为了突出金石中所载文字的文学色彩、文体色彩，而将本该属于金石的碑刻等别为一目，置于金石同级，民国《平谷县志》在这一点上就较有代表性。

从置"金石"与"艺文"同级，到置"金石"于"艺文"目下，反映了在方志编纂的历史中，文学意识、审美意识与历史意识、政治意识的对抗与牵扯，尤其是在将"金石"置于"艺文"条下之后，又将"碑文""寺记"等条目置于金石同级，可见编纂者已经不满于前人只关注金石载体的历史价值，而是将前人故意撇但是却与"金石"息息相关的金石全文记录下来，因为这些文章在文学性、文体上是有其特色的，而这正是不愿意"循规蹈矩"的编纂者更看重的。

最后，某些编排策略在由历史性、政治性向文学性、审美性转向的过程中，还试图将"金石志"的叙述方式与金石全文相结合，使得方志中所录之"金石"一目（或者"碑刻"等目），在具有艺文特色的同时，也能保有原本金石志的目录学、文献学特点。如光绪《昌平外志》中除《元魏造像记》《尊胜陀罗尼□□幢》《敕赐龙泉寺记略》《重修崇寿禅寺碑略》《重修法云寺碑记》未录全文内容之外，其余金石皆收录正文内容，又于著录之后多以按语的形式考订文献，指摘舛误，实际上是兼顾了金石的艺文性与金石志的文献学本色。

三　文献学视角下的金石体例再探

以上分析了北京方志中多样的金石著录体例，以及这些体例背后所隐含的有关金石、金石志的观念，同时也看到了编纂者融合新、旧金石观念的努力。那么，到底什么样的金石体例才是比较合理和有效的呢？

在考虑金石在方志中的体例编排之前，首先要明确"金石"二字到底包含哪些方面，如果将其置于地方志之中，其于地方志的作用和意义是什么。

"金石"，从载体物质成分来分，包括两类，一是石刻，二是金器。绝大多数地方志所著录的金石，与其说是金石，不如说是石刻，涉及金器者极少。在北京方志中，仅有少数几部方志如光绪《顺天府志》、民国《顺义县志》收录了极少的金器条目，其中仅有民国《顺义县志》专门设立"金制"一目，以凸显金器与石刻之别，但是收录的数量也比较少。至于北京地区其他方志，虽设立"金石"条目，其中所录完全没有金器，只有石刻、碑刻之类，有些名不副实。为何历来关于金器的记载这么少？可以援引张家口的两部方志中的按语来说明。一部是民国二十年（1931）的《万全县志》，其"金石"条后曰："自来著金石例者甚多，虽金、石并称，实皆石也，金例固无闻焉。盖金例之难于纂述，厥有三端：字多之器，仅可偻指，太半奇零，不足备数，则取材难；器有真赝，文亦随之，不加识别，终成芜秽，则辨伪难；字形奇诡，考释各殊，字且莫定，例于何有，则释文又难。体大思精，动辄得咎，此古昔达人所由搁笔而叹也。我县地居边塞，明、元以前一片荒凉，出土之物既少，收藏之件更鲜。"①一部是民国二十四年的《阳原县志》，其中卷十五"金石"除收录石刻外，还专门著录吉金一类，"吉金"条后说道："吉金之学，素不为北方学者所重，故专著至少。而北省各志，十九皆缺是门，杨君秋湄纂修《山西通志》，曾志金石，然撰本县县志（即西宁新志），则以石归古迹，金付阙如。此非杨君不谙斯学，实乃县人未藏古金，无米之粥，巧妇难为，是固不能为杨君咎也。"②据此二者，知古来方志虽多金石之志，然北方学者一向不重视金器，且具体到某一地，金器数量不会太多，甚至罕见。此外，著录金器也有较大难度，盖因字迹凋残、真伪难辨或字形难认，故困难重重。但是，这并不能成为完全不著录金器的理由，很多碑刻都残缺甚至佚失，地方志仍然不遗余力地将其记录下来，以备文献之征，为什么到了金器这里，就有了各种不予收录的理由呢？总而言之，从物质形态来说，金石不仅仅包括石刻，还包括金器，对二者都应该加以著录。

从金石本体的组成部分来看，石刻与金器又可以各分为两个层面：一是金石器物的物质载体本身，二是金石器物所承载的文字内容。历来方志中涉及金石者，要么侧重对金石器物载体本身的叙述，要么只收录碑刻一类所承载的文字内容，并不能完全反映当地金石的真实面貌，这种做法有待进一步斟酌。如前所叙，方志中之所以侧重对金石器物载体本身的叙

---

① 民国《万全县志》卷十一，《中国地方志集成·河北府县志辑》第 15 册，第 394 页。
② 民国《阳原县志》卷十五，《中国地方志集成·河北府县志辑》第 15 册，第 109 页。

述，主要原因是编纂者认为若全部照抄金石全文，则篇幅过大，于志体不符；而有的方志只录碑刻全文，则主要出于文艺眼光的考量，并未将史料价值作为首要的考虑标准。这也反映出金石之于方志的用途和价值实有两端：一是保存史料，二是彰显文艺。

基于以上诸种情况，方志在著录金石之时，要从金石的内涵和外延两方面来确定体例。一是收录要尽量全面，不仅要著录碑刻、石刻，也要注意搜集金器之属。二是目的要明确，既要发掘金石的史料价值，也不能忽视其文艺价值和审美价值；既要从文献学、目录学的角度对金石的物质本体加以考察，也要从彰文扬善的立场适当收录金石所载全文；对于一些文艺性或者史料价值不高的金石，是可以适当舍弃的，并不用完全一一著录。在章节层级设计上，金石志应该与艺文志保持在同一层级。金石志重在提要文献，其立足点是史料价值，故无论是对金石载体本身还是金石所载文字内容，只要是有一定史料价值者，都应该放到金石志中加以考察、辩证、叙录；同样，金石中关乎艺文者，则可置于"艺文志"条下，著录金石所载文字内容。

第三节　鲜明教化特点中的文艺色彩

整体而言，地方志具有强烈的史料性质和教化特色。马光祖在《〈景定建康志〉序》中指出："郡有志，即成周职方氏之所掌，岂徒辨其山林、川泽、都鄙之名物而已？天时，验于岁月、灾祥之书；地利，明于形势、险要之设；人文，著于衣冠、礼乐、风俗之臧否。忠孝节义，表人材也；版籍登耗，考民力也；甲兵坚瑕，讨军实也；政教修废，察吏治也；古今是非、得失之迹，垂劝鉴也。夫如是，然后有补于世。郡皆然，况陪都乎？"[1] 在马光祖看来，郡志之作，绝不是单纯为了记录名物而已，而是要发挥表人才、察吏治、垂劝鉴等作用。而表人才、察吏治，正是利用方志的史料价值，垂劝鉴则相当于发挥方志的教化作用。史料与德行往往是方志最为人注意的地方。

---

① （宋）马光祖：《〈景定建康志〉序》，（宋）周应合撰《景定建康志》，南京出版社，2009，第3页。

同时，方志中的这种教化色彩，也常常与文艺色彩相结合，呈现一种复合型的状态。同治《赤城县续志·艺文志》之前言说道："艺文一志，所以验人物之盛衰也。有德者必有言，自古人物之盛，未有不工于艺文者。降及后世，行不逮言，有文艺极工而人物不堪挂齿者，世风日下，可想见矣。赤城旧志'艺文'一条所录者，类皆组绣之光、辎轩之韵，其本邑人之著作不多见也，续修者但当于旧志所录外，严加搜寻，不可轻言弃取也。盖前人创修之始，所采诗文类有关于风化、系于人心；否，则地理之险要、兵家之利钝，诸如此类，始登之于简编。至于羁人之留连、词客之吟咏，间或有之，然不多也。故金石所载，虽不成文，而兰苕翡翠、片玉碎金，诚有弃之不忍弃者矣，因作艺文志。"① 此志编纂者指出，方志中的艺文志首先承担着教化风气、引导人心的作用；其次具有史料价值，尤其是军事价值；最后则具有文艺价值、审美价值。此志特意提及金石中有"兰苕翡翠、片玉碎金"，明显是从艺术性、审美性的角度出发，且此"艺文志"条下虽不细分类目，然尤多碑文、题壁之属，与其说这段话是针对艺文志而发，不如说是具体针对金石中的碑文、壁刻等内容而发。那么在方志编纂者们看来，金石所载文章除了有教化作用外，在一定程度上亦具有文艺色彩。

一　北京方志金石文献的教化特色

从教化方式而言，金石文献乃至整部方志，都在彰显正面形象和行为，而非从反面例子来教育。也就是说，所载内容只关乎扬善，通过扬善去黜恶，却不将恶的方面记录下来。这一点与传统正史是有区别的。大概是因为地方志作为乡邦人所编之乡邦文献，牵涉太广，不便于直接"黜恶"，故而只能通过"扬善"的方式来彰显德行、教化人心、引导风气。

但是，没有在方志中直接表现"黜恶"的内容，并非就不"黜恶"，扬善也就意味着黜恶。虽然所写对象都是善的典型，但是在具体行文过程中，也有对其他不好行为或者事件的记录，这也是一种较为隐性的"黜恶"方式。如民国《良乡县志》所载《重修良乡县署碑》，主要是赞美当地官员孟德厚的爱民之举，但是在碑文一开始却花了不少篇幅来介绍长期

---

① 同治《赤城县续志》卷九，《中国地方志集成·河北府县志辑》第12册，第212页。

以来当地治下民不聊生的糟糕状况，实际上就是对官员转嫁负担给民众这一行为的批判。又如《良乡县杨子英县尊裁革车徭德政碑记》，同样是彰显地方官杨子英的懿行，而在文章开始，也同样记载了当地车役繁重导致的糟糕的政治、民生状况（详见下文所引）。

从教化对象而言，一是针对官员，通过记载具有懿行、美德、才干的官员事迹，为其他为官者做出表率和垂范；一是针对普通百姓，通过展现普通人物的高尚道德和值得称道的行为，来引导人们向善。

从教化内容来看，一方面是对才干的称颂，如官员治理弊政有方等；另一方面是对道德情操的推崇，如为官者体恤民情、清廉奉公，普通人淡泊明志、无私奉献、乐于助人等。这些都可以从前述第一节金石所载之碑记文章中找到明证，兹不赘述。

二　北京方志金石文献的文艺色彩

在北京方志金石文献中，有一些碑文除了用于表彰懿行外，还具有较为鲜明的文艺色彩。兹举民国《良乡县志》所载两篇碑文为例。一篇为《重修良乡县署碑》，正德元年立，刑部主事刘武臣撰。

> 良乡，古燕中都地，今为畿辅第一剧县，路控东西南三方，内外大小臣工之宣纳诏令者、禀承职事者、朝者、贺者，往返必信宿焉。将迎无虚日，今以下若丞若簿若典史皆分属诸路以候，及暮始归，秉烛视事。无几，文移山积于前，命吏抽检取其利害之尤切且近者料理而已。帑藏竭于供馈，车徒困于奔驰，民不能支至转徙他郡，若是者皆不暇问也，而况于县署乎？
>
> 良乡县署，正统中前令王君实建之，迄今余六十寒暑，日就敝陋。令于兹者，非不欲新之也，皆坐剧不能耳。孟君德厚以乡进士来令兹县，叹曰："此亦天子辇毂之下，而县署乃尔！岂所以壮京师、示多方哉？虽然，当先其急者。"遂锐然抑豪强、去奸宄、祛弊蠹、雪冤滞、赈穷乏，未几，竭者足，困者起，转徙者还，四境之内协然大治。乃撤县署而新之。自瓦砖锻砺以及竹木，凡营构所需者，如取诸左右然。群匠皆骇愕相顾以为异。盖君自莅任来，已属心于此，官府有羡辄储之，而人不及知也。工凡九阅月而完，总若干楹宇，其高

翼翼，其整炳炳，其黝垩加于旧规，信数倍不啻矣。始县署之未新也，士民惧其将历矣，颇以为念；至是，欢甚，益德君，谋勒石图不朽，且以为将来者劝。①

此碑文一开始交代良乡县地处交通要冲，有供给各方官员往来之责，当地县令以下的工作人员从早忙到晚，征召的民众也疲惫困顿不堪，以致"民不能支至转徙他郡"。因此，虽然衙署有六十多年的历史，早已破败，也顾不上修整。孟德厚继任县令之后，就有重修衙署之意，但并没有立即进行，而是先整顿县治，"抑豪强、去奸宄、祛弊蠹、雪冤滞、赈穷乏"，使得当地民生、政治大为改观。然后才开始进行重修衙署事宜，且没有给民众增加一丝一毫的负担。因此，此碑文看似记述重新修葺良乡县衙署一事，实际上却是通过县令孟德厚修葺衙署却不增加民众负担一事，赞颂孟德厚为官而不扰民，体恤百姓疾苦的行为，含有表彰懿行、为官垂范的用意。

　　同时，这篇碑文还有很高的文学价值。这篇碑记草蛇灰线，极有章法，要言不烦，文学意味非常浓厚。文章一开始介绍良乡县地处交通中转之地，是为了引出当地官员忙碌不堪和民众疲累的状况。衙署破败多年而无暇修葺，原因也在于此，故笔锋转到衙署也就顺理成章。至此，由地理位置、县治民生引到新任县令孟德厚，可谓不急不躁，层层递进。引县令孟德厚之言，显示出其修葺衙署非为个人享受，乃为天子、政府体面计，此处见其纯直无私；孟氏欲修葺衙署却不立马进行，而是先整顿吏治民生，可见其公正爱民，有治世之才。因为文章主要写重修衙署事，所以整顿吏治民生就用了"抑豪强、去奸宄、祛弊蠹、雪冤滞、赈穷乏，未几，竭者足，困者起，转徙者还，四境之内协然大治"寥寥数语，精练得当，无烦枝累叶。其后写孟氏终于开始重修衙署，亦无过多细节描写，只抓住一点，"凡营构所需者，如取诸左右然"，意思就是需要用到的材料早已经准备好，并没有向民间摊派。同时，又记述工匠和百姓们的反应来衬托此事。工匠们的反应是大出意料之外，"皆骇愕相顾以为异"，而民众则经历了由惧到喜的心理变化过程，一开始担心政府摊派，后来发现县令早已经准备好材料，并没有向百姓索取，于是欢欣不已，"始县署之未新也，士

　　① 民国《良乡县志》卷八，《中国地方志集成·北京府县志辑》第 7 册，第 700~701 页。

民惧其将厉矣，颇以为念；至是，欢甚"，"至是，欢甚"四字，如策马一鞭，短而有味。至此，县令孟德厚勤政爱民的形象跃然纸上。

另一篇为长馨所撰《良乡县杨子英县尊裁革车徭德政碑记》，其碑文曰：

自古爱民之官，固无一事不爱乎民，无一时不爱乎民也！惟理良邑车政之官，则往往欲除弊而未能者，岂时事使然！官顾不爱乎民哉？考之舆图，良邑为京畿首站，十八省通衢，差务络绎，需车浩繁，正款无多，价不敷用，官民受累，善莫能策。前以军书旁午，房吏远患，诿逊其事于差役，创名目曰车头，从此官事日愈坏，民病日愈深，领项竭蹶，办理失措。力田之骡马，户户充公；行路之轮蹄，条条绕道。上不能禁而姑容，下不聊生而忍受。过斯境者咸叹："有此车差，若几无爱民之官矣！"

阅自光绪四年，杨子英县尊由固安任来署斯邑，甫下车，已洞见车差积弊，欲加整顿而不遑者，原以暂权县篆，先举行宾馆积仓诸大政，未暇及此。旋即奉调回任，邑民矍首若有所失。今幸矣！幸夫子英县尊实授良邑，理兹车政，当必有异矣。乃犹是纷纷差务也，莅任未久，旧政焕然一新。声辚辚，曰官之车也；鸣萧萧，曰官之马也；执鞭揽辔、舆夫喧填，曰官之仆御也。道路改观，风尘变色，望而讶之者，走相告语，举首加额为斯邑庆，以为民何修而得此官，官何术而有此政乎！夫治法非难也，治人难。治人何难？难在不囿乎人之治以为治耳。积二百年之弊病，忽扫除于一旦，此诚非煦煦之仁、孑孑之义所能奏其效也。感者听之，怨者听之，只此为民除害，不留余憾之心，足以格斯民而信。

上宪具详禀裁车头、发明示、设公局，且置备车骡以应差，除过兵旧有详章外，余差不借民力，概无贻误，立法之良未有逾此者也。尹宪嘉其政，悯其劳，委能员以襄之，筹津贴以助之。虽试办已行，少取之而不为虐，第恐责有旁贷，日久仍蹈故辙，乃悉举而辞焉。统核所用年款，仅得生息银七百余两，尚亏银款甚巨，尽数皆出自县官，于本县人民及过往车驼丝毫不扰。未事而不与人商，既事更不求人谅，申牒详文，立成定案，俾再来新令尹不告而知。大哉其德也乎！大哉其德也乎！

今者厂役星散矣，客车远来矣，昔之充公者不误农事矣，昔之绕道者直驱荡平矣。口碑传颂，姑不遽论，即穷乡僻壤之间，杖鸠白叟、竹马黄童，咸欣欣然乐道其事，况实惠均沾、同深感激者，乌能已于言哉！阖邑士民谨将德政形诸笔墨，勒于贞珉，非敢作谀词也。抑以愿居是邑、过是邑不受扰累者，日后知所由来，道盛德至善，垂诸永久于不忘云尔。光绪十一年冬月。①

如果说之前的《重修良乡县署碑》所记良乡县官民受累的状况还比较笼统，那么这篇碑记就相对要具体得多，指出其表现之一就是"车头"，因用车需求过大，当地官府不得不把负担转嫁到百姓身上，以致"力田之骡马，户户充公；行路之轮蹄，条条绕道。上不能禁而姑容，下不聊生而忍受"。刘武臣于明代正德元年（1506）撰《重修良乡县署碑》，言良乡苦于差役已久，长馨撰《良乡县杨子英县尊裁革车徭德政碑记》在光绪十一年（1885）冬，又言良乡县车役之弊，则知其间近四百年，虽有良吏干才体恤下民，改革役弊，然人事迁转，政多反复，而良乡百姓，得安稳之日者无几，足为今日为政者戒。

从文学角度而言，此文骈散结合、散中带骈、长短句相间的语言风格，增强了全文的艺术性。如"无一事不爱乎民，无一时不爱乎民""差务络绎，需车浩繁，正款无多，价不敷用，官民受累，善莫能策""力田之骡马，户户充公；行路之轮蹄，条条绕道。上不能禁而姑容，下不聊生而忍受""声辚辚，曰官之车也；鸣萧萧，曰官之马也；执鞭揽辔、舆夫喧填，曰官之仆御也"，在整齐的句式中凸显一种流利劲美的文气，又能层层推进，在整齐中显出变化，呈现较为高超的语言艺术能力。

---

① 民国《良乡县志》卷八，《中国地方志集成·北京府县志辑》第 7 册，第 704～705 页。

第二章

津唐廊沧方志金石文献研究

第一节　天津方志金石文献概述

唐代杜佑的《通典》将永济渠、滹沱河和潞河三水汇流的入海处称为"三会海口"。这是个具有泊船、装卸、中转和仓储功能的海港，也是天津最早的发祥地。金朝贞祐二年（1214）在三岔口设直沽寨。"直沽"是天津有史料记载的最早名称。明建文二年（1400），燕王朱棣渡河南下争夺皇位，在其夺取帝位后，于永乐二年（1404）十一月二十一日将此地改名为天津。

《中国地方志集成·天津府县志辑》包含光绪《重修天津府志》、民国《天津县新志》、民国《蓟县志》、乾隆《宝坻县志》、康熙《静海县志》、民国《静海县志》、光绪《武清县志》、光绪《宁河县志》。其中民国《天津县新志》、光绪《武清县志》不包含金石资料，其余方志金石文献资料情况如下。

一　光绪《重修天津府志》

卷三十八"艺文二"为"金石"，所收共 28 篇。所录金石文献时间跨度从东魏至清。其中墓志铭有 14 篇，占一半数量，多数墓志文末还附有考证。所录金石文献中东魏佚名的《沧州刺史王僧墓志铭》、北齐佚名的《朱灵振等造佛像颂并题名》均不见于严可均辑《全上古三代秦汉三国六朝文》，唐许师秉撰《许元遇荐福墓碣》亦不见于《全唐文》《全唐文新编》《全唐文补编》等总集。另《贾耽墓铭》（节选）为唐代著名作家权德舆撰写，入于《权载之文集》。其中最值得重视的是八方唐代墓志，其中七方与通行的录文相比颇多异文，且有一方，各种墓志汇编资料均失收，所以具有重要的文献价值。

此外值得注意的是元代佚名作家书写的《三义沽创立盐场碑》，追述盐场创立过程，颇具史料价值。

二　民国《蓟县志》

卷九为"石刻""碑幢"。多为碑况介绍，包括形制尺寸、文字风格、泐灭情况以及立碑处所和日期等。少数附碑文，如《大辽蓟州神山云泉寺记》《沽渔山寺碑记》。其金石资料多入于卷十"艺文"。"艺文"下总计收录 59 篇，数量远超他志。举凡建造记、祠堂记、寺庙记、去思碑记、开河记、书院记、墓志铭等，均包括其中。作品年代上起北宋，下迄民国，尤以明清两代作品居多，其中最富特色的莫过于明代马思恭《黄花山兴隆观碑记》、汪溥《游崆峒山记》、李旭《北极阁记》、毛纲《修香林寺碑记》等，作者独具灵心慧眼，笔法上承郦道元、柳宗元、欧阳修诸名家，写山水之形胜，读来令人感觉如在眼前。

三　乾隆《宝坻县志》

该志并未辟专章收录金石资料，而是将其归于"艺文"，在卷十七、十八"艺文"集中加以收录。"艺文上"收碑铭、行状计 14 篇，其中颇有几位大手笔的作品，如朱彝尊《前进士高公墓表》，该文收入《曝书亭集》卷七十二；赵执信《翰林院检讨杨君行状》，该文为《饴山文集》所不载；张廷玉《若洲杜君墓志铭》，亦不载于《澄怀园文存》。在纂辑作家个人别集的时候，当据以补录。"艺文下"收录建造记、寺庙记、乡祠记等金石资料计 33 篇，在天津地方志中可谓数量最多。

四　康熙《静海县志》

金石资料仅有两篇，明戴大槐《静海县题名记》以及清高恒懋《奉天新建公馆记》，入于卷三"艺文"。

五　民国《静海县志》

金石资料并未辟专章收录，而是归入人民部酉集"文艺志上"中，计

17 篇。内容包括建造记、去思碑、墓志铭等。上自明代，下迄民国。其中《励文恭公墓志铭》收于张廷玉《澄怀园文存》卷十二，题作《光禄大夫太子少傅吏部尚书专管刑部尚书事谥文恭励公墓志铭》。其余作者如许士柔（天启二年进士）、高尔俨（崇祯十三年进士）、牛天宿（顺治六年进士）、陈兆仑（雍正八年进士）、励宗万（康熙六十年进士）以及乾嘉时期的关东才子王尔烈，均为一时俊彦。

六　光绪《宁河县志》

该志计收录金石资料 33 篇。卷十二"撰述"中收录金石资料 6 篇，均为墓志铭、神道碑文，其中王熙《杜公文端墓志铭》、张廷玉《若洲杜君墓志铭》两篇，在乾隆《宝坻县志》中均有收录；卷十三"纪载"收录建造记 27 篇，其中刘晞颜《宝坻县记》、李贤《新开运河记》（节选）、杜立德《工部地修堤记》（节选）、洪肇楙《修宁河县北门桥东窝渡记》、柯一腾《海烧记》5 篇，与乾隆《宝坻县志》所收重出。

第二节　唐山方志金石文献概述

唐山因唐太宗李世民东征高句丽驻跸而得名，位于河北省东部、华北平原东北部，南临渤海，北依燕山，毗邻京津，地处华北与东北通道的咽喉要地。参以今日之行政区划，"河北府县志辑"当中，应归入唐山的有民国《迁安县志》、康熙《玉田县志》、光绪《玉田县志》、康熙《遵化州志》、光绪《遵化通志》、光绪《乐亭县志》、民国《滦县志》、康熙《丰润县志》、光绪《丰润县志》。各方志金石文献资料情况如下。

一　民国《迁安县志》

卷二十专设"金石篇"，收录金石文献计 9 篇，年代上自元代，下至清代。元僧祥迈撰《大觉寺中兴之碑》，讲述重修寺庙、再建山门的经过，表现了明显的圈地意识。明知县白夏撰《职官题名碑》，难能可贵地表露出为政当追求身后之名："实之所在，名必随之，则人固有因名而后奋者。"名实须相符，故而宜谨言慎行，为民造福。其敬畏之心，来自对民意监督的认可。文中言："于凡心术之微、行事之著，因得指而议之如目前事。某忠，某佞，某廉，某墨，某明，某暗，某勤，某惰，某执法，某任情，某劳抚字，某善催科，某爱民如子，某视民如仇，交口褒刺。某贤也，某岁所贡举也，某乡所产也，则其入仕之途有光，而山川亦增重也。否者，且将污其仕版而唾其梓里矣。善恶行于一人，而爱恶生于百姓。是非、贤不肖之论，章章著明于数十年之后，则是名也，以之荣亦以之辱。吁其亦可畏也已。"① 这实际上是先秦"三不朽"思想的另一种表达，中国古代社会能够稳定而又自足，与这样一个既成的信仰体系密切相关。官员为求得政声远播，身名不朽，而敬畏民意、奋发自励，这源自对个体生命价值的体认，又与外部的道德法律约束相辅相成。同时，因为是自内而外的发散，所以更加能动。

"三屯营"是翊卫京畿的军事要地，地处迁西县西部。明侍御郑书撰《三屯营帅府题名碑》，记载了此处的营建源流、规模、守官等情况，提供了珍贵的史料。之后明代名将戚继光镇守迁安，也在此留下足迹。戚继光文武兼备，撰有《三屯营留别亭记》，也表现出追求清名惠政、造福民众的愿望。此文收入戚继光《止止堂集·横槊稿》（中），题作《留别亭记》。明总兵萧如薰撰《三屯营帅府介石轩并序》，借描摹峰石形象发挥以物喻人之旨，文末铭曰："其道伊何，以凝以峻，其守伊何，不转不磷。"② 实则是对人坚贞刚毅品格的颂美，从中可以一窥戚继光在部众心中的高大形象。吴江澄撰《刘襄臣先生教思碑》也是较有特色的一篇。寻常碑名冠以"政声""去思""遗爱"，均为表现当地民众对碑主的怀念和不舍之情。此篇"教思碑"，则表现出一个学生对师恩的深切追述，动情之处，令人读来不觉泪下。

二　康熙《玉田县志》

有关金石资料，收于卷七"艺文志"之"碑记"当中，计23篇。上起金代，下至清代，尤以明清两代作品居多。从碑记内容看，有"神道碑""墓志铭""义田记""学田记""建造记"，而以"建造记"的数量最为繁多。如元代郭贾撰《建玉田县治记》、明代谢铎撰《玉田县新

---

① 民国《迁安县志》卷二十，《中国地方志集成·河北府县志辑》第 20 册，第 148 页。
② 民国《迁安县志》卷二十，《中国地方志集成·河北府县志辑》第 20 册，第 150 页。

城记》、明代商辂撰《兴州卫新城记》、明代熊相撰《新迁阳樊驿记》均具有一定的史料价值。其余修建药王庙、文昌阁、尊经阁、明伦堂、文庙、石桥等也有记文，包括毁坏后的重建。这些资料通过追述过往，实现对秩序的认同、传递和传统的相续，体现了中华民族生生不息的文化精神。

三　光绪《玉田县志》

金石资料在该志中并未有专章收录，而是以注解的形式散见于卷四"舆地志"之"村堡（津梁附）"、卷六"舆地志"之"古迹（坊表坟墓附）"、卷九"建置志"之"公署（附仓库驿馆）"、卷十一"建置志"之"坛庙"、卷二十三"乡型传"之"孝友上"、卷二十七"乡型传"之"文学（艺术寓贤待定附）"。且除辽代袁孝乡《大辽国燕京蓟州玉田县东上生院无垢净光佛舍利塔铭并序》（卷十一）、清代李琮《采亭桥记》（卷四）、清代王庆元《窝洛沽木桥记》（卷四）、清代夏子鎏《创建魁星阁记》（卷十一）、佚名《黎平府绅民去思碑》（卷二十七）五篇外，其余均已见于康熙《玉田县志》。其中李琮《采亭桥记》记载采亭桥的建造过程，与清代吴省钦撰《重建玉田县采亭桥碑记》（见《白华后稿》，《清代诗文集汇编》第372册）相参照阅读，足以了解修桥的来龙去脉。王庆元《窝洛沽木桥记》记载了一座京东绝无仅有的木桥（"畿东木桥鲜矣，有之惟沽镇"）的建造缘由、建造过程，并且形象地描绘了木桥壮观的形制："是桥也，壮一镇之观，实持诸桥之固焉。当夫暑雨延绵，奔涛坌集，来牛去马，电掣雷轰，一逾此桥，汹猛气杀，迤而下之。若厂上庄、刘钦庄、赵官庄之为土桥者，皆泯震荡而庆安澜矣。且便有无之通用，观德产之聚焉。当夫晓日未升，晨星乍落，幽风万户，零露双肩，波卧一虹，物臻九陌。嘉蔬时果，大蟹肥鱼，薄投阿堵，备佐饔飧。永夕永朝，无冬无夏，而农有余囊，商无淡食矣。至若杨柳堤长，禾麻岸远，春风秋月，雪皓冰清。驴背诗人，鹢头酒客，遥瞻百尺之梁，俯视群鱼之乐，兹其余也。"① 王庆元为窝洛沽人，同治癸酉（1873）举人。这段描写声色俱佳，此桥建立，不仅为民众提供往来之便，

---

①　光绪《玉田县志》卷四，《中国地方志集成·河北府县志辑》第21册，第151页。

更成为当地的一大景观。

四　康熙《遵化州志》

金石资料收于卷十二"艺文志"，计 15 篇，多为重修记、建造记，并不包含常见的墓志铭一类，均为明清两代的作品。

明正德八年（1513）李信《遵化县任官题名记略》提到刊刻职官姓名的目的是："俾善善恶恶者指而曰：'某也慈祥尚德，胥感之；某也掊克任威，今犹怨之。'"又言："莅官者，庶几顾畏于他日，而谨凛于今日。予俯仰于兹三载矣。遗臭流芳胥此焉出。前我而去者，幸留姓名，后至者俾知是邑之难而是官之可畏无穷也。兹石为之龟鉴矣。"① 这既是自勉，也是对后来者的告诫。将自身置于民众舆论的监督之下，与民国《迁安县志》所录明代知县白夏撰《职官题名碑》的指归如出一辙。此后明万历四年（1576）宋仕亦撰有《遵化县任官题名记略》，功过任凭指摘："迄今民咸指之而臧否、而德怨，甚核弗爽。"文中一再重申："不有嗣刻，将弥逖弥湮。前者谱而后者阙，前之美恶或以湮而近不足考镜，均非体也。"② 彰显了"追前懿而法将来"的深自警醒之意。

金石资料中有一篇李东阳的作品，即《邹公祠碑记略》。李东阳少入翰林，极负盛名。其主持文坛数十年之久，为诗文典雅工丽，是茶陵诗派的核心人物。该文不见于李东阳《怀麓堂集》，若编纂总集，当据以补录。

此外，尚有戚继光的一篇《景忠山死事祠奠文》。该文与收于《止止堂集·横槊稿》（下）的《祭忠烈庙文》应为同一篇，然多异文，可资参照。

五　光绪《遵化通志》

相较于康熙《遵化州志》，光绪《遵化通志》容量大大扩充，史料更加翔实富赡。金石资料集中收于卷四十七"金石考"之"碑刻"。上自宋辽金，下迄明清，计 22 篇，文末均附关于碑刻形制的介绍。其中有一篇《五峰禅林寺记》（当题作《复修五峰禅林寺记》）出自蔡珪手笔。蔡珪

---

① 康熙《遵化州志》卷十二，《中国地方志集成·河北府县志辑》第 22 册，第 83 页。
② 康熙《遵化州志》卷十二，《中国地方志集成·河北府县志辑》第 22 册，第 83 页。

为金朝著名文学家，蔡松年之子，天德三年（1151）进士，以文名世。蔡珪存世之作不多，此文弥足珍贵。而且此文为《金文最》和《全辽金文》所不载，当属佚文。另有一方《明学制碑》详细规定生员入学定例、分科教授之法、习学次第、生员额数以及奖惩机制等，是研究明初教育制度的重要史料。此外，戚继光作品也在其中，其《蓟门汤泉记》收于《止止堂集·横槊稿》（中），《戚都护诗碑》载戚继光《登舍身台》诗二首，入于《止止堂集·横槊稿》（上）。另在整理过程中发现《止止堂集》（戚继光撰，王熹校释，中华书局，2001）点校方面多有谬误，俟日后专门撰文纠正。

六　光绪《乐亭县志》

该志并未辟专章收录金石资料，而是类似光绪《玉田县志》，以小字注解的形式散见于卷二"地理志"之"街市""丘墓"、卷四"建置志上"之"公署"、卷五"建置志中"之"学校"、卷六"建置志下"之"坛庙""寺观"。其优势就在于将金石资料分门别类，能够以类相从。相关文献数量虽多，但是种类并不丰富，大体只有墓志铭、建造记。应该说这种编纂方式对于文献整理并不友好，琐碎繁杂，整理困难，还需一点点耐心进行爬梳。其中卷二"地理"之"丘墓"所收张廷玉撰《李公墓表》，不见于张廷玉《澄怀园文存》；卷六"建置"之"坛庙"所收于成龙《修奎光阁记》，亦不见于《于清端公集》，这是在纂辑作家全集时特别需要注意的。

七　民国《滦县志》

该志金石资料亦散见于卷二"地理志"之"丘墓"、卷四"人民志"之"宗教（附寺观）"、卷五"建置志"之"城池""县政府"，均为题名记、建造记、德政碑记，且以注解形式出现，文字小且不清晰，辨识困难。此外卷十七"故事志中"之"文献征存"保存了孔庙历代碑记计20篇，多为节选，上起元大德十一年（1307），下至民国，比较集中地反映了当地孔庙的兴修和变迁情况，也体现了儒家文化传统的赓续和传递。

八　康熙《丰润县志》、光绪《丰润县志》

康熙《丰润县志》中，金石资料入于卷八"艺文志"之"碑记"。首篇便是元初丰润县尹孙庆瑜撰写的《丰润县记》，记录了丰润县的历史沿革、物产及人文地理状况，是研究丰润区历史不可多得的史料。该文被收于《全元文》卷三五八，题作《重修丰润县署记》。其余十余篇金石资料主要是建造记。如元代徐世隆《越支场重立盐场记》、明代张守中《重建东关递运所记》、明代官廉《丰盈仓兴造记》、明代石邦政《重修文庙记》、明代谷九鼎《重建社学号舍射圃记》《修建马神庙记》、清代曹鼎望《重修丰润县明伦堂碑记》《重修丰润县关帝阁碑记》、清代谷元调《重修马神庙碑记》等。

光绪《丰润县志》中部分金石资料与康熙《丰润县志》重出（如杨维杰《义丰驿新迁记》等9篇），同时也增补了一些金石资料，集中收于卷十"文苑上"当中。其中金代赵摅撰有《大金蓟州玉田县永济务大天宫寺记》，记述天宫寺的建立、规模以及天宫寺塔的形制，并由任询手书。任询是金初享有盛名的书法家。清光绪年间著名的金石学家叶昌炽，在其《语石》中盛赞《大天宫寺碑》书法"突兀奇伟，壁立千仞"。此文也收录到《全辽金文》《金文最》等总集中。沙门志延的《大辽景州陈宫山观鸡寺碑铭》亦收入《全辽金文》，题作《景州陈公山观鸡寺碑铭并序》，按，康熙《丰润县志》卷一"舆地志"之"山川形胜"列"陈宫山"，注："县东北六十里，东西连列，萦回数十里，东邻庚水，西接黄土岭。"①　光绪《丰润县志》卷一"山川"收"陈宫山"，注："在县东北六十里，东邻还乡河，西接黄土岭，山南有峰，其色苍翠，一名花山。《水经注》：'巨梁水出陈宫山。'又《旧志》云：'三国陈宫东郡人，不知兹山何以得名。'又《尔雅》：'大山宫，小山霍。''宫'谓围绕之。《礼记》曰'君谓庐宫之取'，义或在于此。按《吴志》，程普，右北平土垠人，普最年长，时人皆呼为'程公'，或'陈宫'为'程公'之误耶？"②　二者对校，当为"陈宫山"无疑。

另光绪《丰润县志》（以下简称《县志》）卷十一"文苑中"收录清代才子袁枚《董太恭人墓志铭》一篇，该文收入《小仓山房诗文集》文集卷三十一，两相对照多异文。如"虽分居之筑里"，《县志》作"虽分居之

---

①　康熙《丰润县志》卷一，《中国地方志集成·河北府县志辑》第 25 册，第 23 页。

②　光绪《丰润县志》卷一，《中国地方志集成·河北府县志辑》第 25 册，第 185 页。

族党";"其长君，即今观察也"，《县志》作"其长即今观察也"；如"太恭人进观察而劫悉之曰"，《县志》作"太恭人进观察而密语之曰"；"遂援豫工例，得同知引见，发皖江。历署赤紧州县凡六处"，《县志》作"遂援豫工之例，得同知。发皖江、补安庆，同知署赤紧州县凡六处"。① 诸如此类，均可用于校勘。

第三节　廊坊方志金石文献概述

廊坊市位于河北省中部偏东，北临北京，东交天津，南接沧州，西连保定，地处京津冀城市群核心地带、环渤海腹地。参以今日之行政区划，"河北府县志辑"当中，应归入廊坊的有民国《安次县志》、民国《文安县志》、康熙《三河县志》、民国《三河县新志》、康熙《霸州志》、民国《霸县新志》、民国《香河县志》、乾隆《永清县志》、光绪《续永清县志》、民国《固安县志》、光绪《大城县志》。各方志金石文献资料情况如下。

一　民国《安次县志》

该志只在卷一"地理志"中有"金石存目"，而金石录文则置于卷八"艺文志·内编"和卷十"艺文志·外编"当中，计26篇。其中以墓志铭居多，此外还包括题名记、建造记、去思碑记等。其编排大体按照朝代次序，作者在前，碑志题名在后，作者名下多附小传。收文上自五代，下至明清，亦是明清两代作品居多。其中扈载撰、孙崇望书《大周故银青光禄大夫中书侍郎同中书门下平章事上柱国晋阳县开国伯食邑三百户赠侍中景公神道碑铭》（又名《景范碑》）为后周显德三年（956）立，年代最为久远。清代王昶《金石萃编》卷一百二十一著录此碑："碑下截残缺，高一丈四尺，广六尺一寸。"碑主景范在《旧五代史》中有传，其为人刚正、为政清廉，此碑是研究其生平的重要史料。作者扈载为安次人，故此碑文得以收录。

县志还收录《明赠嘉议大夫刑部右侍郎施公墓志铭》，出自明初著名

---

① 光绪《丰润县志》卷十一，《中国地方志集成·河北府县志辑》第25册，第505页。

文学家、藏书家陈琔手笔，其博学通经，为人所称。此外辽僧志恒的《宝胜寺僧妙行记》收入陈述辑校《全辽文》（中华书局，1982）卷十，题作《宝胜寺僧玄照坟塔记》；张景运《为先亡祖翁考妣建经幢记》收入《全辽文》卷九。元代理学家、文学家吴澄所撰《大元昭勇将军河南诸翼征行万户赠宣忠秉义功臣资善大夫湖广等处行中书省左丞上护军齐国张武定公墓表》收入《吴文正集》。

二　民国《文安县志》

民国《文安县志·艺文志》按元、亨、利、贞排序，金石资料收于卷九"艺文志"之"利""贞"编，共计40篇。其中"利"编收录建造记、去思碑记、德政碑记，"贞"编收录神道碑、墓志铭。总体来看文学价值不高。其中较为著名的作者有高尔俨（明代文学家、书法家）、李焕章（明末清初"青州四大家"之一）、傅以渐（清朝第一位状元）、王树枏（清代训诂学家）等。民国《文安县志》尚收录欧阳修《故文安主簿苏公墓志铭》，墓主即"三苏"之一的苏洵。该文还收录于《欧阳修全集》卷三十五，然两相比较颇多异文，可资校勘。

三　康熙《三河县志》、民国《三河县新志》

西汉始置路县，其地涵盖今三河市和北京市通州区，东汉改称潞县。唐初析置临泃县，寻废。唐开元四年（716），再析幽州潞县东部置三河县，以其地近泃、洳、鲍丘三水而得名。元属直隶中书省大都路。明属北平府，永乐十九年（1421）改北平府为顺天府，三河属顺天府。清属顺天府。

康熙《三河县志》修撰粗糙，文字简略，仅有7篇金石资料收于"艺文志"，均为建造记。民国《三河县新志》收录上自辽下至民国的40余篇碑记，绝大多数都是建造记，均入于"文献志·艺文篇上·碑记"。该志收录了大量民国碑志，但价值不大。

四　康熙《霸州志》、民国《霸县新志》

霸州春秋时为燕地，秦属广阳郡，汉属涿郡，晋属章武郡。北齐并入文安郡。隋初属瀛州，后入涿郡。唐属幽州永清县，后置益津关，五代沦入契丹。后周显德六年（959），周世宗攻下益津关，始置霸州。此后历经变革，明初废益津县并入霸州，先隶北平府，后改属顺天府，领保定、文安、大城三县。至清雍正六年（1728），霸州不再领县，辖境与今霸州相近。

康熙《霸州志》为清康熙十三年（1674）刻本，相关金石资料入于卷九"艺文志"之"记"中，计18篇，年代上起元代下至清康熙年间。其中元代黄溍《宣圣庙学记》收入《金华黄先生文集》卷十，题作《乡学记》，《全元文》据此收入卷九五〇。此"宣圣庙学"即后来的益津书院。元代王思诚《重修庙学记》，《全元文》失收，当据以补录。除此以外，尚有遗爱碑、去思碑、建造记、墓志铭等。其中钱谦益《铭燕郝公墓志铭》收入《牧斋初学集》卷五十二，题作《陕西延安府延长县知县郝府君墓志铭》，是记载霸州名人郝鸿猷生平的重要资料。其子郝杰墓志，该志中也有收录，即清代冯溥《国朝户部右侍郎加一级械清郝公墓志铭》。郝鸿猷、郝杰、郝惟讷祖孙三代，是霸州郝氏家族代表人物。郝氏家族走向鼎盛，郝鸿猷实有以启之。然时至今日，其生平却语焉不详，若资以相关资料，完全可以考证发明。

民国《霸县新志》于卷七"金石"辟专章收录金石资料。卷首序言："金石著录，方志所重。霸之旧志，向阙此门。文献征存所载庙碑墓表，亦多不著年月及书篆姓氏。兹即旧载碑志及近日采访所及，略依时代先后，别记'金石'一门，以符志例。"① 相关金石资料，少量存目，多数全文收录，上自金下至晚清民国，计63篇，几乎重复收录了康熙《霸州志》中全部金石资料，另有大量增补，以墓志铭、建造记、重修记为主，尤以清、民国时期作品居多，价值有限。

这两部方志中，有关"益津书院"的资料值得关注。益津书院的兴建是民间士绅、地方官府共同推动的结果。若考察益津书院的源流，元代黄溍《宣圣庙学记》、明代刘为楫《益津书院记》、清代毛庆麟《益津书院记》均为重要文献。

五 民国《香河县志》

香河，春秋、战国时为燕地。秦、汉属渔阳郡。隋开皇三年（583）

---

① 《民国霸县新志》卷七，《中国地方志集成·河北府县志辑》第26册，第538页。

属幽州，大业三年（607）改属涿州。唐贞观元年（627）属河北道幽州都督府（后升大都督府）雍奴县，天宝元年（742）复设郡领县，雍奴县改武清县，香河属范阳郡武清县地。辽析置香河县，后复归宋改称清化县。宣和七年（1125），金取燕山府，清化县复为香河县。明初属漷州，后改隶北平行省北平府，又归属漷州，后改属顺天府。清代因之。民国《香河县志》卷九"金石"有存目，或节略，或节录原文（如《李隐公墓表》《袁清献公墓志铭》），均非全文收录，价值不大。

六　乾隆《永清县志》、光绪《续永清县志》

天宝元年（742），会昌县更名永清县（辖今永清县、霸州市），属范阳郡。宋徽宗宣和五年（1123）属燕山府文安县地，金天会三年（1125）复立永清县。明属顺天府，清因之。乾隆《永清县志》金石资料的编排次序比较独特。"永清文征"之"征实第二"下收录元明清神道碑（墓志铭）、文庙碑、建造记等17篇，均收录全文；又在"永清文征"下专设"金石"，著录石幢、钟铭、寺庙碑记、墓碑、建造记若干，少量收录全文，绝大多数均系介绍。光绪《续永清县志》仅在"文征卷"补录重修记、建造记、去思碑等12篇，几无可观，唯三篇"义学记"，可一探同治、光绪年间推广教育的情况，是近代教育史的佐证资料。

七　民国《固安县志》

民国《固安县志》于卷四"故实志"下设"金石"，其序言曰："金石著录，方志为重。可以考正列代疆域，观察社会习俗。邑之旧志，向阙此门。其'艺文志'内所载碑记亦皆起自朱明，金元以前，概付缺如。今将境内古今金石已见名人著录或个人珍藏及近日采访所及一一搜辑，略依时代先后，别记'金石'一门，以存其真。异时如考前代之踪、设访碑之使，则此编或可为一方文献之征。内容约分造像经幢、金石文存、金石碑目三项。"①"造像经幢"所收多只录方位、形制、年月介绍，小部分有录文。北魏以下，唐、宋、辽、金、元、明、清其绪不坠，显示了当地悠久的文化传延。"金石文存"类收辽至民国金石资料62篇。其中元代两篇作

---

① 民国《固安县志》卷四，《中国地方志集成·河北府县志辑》第28册，第279页。

品《固安县固城村谢家庄石桥记》《慧峰寺供塔记》均入于《全辽文》（中华书局，1982）卷八，且注明出自民国《固安县志》。前者作者题作王鼎，后者作者仅题"前人"，参以卷四"故实志"第三部分"金石碑目"，可知作者亦为王鼎。此外贾庸贵《大都路固安州创建学院讲堂记》入于《全元文》卷一一一七；李全《关侯庙碑记》入于《全元文》卷一二四四。除此以外，该志中还收录了明代作品29篇，均为建造记、重修记、寺庙碑记等；民国作品11篇，为墓碑文、纪念碑文等，虽拟古而已趋式微。"金石碑目"只存碑目，按朝代顺序编次，辽、金、元、明、清以至民国，相沿而下，并注明所在地、立碑年月、撰者及书丹者姓名，以及存废情况，可谓一目了然。这种编纂方式非常便利，在方志中属于独创。

八　光绪《大城县志》

西汉高帝五年（前202）设东平舒县，北魏时为平舒县。五代后周改称大城，名称沿用至今。大城县志最早纂修于明代万历年间，崇祯年间有增补，惜已不全。清康熙十二年（1673）"上谕天下通行修志"（卷首王嘉言跋），时任大城知县的张象灿将万历志呈送后，因系前朝旧本而受到责斥，遂重新修辑，历时不到两个月即成。光绪年间，知县赵秉文主持修撰光绪《大城县志》。该志金石资料见于卷十一"金石志"，其卷首序言"故览祠庙诸碑，可以见伟人之建树；览河道诸碑，可以见艰巨之底平；览墓道诸碑，可以昭一朝之德业"①，道出了金石资料的价值。"金石志"收"碑记"32篇，以重修记、建造记为主；收明、清"墓铭"7篇。此外，卷十二"艺文志"之"记"下亦收重修记、题名记、祠堂记等16篇，也属于金石资料，当予以计入。

第四节　沧州方志金石文献概述

沧州市为河北省地级市，地处河北省东南部、河北平原东部的黑龙港流域，北部与天津、廊坊接壤，西部及西南部与保定、衡水毗邻。参以今日之行政区划，"河北府县志辑"当中，应归入沧州的有乾隆《河间府新

---

① 　光绪《大城县志》卷十一，《中国地方志集成·河北府县志辑》第28册，第600页。

志》、乾隆《河间县志》、民国《沧县志》、康熙《盐山县志》、民国《盐山新志》、乾隆《肃宁县志》、康熙《吴桥县志》、光绪《吴桥县志》、光绪《东光县志》、民国《交河县志》、康熙《青县志》、民国《青县志》、民国《南皮县志》、康熙《献县志》、民国《献县志》。各方志金石文献资料情况如下。

一　乾隆《河间府新志》、乾隆《河间县志》

河间为畿内大郡，极富文化底蕴。乾隆《河间府新志》相关金石资料集中收于卷十九"典文志"之"艺文上"以及卷二十"典文志"之"艺文下"。某些作品属于文还是属于金石文献，不易区分，保守统计有40余篇，从北周至清，按时间顺序相沿而下。其中汉崔瑗撰《河间相张平子碑》，石久佚，拓本也不见传。但为宋欧阳修《集古录》、赵明诚《金石录》著录，并收于《古文苑》卷十九。严可均辑《全上古三代秦汉三国六朝文》，将其收入《全后汉文》卷四十五。《北周王通墓志铭》也是年代较早的一方墓志。此王通非彼文中子王通，该文收入《全上古三代秦汉三国六朝文·全后周文》卷三十一。唐张文成（张鷟）《弓高县实性寺什迦像碑》亦为《全唐文》卷一七四所收。所收碑文亦不乏名家手笔，如陈子昂《封君遗爱碑》、李华《东光县主神道碑》、韩愈《河南令张君墓志铭》、柳宗元《清河张府君墓石》等。其中陈子昂之作，与通行本《陈子昂集》[①] 相较，颇多异文，可资校勘。李华《东光县主神道碑》收于四卷本《李遐叔文集》，有少量文字歧异，亦可用于校勘。《河南令张君墓志铭》确定无疑是韩愈的作品，入于《韩昌黎文集》。《清河张府君墓石》一文，柳宗元本集未载，《全唐文》卷九九三收录该文，作"阙名"处理。文末附编者按语："是文从邑志采出，文中有'宗元'字样，志亦以为柳宗元作，然详其文笔不类，且本集未载，故入阙名。"[②]

乾隆《河间府新志》中还收录一篇唐代殷侔的《窦建德碑》。是文作于唐文宗太和三年（829），魏州书佐殷侔路过夏王庙，目睹了当地百姓祭祀窦建德，有感于时局的腐败，慨然秉笔，称颂窦建德的功勋以及仁德、

---

① 《陈子昂集》，中华书局，1960。
② （清）董诰等编《全唐文》，中华书局，1983，第 10294～10295 页。

尊贤的品格。文中言："山东、河北之人，或尚谈其事，且为之祀，知其名不可灭，而及人者存也。"① 指出窦建德之所以在败亡二百年之后依然受民众怀念，乃是因为其广得民心。乾隆《河间府新志》收录唐以下名家之作，有宋代曾巩《瀛洲兴造记》、元代吴澄《右卫亲军千户武略岳将军墓碑》、元代曹元用《董子祠堂记》、明代马中锡《重修条侯周亚夫神祠碑记》、明代林瀚《河间县迁学记》、明代李时《东光乡贤祠记》等，作者均一时名家。

乾隆《河间县志》卷六"艺文志"之"撰著"中所收金石资料，部分与乾隆《河间府新志》重出，如唐邵真《义井记》、明樊深《河间青陵桥记》、明林瀚《河间县迁学记》等。值得注意的是，明代李时《毛公书院记》（也题作《毛公书院精垒记》）以及清代梁志恪《毛公书院记》两篇文章极富史料价值。"毛公"即汉儒毛苌。毛公书院是当地与瀛州书院"比次馆舍"的文化坐标。李文记述了毛公书院创立的源流、毛诗传授统绪，高度评价了毛苌的贡献；梁文则记述了重修毛公书院的经过，并期望再度普及教化。

二 民国《沧县志》

少量金石资料附于"方舆志"之"建置"（卷三），如明陈循《重修沧州文庙记》。绝大多数收于"事实志"之"金石"（卷十三）。部分为存目，简略介绍碑的形制、作者、字数、立碑处所等，有完整收录的计83篇，上自北魏，下迄民国。其中唐前墓志铭三方，唐代墓志铭七方，多数与光绪《重修天津府志》所载重出。剩下的除宋金元三方墓志，余者均为明清、民国之作。尤其是大量民国的墓志、建造记、施赈碑记，价值不高。

作于北魏熙平二年（517）的《兖州刺史刁公墓志铭》，严可均收入《全上古三代秦汉三国六朝文》之《全后魏文》卷五十七，题作《洛州刺史刁遵墓志铭》。按：当为"兖州"，严可均误。两相比较，严可均辑录缺字极多，当据《县志》加以补充。另赵超《汉魏南北朝墓志汇编》也有

① 乾隆《河间府新志》卷十九，《中国地方志集成·河北府县志辑》第41册，第458～459页。

辑录：

魏故使持节都督洛兖州（下残）高祖协，玄亮。晋侍中、尚书左
仆（下残）① 夫人彭城曹氏，父义。晋梁国中（下残）② 曾祖彝，太
伦，晋侍中、徐州牧、司空、义阳（下残）③ 祖畅，仲远，晋中书令、
金紫左光禄大夫、建平（下残）④ 父雍，淑和，皇魏使持节、侍中、
都督扬豫兖徐四州（下残）⑤ 徐豫冀三州刺史、东安简公。夫人琅耶
王氏，父（下残）⑥ 公讳遵，字奉国，勃海饶安人也。姓氏之兴，录
于帝图，中叶（下残）⑦ 广渊，谟明有晋。祖、父以忠肃恭懿，联辉
建侯。所见者世往传开（下残）⑧ 之外，不复铭于幽泉也。公禀惟岳
之灵，挺基仁之德，忠□⑨本于立（下残）⑩ 以小节而求名，无虚誉
以眩世，少能和俗，于人无际，但昂然愕然者，有（下残）⑪ 侍中、
中书监、司空文公高允，皇代之儒宗，见而异之，便以女妻焉。太和
中，（下残）⑫ 寻拜魏郡太守。宽明临下，而德洽于民。正始中，征为
太尉高阳王谘议参军，事（下残）⑬ 有古人之风，器而礼焉⑭。俄而
转大司农少卿，均节九赋，以丰邦用。莅事未期，迁使持□⑮，都督
洛州诸军事、龙骧将军、洛州刺史。公之立攻⑯，惠流两疆，平阳慕

---

① 可据民国《沧县志》补录："射，尚书令、金紫左光禄大夫、大尉义阳成公。"
② 可据民国《沧县志》补录："内史。继夫人河东□氏，父轵，左将军廷尉卿。""中"改
　　为"内"。
③ 可据民国《沧县志》补录："文公。夫人高平徐氏，父敏，平北将军、兖州刺史。"
④ 可据民国《沧县志》补录："公。夫人南阳刘氏。"
⑤ 可据民国《沧县志》补录"诸军事、征南大将军、开府仪同三司、"。
⑥ 可据民国《沧县志》补录："胤，晋宁朔将军、济阴太守。"
⑦ 可据民国《沧县志》补录"之美，彪炳皇纪。高曾以齐圣"。
⑧ 可据民国《沧县志》补录"闻者在今，斯已书于玄堂"，"开"改为"闻"。
⑨ 拓片此字磨灭。可据民国《沧县志》补录为"孝"。
⑩ 可据民国《沧县志》补录"身，信诸播于弱冠。不"。
⑪ 可据民国《沧县志》补录"不同于物矣。时"。
⑫ 可据民国《沧县志》补录："袭爵东安公。"
⑬ 可据民国《沧县志》补录："王以公。"
⑭ 赵超《汉魏南北朝墓志汇编》"有古人之风，器而礼焉"断句误，当作"有古人之风器
　　而礼焉"。"风器"谓风度器字、仪态。《晋书·文苑传·赵至》："观君风器非常，所以
　　问耳。"《南齐书·庾杲之传》："上每叹其风器之美。"
⑮ 据民国《沧县志》作"节"。
⑯ "攻"字不通。拓片作**政**，为"政"字，民国《沧县志》亦作"政"，当据改。

化，辟地二百。方一江沔，成功告老。上天不吊，忽焉降疾。熙平元年秋七月廿六日，春秋七十有六，薨于位。朝廷痛悼，百寮追惜，赠使持节都督兖州诸军事、平东将军、兖州刺史，侯如故，加谥曰"惠"，礼也。惟公为子也孝，为父也慈，在臣也忠，居蕃也治。兄弟穆常棣之亲，朋友□①必然之信。尊贤容众，博施无穷，载仁抱义，行藏罔滞，温恭好善，桑榆弥笃。小子整等，泣徂年之箭骏，痛龟筮之告祥，奉灵轜而号恸，迁神枢于故乡。以二年岁次丁酉冬十月己丑朔九日丁酉窆于饶安城之西南孝义里，皇考仪同简公神茔之左。松门永冈，深扃长键，庶镌石于下壤，仰志德于幽泉。其辞曰：攸攸绵胄，帝量之胤，驿代贞贤，自唐暨晋。明哲迭兴，忠能继俊，在洛云居，徂杨岳镇。氛鲸兴虐，金历道亡，於昭我祖，违难来翔。位班鼎列，朝望斯光，显显懿考，奉构腰璜。依仁挺信，据德标明，纽龟出守，入赞台衡。惠沾千里，道懋槐庭，清风遥被，徽音远盈。曰登农畷，播稼是司，巍巍高廪，礼教将怡。边城俟捍，戎氓仁治，秉旃肃命，董牧宣威。方叔克庄，燕爽遐龄。庶乘和其必寿，泣信顺而徂倾。攀号兮罔诉，摧裂兮崩声。铭遗德兮心已糜，刊泉石兮恸深扃。夫人同郡高氏。父允，侍中、中书监、司空、咸阳文公。②

此方碑志拓片今存③，但碑文残缺，民国《沧县志》提供了部分残缺之处的文字，故当据以补录。由此也可见方志收录的金石资料的价值。

另民国《沧县志》还收录了作于东魏天平三年（536）的《沧州刺史王僧墓志铭》，赵超《汉魏南北朝墓志汇编》亦有辑录。明代大儒孙奇逢的《孝廉颐庵李君墓志铭》，收于《夏峰先生集》。文中言"乃受其状，返其帛，哭又三月"④，展示了请人代笔撰写墓志的一般流程，即准备礼物作为酬劳，并准备家状作为撰写的参考。

此外县志还收录一方《洪武学校格式碑》，是考察明代教育制度的宝

---

① 拓片作"𩂐"，为泐蚀之"著"字，检民国《沧县志》作"著"，故当从之。
② 赵超：《汉魏南北朝墓志汇编》，天津古籍出版社，1992，第96～98页。
③ 见《北京图书馆藏中国历代石刻拓本汇编》第四册，中州古籍出版社，1989，第48页；杜硕编著《北魏〈崔敬邕墓志〉〈刁遵墓志〉》，中国美术学院出版社，2017，第20页。
④ 民国《沧县志》卷十三，《中国地方志集成·河北府县志辑》第42册，第463页。

贵资料。且此碑载多条圣旨，言语浅白通俗，与诏令通常那种典丽驯雅的风格绝不相同。

《沧县志》自清代乾隆年间修成之后，于咸丰、光绪间两次续修，但均未成书，直至 1931 年由县长张凤瑞组织，献县张坪、徐国桓主持纂修，终成十六卷五十万言。其中金石文献收民国作品过多，价值有限。然瑕不掩瑜，可采择者亦甚多，宜甄别取用。

三 康熙《盐山县志》、民国《盐山新志》

盐山明属河间府沧州，清因之。康熙《盐山县志》内容单薄，卷十、卷十一"艺文"集中收录金石资料，也仅有 8 篇而已（另有残篇半篇）。其中建造记 6 篇、德政碑记 1 篇、神道碑 1 篇，数量委实不多。相比较而言，民国《盐山新志》体制大大扩充，"故实略"下辟"金石篇"集中收录金石资料。且碑文资料经过甄选，凡碑文甚俗不可观（如《韩村华严寺碑文》），或者碑文烦冗（如《刘公兴学德政碑》），或者立言不得体（如霍用行《重修庙学碑》），或"不中法度"（如《皇清敕赠文林郎邹县知县宇瞻韩公暨配杨孺人合葬墓志铭》），均只存目而不录文。全文收录的金石资料有 37 篇。多数文末附碑志的说明及内容考证，为其特色，部分篇目与康熙《盐山县志》重出。民国《盐山新志》金石资料还是以墓志铭、建造记为主。其中唐封善交撰《许玄遇荐福墓碣》，被陈尚君收入《全唐文补编》卷八。纪晓岚撰《皇清例赠武信郎候选卫千总廷锡韩公墓志铭》，不载于《纪晓岚文集》（河北教育出版社，1995）。若编纂别集或总集，当据以补录。

墓志铭往往委托别人代笔，故而《处士邵公汝德自著墓志》是较有特色的一篇。该文为作者写心，勾勒出其人不滞于时、不困于世的形象，颇有陶渊明《自祭文》的风采。其人屡失亲人的经历，足以打动人心。志文言："己卯之变，霍子死之，为文诔其烈。"[1] 明末济南发生了一次有史以来最惨烈的守城之战。因此役在戊寅己卯之间、岁末年初之际，故史称"己卯之变"。崇祯十一年（1638）冬，十万清军大举南下围逼济南，明巡抚颜继祖领兵移防德州。山东巡按御史宋学朱、山东左布政使张秉文、济

---

[1] 民国《盐山新志》卷二十七，《中国地方志集成·河北府县志辑》第 43 册，第 368 页。

南知府苟好善和历城知县韩承宣等，在双方兵力悬殊的情况下，领导济南士民与攻城清军激战九昼夜，城破，宋学朱等全部壮烈牺牲，守城士民亦死伤无数。邵汝德妻霍氏即亢节不屈而死。此文是对改朝易代之际战争之残酷及清军种种骇人暴行的血泪控诉。

四 乾隆《肃宁县志》

清乾隆九年（1744），肃宁知县尹侃鉴于旧志"所记载甚荒略""因讹传讹"，于是"慨然以修志为己任"，"延邑之绅士，周咨博采，订讹补阙"，稿成十卷，未及刊刻而调任。乾隆十九年，尹侃升任深州知州，而深州与肃宁接壤，修志事宜再度提上日程，尹侃又"益加搜罗，详为考校"，终于在乾隆二十一年刊刻印行。

相关金石资料入于卷十"艺文上"，计15篇，除张英《县尹李公稷德政碑记》为元代作品，其余均为明清两代的作品。墓志铭和重修记各6篇，占绝大多数，但文学价值有限。

张英《县尹李公稷德政碑记》收入《全元文》卷四五九，题作《肃宁县尹李公德政碑》。碑主李稷为一代名臣，文中记叙了李稷勤政爱民，带领民众战胜旱灾、虫灾以及疏浚河流、捉拿盗匪等事迹，条分缕析，叙事有法，刻画了李稷这样一位政绩卓著、广受百姓爱戴的廉吏的形象。

五 康熙《吴桥县志》、光绪《吴桥县志》

金代始置吴桥县，属景州，元代因之，属河间路景州，明、清属景州。康熙《吴桥县志》十卷，修成于清康熙十二年（1673），同年付梓。该志金石资料集中在卷十"冢墓"之"志铭"，计6篇，均为明清之作。其中王崇简撰《东阁大学士范公景文墓志铭》乃是在清帝授意之下创作的，目的虽是笼络人心，但刻画了范景文的忠贞形象，适可与《明史·范景文传》参照并读，以了解范景文的家世、思想、行事。

光绪《吴桥县志》则增补了大量墓志，以及墓志之外的其他金石资料，如建造记、生祠碑记等，计40篇。其中若干篇范景文的作品，在《范文忠公文集》（中华书局，1985）中均不见载。如《改建砖城碑》《重建文昌阁碑》《西郭雪游记》《游南园记》《赠王庆我一门三节奉诏旌闾序》《送余侯内召诗序》等。若纂辑全集，当据以补录。

六　光绪《东光县志》

清光绪十年（1884）周植瀛任东光知县，光绪十二年，周植瀛邀吴浔源在同治年间所修旧志的基础之上加以增删修成新志十二卷，并于光绪十四年刊刻，即光绪《东光县志》。该志金石资料编次顺序较为独特，并未辟专章加以收录，而是散见各处，如卷一"舆地志"下附录若干篇建造记、重修记；卷十"艺文志"下设"金石"类目，收东魏、北齐造像记若干；卷十二"杂稽志下"之"陵墓""寺观"附若干墓志铭、寺碑记等。各类金石资料计 20 余篇。多篇作品出自明代王嘉言手笔。王嘉言（1533～1602），嘉靖四十四年（1565）进士，东光县人。其生活俭朴，清廉自守，为政宽和，少用刑罚，重在教化，有古代良吏风范。王嘉言去世之后，成宪为其撰写墓志铭。这篇墓志铭是考证王嘉言生平的重要资料。而作者成宪文章博洽，一时著作皆出其手，堪称名家。此外萧德宣的《马东篱先生碑记》也是一篇较有争议的文章。其中提到马致远"于元季应科举进士"。刘荫柏在其《马致远及其剧作考论》一书中讲："清末东光县令肖德宣撰《马东篱先生碑记》，而东平马致远后裔马凤藻又据府志、县志及传说撰《马氏宗谱》，于是元末明初的进士马视远，就变成了元初的大戏剧家马致远，这显然是讹误。"① 赵景深也认为："元曲大家马致远绝不能与马视远混为一谈。马视远曾考过明初朱洪武的进士可信，但马致远却根本没有在元朝应过科举；马视远是河北省东光县人可信，但马致远却是元代大都人，大都管辖的'畿辅'范围不能扩充到河间府东光县。"② 刘荫柏、赵景深的说法更可信，萧德宣的《马东篱先生碑记》极有可能是没意识到人物重名，而犯了一个错误。

七　民国《交河县志》

交河县清属河间府，民国因之。民国二年（1913）高步青担任交河知事，捐奉倡始修志，耗时三年完成。其中卷九"艺文志"下设"金石"，但只著录，下附文字说明作者、形制、发现过程等，均不录文。

---

①　刘荫柏：《马致远及其剧作考论》，文化艺术出版社，1990，第 21 页。

②　赵景深：《有关马致远生平的几个问题》，《复旦学报》（社会科学版）1982 年第 5 期。

卷十"杂稽志"之"陵墓""寺观"下附金石资料9篇，均为墓志和重修记。

八 康熙《青县志》、民国《青县志》

晋代始置清州，后几度易名，明洪武八年（1375）始称青县。清代因之。青县地方志创修于明万历年间。清康熙十一年（1672），青县知县杨霞以万历旧志为底本，延请姚景图主修，一月而成，即康熙《青县志》。因用时仓促，仅成四卷，金石资料为数不多。卷四"碑记"下收6篇：《青县重修城碑记》《青县改建儒学碑记》《盘古庙碑记》《重修城隍庙碑》《重修扁鹊祠碑》《学田记》。卷四"墓表"下收一篇《明敕封文林郎武陟县知县圃泉李公暨配孺人顾氏合葬墓表》。

民国《青县志》在前志基础上大大扩充，文字数量更多，资料更加翔实。其金石资料主要分布于卷四"舆地志·古迹篇"之"坛庙"，下收重修记、建造记、各种寺庙碑记，计18篇；卷十四"故实志"之"金石"，收明清至民国墓志铭，计16篇。此外在卷三"舆地志·建置篇"之"城池""桥渡"下收重修记、建造记、学田记共计9篇。总体来看，确实远较康熙《青县志》更为详赡，但是所收金石资料求多求全，不加甄别，以至收录了不少价值不大的晚清及民国墓志铭。民国《青县志》仿效光绪《东光县志》的编排体例，既将一部分金石资料安排在"建置篇""古迹篇"当中，作为注脚来使用，同时也采取多数方志的做法，辟专章集中收录一部分墓志铭，这种方法比较灵活变通。

九 民国《南皮县志》

民国《南皮县志》是在康熙、光绪旧志基础上修撰的。

该志辟卷十二"故实志上"及卷十三"故实志中"专门收录"金石"。卷十二所收部分为存目，全文转录的有51篇，均为墓志铭。其中《魏故使持节都督洛兖州诸军事平东将军兖州刺史刁公墓志铭》，前述民国《沧县志》亦有收录。此处则倍加详细。其下附说明："光绪三年冬，南皮张主事官详又从叶氏得之，光绪己卯归张相国之万家。《旧志》所载碑阳残文，共缺百四十字，而未载碑阴。民国二十年重修县志，经曾宝典采访，由刁公楼村辛匏庵家觅得碑阳全文，仅缺一字，又碑阴残文，附考证，并将刘克纶原跋缺角文一并附录，以成完璧云。"① 志中收碑阳残文、碑阳全文，并单独录补碑阴残文，文末附刁遵生平考证。民国《沧县志》收录此方墓志，即据此补足缺文。另《故庐江郡承奉郎行乐陵县丞摄乐陵县令赏绯鱼袋何公墓志铭并序》也是一片唐代墓志，其拓片收入《北京图书馆藏中国历代石刻拓本汇编》第二十九册，《唐代墓志汇编》转录碑文。唯《唐代墓志汇编》"哀毁过礼，倾乎具至"一句，据民国《南皮县志》和拓片当作"其至"。此外陈宝琛撰《诰授光禄大夫体仁阁大学士赠太保张文襄公墓志铭》可与《清史稿·张之洞传》参看，以了解晚清名臣张之洞的思想和行迹。

卷十三"故实志中·古迹碑记"收 35 篇，为寺碑记、重修记、建造记等。上起元代，下至民国。其中年代最早的为元代张会理的《重修庙学碑记》，该文收入《全元文》卷一二二八。明代李正华《创建瀛洲书院碑记》适可与乾隆《河间府新志》所载清代杜甲《瀛洲书院碑记》相参看，是研究河北书院发展史的宝贵资料。

十　康熙《献县志》、民国《献县志》

献县西汉为乐城县，东汉属河间国，金代改为献州，明洪武八年（1375）改为献县，属河间府，清代因之。献县志书，创修于明代万历年间，康熙十一年（1672），因修《大清一统志》，献县知县刘征廉、儒学训导郑大纲"购得旧志一部，仍其前例，汇录后事，继而成书"，编成康熙《献县志》八卷。康熙《献县志》卷七"文"之"记"下收重修记、建造记、题名记计 13 篇，其中明代钱春撰《重修五节石桥碑记》又被乾隆《河间府新志》收录；"墓表"下收录明代墓志 4 方，数量有限，价值也不高。

民国《献县志》金石资料集中收录于卷十八"故实志"之"金石篇"，"金石篇"又分为上、下两编。上编收录金石资料 21 篇，其中隋代墓志 1 篇，唐代墓志 4 篇，金代诗文若干以及金代以下建造记、重修记、题名记及墓志铭若干。其中隋代墓志《大营主行军长史刘公墓志》拓片收于《北京图书馆藏中国历代石刻拓本汇编》第十册第 9 页。虽题名《隋刘洪墓志》，但作于唐肃宗上元二年（761），故为唐代墓志。另《河南令张君墓志铭》收入

---

① 民国《南皮县志》卷十二，《中国地方志集成·河北府县志辑》第 47 册，第 389 页。

《韩昌黎文集》卷七，殷侔《窦建德碑》又见于乾隆《河间府新志》。《唐故清河郡张府君夫人安定郡胡氏合祔墓志铭并序》收于《唐代墓志汇编》。

该志"金石篇"还收录金代文 2 篇、诗 14 首。明朝万历十三年（1585），邑人掘地得到石刻六方，上有文两篇，即县志所载路伯达撰《成趣园记》和初昌绍撰《成趣园诗序》以及诗若干。时县令张汝蕴命人濯浣尘垢，然后置于学宫。"成趣园"是金代献县梁子直的隐居之处，位于今献县城东北里许。梁子直追慕陶渊明为人，购地二百余亩建"成趣园"，风景优美，成为文人雅集之地，历经沧桑之变，今已无存。诗歌作者党怀英、田特秀、初昌绍均为同时之人，疑 14 首诗为文人集会同题共赋之作，刻于金石之上，得以流传。

"金石篇"之"上编"收录金代以下建造记、重修记、题名记及墓志铭 13 篇，多数与康熙《献县志》重出。"金石篇"之"下编"收录金石资料 30 篇，均为清代作品，仍以建造记、重修记、墓志铭为主。其中纪昀作品 5 篇，《日华书院碑记》收入《纪晓岚文集》卷十四；《伯兄晴湖公墓志铭》《一侄理含暨配张氏墓志》收入《纪晓岚文集》卷十六；而《朝议大夫睿智陈公暨元配冯太恭人墓志铭》《布政司理问陈瀛西合葬墓志铭》两文，《纪晓岚文集》失收。另张之洞《贵阳知府刘君墓碑》收入《张之洞全集》卷二百八十一（河北人民出版社，1998）。

第三章
石家庄方志金石文献研究

第一节　石家庄方志金石文献概述

石家庄旧辖获鹿县，属正定府。20 世纪 60 年代，石家庄升级为省会，现下辖新华区、桥西区、长安区、裕华区、井陉矿区、藁城区、鹿泉区、栾城区、晋州市、新乐市、正定县、深泽县、无极县、赵县、高邑县、元氏县、赞皇县、井陉县、平山县、灵寿县、行唐县。其中有方志存世，并设有"金石"一门的，包括光绪《正定县志》、光绪《获鹿县志》、民国《续修藁城县志》、民国《高邑县志》、光绪《重修新乐县志》、民国《重修无极县志》、民国《元氏县志》，共 7 种。

从金石文献的辑录方式来看，有收录全文的，如民国《高邑县志》，对较为重要的碑文则全文收录，部分文献所录正文后还加按语，对其发现、流传、内容等方面进行说明和考证。如《大唐故赵州司法参军郑公墓铭并序》的按语：

> 铭石系一正方形，长约一尺五寸，高七寸许，上镌"郑公之铭"四字，铭序共三百余字。清咸丰间，为城西东塔影李姓农人耕田获于地中。邑人士以其石性坚贞，字体完整，详载郑公事迹，具有史文价值，公议供奉城内忠义祠中，并存敬爱之意。清光绪二十一年，知事黄国瑄将此石移于署内。卸任后，复带赴保定拓印。经邑绅段复科等呈由藩司饬令送还，先在县署存放。于民国四年，送交劝学所保存。至民国八年，劝学所将此石遗失。现闻在东塔影段复科家中收藏。①

---

① 民国《高邑县志》卷九，《中国地方志集成·河北府县志辑》第 7 册，第 96 页。

介绍了墓铭的形制尺寸、发现经过，并记录了它的递藏地点，为我们了解这篇墓铭的背景提供了翔实的资料。不过更多方志仅录题目、撰书者、年月、存佚情况、保存地点等简单信息，如光绪《正定县志》、光绪《获鹿县志》等。今举光绪《正定县志》一例：

> 唐《大理卿郎颖碑》
>
> 李百药撰，宋才书，贞观五年十二月立。在府北郎氏墓林中。见《宝刻类编》引《集古录》。①

虽然没有收录碑文，但提供了载录的线索，便于后人进一步检索。

金石文献辑录的范围，有的搜罗广泛，如光绪《正定县志》："谨遵《通志》凡例，详加搜葺（辑），汇萃成编。"② 又如光绪《获鹿县志》："今谨遵省志新例，所有历朝名人碑刻，广为搜罗，笔之于书。"③ 有的精挑细选，如民国《续修藁城县志》："兹择其可以寿世者，载入邑乘。"④ 再如民国《高邑县志》："兹于颓垣败瓦，荒城僻壤间，极意搜寻，择其有关风土，足资流传者，按时代叙述，以补前志之阙焉。"⑤ 续编又说："前志所搜索，精英殆亦无余，惟仍有关于掌故，或嘉言可取者，续录于左。"⑥ 以上不论是"可以寿世者""有关风土，足资流传者"，还是"有关于掌故，或嘉言可取者"，均是以内容价值为收录标准，而非以文物价值为取舍标准。另外，还有属于辑补性质的，如光绪《重修新乐县志》仅录三篇，分别为《唐大理郎颖碑》《唐平公官属题名》《唐隋尚书左丞郎茂碑》，数量很少，但并非表示新乐县历代金石文献仅此三篇，而是此前的志书已录，光绪年间重修时便不再收录，据其后的按语所说"以上三项，光绪九年署知县宫昱查出"⑦，可知只是将新发现的三篇增入而已。

金石文献主要的内容大约可分为四大类：一是碑记、墓志类；二是佛教类，如塔铭、经幢等；三是刻字、题名类；四是其他，如印章、石像

---

① 光绪《正定县志》卷四十五，《中国地方志集成·河北府县志辑》第 3 册，第 457 页。
② 光绪《正定县志》卷四十五，《中国地方志集成·河北府县志辑》第 3 册，第 457 页。
③ 光绪《获鹿县志》卷十三，《中国地方志集成·河北府县志辑》第 4 册，第 308 页。
④ 民国《续修藁城县志》卷九，《中国地方志集成·河北府县志辑》第 6 册，第 240 页。
⑤ 民国《高邑县志》卷九，《中国地方志集成·河北府县志辑》第 7 册，第 96 页。
⑥ 民国《高邑县志》卷十三，《中国地方志集成·河北府县志辑》第 7 册，第 143 页。
⑦ 光绪《重修新乐县志》卷六，《中国地方志集成·河北府县志辑》第 8 册，第 346 页。

类等。

现存各志书中所录金石文献数量不多，为便于了解其面貌，今列目录如下。

光绪《正定县志》共 59 篇：燕《寿星石刻》，后汉《稿长蔡君颂碑》，北齐《常山义七级碑》，隋《龙藏寺碑并阴》，唐《大理卿郎颖碑》《平公官属题名》《隋尚书左丞郎茂碑》《陶云德政碑》《解慧寺三门楼赞》《正定令柳令誉纪德碑》《河侯新祠颂》《正定令杜望之遗爱碑》《清河郡王李宝臣纪功碑》《成德军断碑》《叠嶂楼碑》《梁公儒碑》《北平王再修文宣王庙院记》，隋《铸像残碑》，唐《残碑》《佛像幢》《经幢》，周《经幢》，宋《龙兴寺铸像修阁碑记》《龙兴寺铸大悲像并阁碑》《真宗孔子赞并加号诏》《成德军修滹沱河碑》《谕河北敕碑》《龙兴寺大悲阁记》《告颜子文》《容膝二字石刻》，金《定林禅院通法禅师塔铭》《邸村王石氏造玉石罗汉题字》《龙兴寺陀罗尼经幢并广惠大师塔铭》《通鉴大师塔铭并陀罗尼真言幢》，元《十方万寿禅院断碑》《万胜陀罗尼真言幢》《重修大龙兴寺功德碑》《龙兴寺重修大觉六师殿记》《武宗加封大成至圣文宣王敕碑》《长明灯记》《敕赐龙兴寺帝师碑》《圣主本主长命碑》《正定新建府署记》《加葺宣圣庙记》《龙兴寺重修大悲阁记》《正定路乐户记》《石香炉题字》《龙兴寺通照大师碑》《龙兴寺宏教大师碑》《胜公和尚道行碑铭》《秦王夫人施舍长生钱碑》《宣圣庙塑像记》《喜雨堂记》《史天泽祠碑》，明《夏言诗祠碑》《絜矩二字石刻》《张元善石刻大字》《吕大器石刻大字》《徐标石刻大字》。

光绪《获鹿县志》共 21 篇：《唐御史杜秀墓志》《尊胜经密多心经幢》《本愿寺石幢》《裴琳德政记》《本愿寺陀罗尼经幢》《大理寺卿崔昇妻荥阳县君郑氏墓志》《金刚经般若波罗蜜经碑》《舍利塔碑》《铜钟铭碑》《白鹿泉神祠碑》《白鹿泉神祠碑侧神主题名》《本愿寺三门碑》《本愿寺陀罗尼经幢》《县尉卢重华移石记》《王□题名碑》《朝请郎守荥阳县令关士约题名》《成德军节度下左金吾卫大将军试殿中监石神福墓志》《曲氏莲花佛座题字》《孔圣人像》《淮阴侯庙碑》《莗山天门洞石刻》。

民国《续修藁城县志》共 36 篇：汉《灵帝光和二年藁城令蔡湛德政碑》《赵王彭祖墓碑》，北齐《吉祥寺碑》，唐《故成德军节度亲事副将菀府君墓志铭》《赞皇李府王氏墓志铭》，宋《新迁文宣王庙堂记》，金《学士庄献公杨伯雄墓志》《礼部侍郎杨伯仁墓》《滹南王先生祠记》，元《赵国忠烈公董俊神道碑》《赵国忠献公董文炳神道碑》《赵国忠穆公董文用神道碑》《赵国正献公董文忠神道碑》《陇西郡侯昭德懿公董文直神道碑》《赵郡忠愍公董士元神道碑》《赵国清献公董士珍神道碑》《冀国忠肃公董守简神道碑》《平章忠宣公董士选神道碑》《副枢靖献公董守中神道碑》《参政肃诚公董守仁神道碑》《赵国忠献公董文炳作藁城令遗爱碑》《冀国武靖公王善神道碑》《平章忠武公王庆端神道碑》《永安军节度使赵迪神道碑》《宣武将军皇全神道碑》《安石峰先生墓表》《安默庵先生墓表》，明《诰封刑部尚书张钦神道碑》《诰赠户部尚书石玉神道碑》《户部尚书石玠神道碑》《吏部尚书文介公石珤神道碑》《重修福圣寺天王殿碑记》《重修永宁寺碑记》《重修寿国寺碑记》，清《重修城垣碑记》《新建滹南书院碑记》。

民国《高邑县志》前编40篇，续编15篇，共55篇。前编：汉《驸马都尉印》，魏《关中侯印》《魏故定州刺史李使君司空公碑》，唐《乾明院石塔》《大唐故赵州司法参军郑公墓铭并序》，宋《大宋赵州高邑县乾明院建塔记》，元《故中奉大夫江浙等处行中书省参知政事赠集贤大学士荣禄大夫柱国追封蓟国公李公先德碑铭》，明《故封奉政大夫礼部郎中骁骑尉高邑县子奉先墓志铭》《监察御史许公墓志铭并序》《高邑县牧马草场碑》《高邑县重修西泉寺碑》《高邑县后堂影石铭》《肇建泰山正神行宫碑记》《千秋台碑志》《高邑县清地亩碑》《重修儒学碑》《诰封岳凌霜并貤封其父岳山母柳氏及妻张氏诏旨碑》《诰封岳凌霜并貤封其父岳山母柳氏及妻张氏诏旨碑》《邑侯于公生祠碑记》《修创儒学碑记》《高邑县题名碑记》《同立重修儒学碑记》《关王庙碑记》《明从仕郎两淮盐运司经历钦斋郭公配罗氏吕氏墓表》《诰封吏部尚书赵南星及其夫人冯氏诏旨碑》《赵忠毅公铁如意铭》《铁如意考》《赵忠毅公东方未明砚铭》《诏恤吏部尚书赵南星诏旨碑》《谕祭吏部尚书赵南星碑志》《吏部尚书赵南星墓表》《赠赵南星荣禄大夫太子太保诰命碑》《关帝庙忠字碑》《李标墓碑》，清《西马闲水潼仙姑事绩碑序》《郭实墓碑》《清升授奉政大夫工部屯田司郎中赵清衡墓碑》《重修千秋书院董事题名记》，民国《疏导临矿泉流记》《清修职郎冯公化成墓表》；续编：《汉光武碑》《唐李氏三祖堂记》《重修龙王庙碑记》《重修文庙碑记》《重修明伦堂碑记》《西驿头村重修关帝庙碑记》《重修二贤祠碑记》《陶县长树铭德政碑并颂》《重修花园村普济桥记》

《清孝廉郭景商墓碑记》《重修高邑县城碑记》《新修灵佑桥碑记》《宋炳蔚先生纪念碑》《重修县公廨碑记》《重修高邑县文庙碑记》。

光绪《重修新乐县志》共3篇：《唐大理郎颖碑》《唐平公官属题名》《唐隋尚书左丞郎茂碑》。

民国《重修无极县志》共74篇：北魏《苏客帅造象》《正光残砖》，东魏《苏邕造象》、又《造象》，北齐《苏玉造象》、《杨太伯造象》、《苏思造象》、又《造象石刻》五种，隋《隋开黄①墓砖》两种，唐《苏□□造象》，金《无极县整暇堂记》《无极县公署问山堂记》，元《无极县厅事题名记》《大元故宣授管军千户张公墓碑》《文庙四至记》《真定新军万户张公神道碑》《北岳行宫圣迹之碑》《无极重修县廨厅壁记》《加封孔子庙制诰碑》《元故滱川渔逸何先生墓碣铭》《大元故黑军元帅何公墓》《敕授敦武校尉曲阳县尹何公之墓》《敕授从仕郎新淦县尹何公墓》《无极县尹唐侯去思碑》《追封武威郡公贾琮神道碑》《天齐行宫碑》，明《重建北岳行祠记》《重建城隍庙记》《东堽村净土禅寺重兴记》《重修庙学记》《重修兴善寺记》《重修通圣寺记》《无极县建名宦乡贤祠记》《重修观音寺记》《重修北岳行祠之记》《重修城隍庙记》《重修城隍庙记》《重修护国寺记》《重修永宁寺记》《重修城隍庙记》《重修庙学记》《无极县重修北岳庙记》《王公去思碑记》《鼎建十方院并郊楼碑记》《乡宦刘先启墓碑》《重修星子口白衣观音庵碑记》，清《邑侯范公捐俸修堤记》《重修无极县北岳庙记》《清待赠文林郎旺川张公墓表》《壬辰春重修兴善寺碑记》《重修通圣寺殿碑记》《重修观音寺碑记》《诏轩刘老夫子墓表》《东侯坊村新修墙濠碑记》《关帝庙碑》《重修奶奶庙碑记》《故从祀乡贤祠滱川渔逸德元何公空谷斋记》《元故黑军元帅何公祭田记》《创建圣泉书院记》《清诰受奉政大夫四川建昌镇标右营都司兼署建昌镇属越嶲营参将张公神道碑》，民国《万一堤记》《无极县万善堂公所碑》《魏张氏捐地兴学碑记》《高克谦烈士碑志铭》《重修革新阁并筹设试验场体育场图书馆公园记》《图书馆东壁勒石》《革新阁序》《西汉阎氏捐资兴学碑记》《乡村师范校舍建筑记》。

民国《元氏县志》共30篇：汉《封龙山碑》《三公山碑》《无极山碑》《白石神君碑》《祀三公碑》《八都神庙碑》，晋《定光佛铁塔记》，元

---

① 按："黄"疑当作"皇"。

魏《三级浮图颂碑》，北齐《齐故李功曹墓铭》，唐《弥陀颂碑》《开进寺李公碑》《八都坛碑》《真容像碑》《石佛堂碑》《尊胜佛顶陀罗尼经石幢子》《庞君清德碑》《幽州刺史赵公墓碑》《李夫人贾氏墓铭》，宋《忍字碑》《北岳庙碑》《修真观赐额记》，金《封龙颂》《洪福院碑》《开法寺重建碑》，元《槐阳苏氏先德碑》《徐大令墓碑》《姬村神庙碑》，明《重修八都神庙碑》《翟刺史墓碑》《剑气凌云四字》。

第二节　金石文献中碑志的创作特征

碑志文的起源甚早，《文心雕龙·诔碑》篇叙之较详。其体制与规范确立于东汉时期，其中最重要的作家是蔡邕。蔡邕有明确的文体意识，对碑文的功能与礼制规范认识较明晰。在写作上，他确立了先序后铭的体制，序文依次介绍碑主的名讳、祖先世系、官阶履历、身后丧葬情况等，奠定了逐节敷写的写作格局；同时也基本确定了铭文采用四言韵语的形式。蔡邕的碑文语言典雅、文笔简洁，并有意识地使用骈偶句，于文中寄托了自己的情志。蔡邕的碑文确立了相应的文体规范，成为魏晋南北朝碑志文效仿的典范。

魏晋南北朝时期以骈文为碑志，注重对偶、典故的使用，词藻华丽，声韵谐美，将形式美发展到了无以复加的程度。尽管在形式技巧上竭尽其能事，却也带来了程式化的严重弊病，在花团锦簇的文字背后，人物个性模糊，千人一面，千篇一律，甚至不同的志文有大段雷同之处，最终失去了碑志文本身的意义。

到了唐代，张说的碑志文创作有意纠正六朝以后形成的千人一面、缺乏人物个性的弊端。在创作中，他根据碑主独特的个性和才能，精心选材，突出人物特点，叙述精练，描绘传神。在唐代，对碑志文创作有重大革新的作家是韩愈。他于碑志文别创一体的成就，首先体现在打破了汉魏以后传统的碑志文格局。蔡邕所奠定的碑志文创作逐节敷写的写作格局，详细介绍碑主的祖先世系、履历以及身后境况。直到唐代初期，这种碑志文创作的格局仍然为作家们所遵守，但到了韩愈笔下，碑志文创作终于突破了这一传统格局。曾国藩总结韩愈碑志文这一特点说："或先叙世系，而后铭功德。或先表其能，而后及世系。或有志无诗，或有诗无志。皆韩公创法。后来文家踵之，遂援为金石定例。究之深于文者，乃可与言例。精于例者，仍未必知文也。"①

尽管韩愈所作碑志篇篇不同、人人各异，但也有好奇之过，比如运用小说手法大肆渲染，就与史家实录的要求相去甚远。于是到了宋代，碑志文创作又出现了新变，代表作家是欧阳修。欧阳修在碑志文创作上对韩愈既有继承又有创新。继承之处主要体现在延续了韩愈重视碑主个性特征的写作手法，善于选取最能体现碑主生平功绩与个性特点的事迹来凸显碑主的个性，而非采用蔡邕式的逐节敷写的手法。创新之处在于，欧阳修避免了韩愈碑志求奇的倾向，崇尚平易质实，从而使以史笔为碑志的创作体式趋向成熟，并对南宋以后的碑志创作产生了深远的影响。②

方志金石文献中的碑志文小部分出自名家之手，绝大多数是普通文人所撰。从质量上看，上乘之作自然不多；从数量上看，则作品不计其数，存世篇章繁多。这些碑志文的主人，或是一邑的名贤大德，或是平民庶人，虽然从功绩和影响来说高下不一，但从史料角度而言，则记载了丰富的历史细节，是研究古代社会的重要资料。

根据内容，碑志大致可分为叙德行、叙功业、叙政绩、叙才艺、叙履历五大类。碑志内容的不同是由碑志主人的身份造成的，不同身份的人，其平生可述之处不同，作者在撰写碑志时，不得不扬长避短，有所偏重。从作者的态度而言，碑志多溢美之词，这是历来碑志的通病。虽然内容有时距离"实录"还有一定差距，但在使用这类史料时，若能够不尽信碑志所述，这些史料仍然可为相关研究提供参考。今依照上述分类分别加以论述。

一　叙德行

此类碑志主要有《故封奉政大夫礼部郎中骁骑尉高邑县子奉先墓志铭》（以下简称《奉先墓志铭》）、《明从仕郎两淮盐运司经历钦斋郭公配罗氏吕氏墓表》（以下简称《郭公墓表》）、《清修职郎冯公化成墓表》。

《奉先墓志铭》为明初危素所撰，墓主为许思孝。墓志首先简述了许思孝的曾祖、祖父、父亲的情况，然后通过具体的事例，记述了许氏的德行。

---

① （清）曾国藩著，陈书良整理《曾国藩全集·读书录》，岳麓书社，1989，第293页。
② 此处参考于景祥、李贵银《中国历代碑志文话》，辽海出版社，2017。

为人刚果有志操，不拘小节，务学明理。晚年尤精于《易》，教授于乡。咸喜有所矜式，或有争讼，不之官府而求直于公。有孤从女四人，育之俾有所归。好济窭乏，不乐趋权势。至正十四年冬，诏解太师脱脱兵柄。公语诸子曰："今师必溃，祸将及河北。"乃挈家居京师者二年。会岁凶，闻扶风李平章思齐善养士，往依焉。李公以公长子颙置幕府，周旋上下，靡不尽心，久而与李公情好甚密。京城不守，李公移师临洮，将有为也。而一旦大兵突至，颙从李公南来，公由是亦至金陵。即拜颙监察御史，赐予甚厚。洪武二年十二月庚午，公以疾卒，年七十有六。①

许思孝虽有"奉政大夫、礼部郎中、骁骑尉、高邑县子"等官衔爵位，却是因其子许颙的功勋而封赠的，他本人实无功名。许思孝一生可述之处在于其德行，首先，他是乡民的楷模，故有所争讼，"不之官府而求直于公"，说明他对是非曲直的评判等同于法律，为人所信服。某人能受到本乡百姓如此推重，正是其德行高洁的表现。其次，他抚育身为孤儿的四位侄女，负责其出嫁，使之有所归依。而且对于乡里贫窭者，也急公好义，时加赈恤。这是儒家推己及人的胸怀和民胞物与的仁德。再次，他"不乐趋权势"，也体现了他洁身自好的品节和操守。最后，他对其子许颙细加教导。他事先洞察时局，接着又避灾于扶风，许颙才因缘遇合，得到李思齐的提拔，最终建功立业，故而铭文中说"羡公先见何至明"。

施凤来《郭公墓表》撰于万历戊申（1608），墓主为郭九贡。墓表起首便依据古语，总括了郭氏的德行，文云：

> 宣圣有言，以自富富人，欲贫不可得。积而能散，礼也。君子好行德耳，庸知其他。与善无亲，时乃天道统垂可继，则郭从仕之谓乎？②

所谓"积而能散""与善无亲"，均指郭氏仗义疏财，与人为善。他的善行，文中列举了三类：如"或为授室纳娣，延于厥后"，这在"无后为大"的时代，自然是功德无量的善举；再如"或为忧老赎贫，振冤释逮"，则

---

① 民国《高邑县志》卷九，《中国地方志集成·河北府县志辑》第 7 册，第 97 页。
② 民国《高邑县志》卷九，《中国地方志集成·河北府县志辑》第 7 册，第 101 页。

为出于正义之心，解救受冤屈之人；又如"或为就学阜财，各成尔志"，为乡邑教育事业贡献力量，不仅使受助之人学业有成，而且培育人才，对国家也有益。凡此种种，皆"竭公所能济，不遗余力"。至于具体的善举，文中又写道：

> 至如阜平贫民母死，辄助之葬，不诘姓名。邑令徙坟壝，见诸委骨，悉瘗之。施于无报，泽及冥漠，尤人所难。嗟乎卓矣！公与亲友晤言，盘餐无兼味。督群从读书，日费不赀，约身裕物，先人后己，倘所谓笃行，非耶？①

助贫民之葬、瘗无名之骨，不求回报，仁及幽冥，为人所难为，非宅心仁厚之人不能。郭九贡本人坚守俭德，不务奢华，在子弟的教育上则不吝资财，大力投入。其所作所为，无愧笃行君子。郭氏对于金钱有他独特的看法，从墓表记载的他早年任职两淮盐运司时的一件事情可见一斑。盐运司本是肥缺，但他从不损公肥己，有人暗示他"处身脂膏"，不妨有所沾润，他却说："吾隐此，得勿郡邑棘足矣。"可谓义利分明，临财不苟得。从社会学角度来看，郭氏的行为属于民众互助之举，是国家福利制度的重要补充，也是巩固乡邻组织凝聚力的有效行动。从道德的角度而言，郭氏的行为不仅是助人为乐，而且是更大范围地有益于民风的淳厚、教化的普及。

《清修职郎冯公化成墓表》为民国十三年（1924）宋文华所撰。冯氏虽早年名播学校，又擅写文章，有两汉鸿博奥丽之风，但因其应试之文不随时尚，屡试不第。自此冯氏绝意应举，潜心实学，成为当地名儒，以教育后学为业。他一生的亮点体现在可为典范的德行方面，文中说他：

> 矜式乡间，结纳英俊，且能抑强扶弱，好义急公，保障一方，恩威并用。其辅世长民之微权，固非浅学之士所能袭取其万一也。夫黄钟大吕，非扣无以发其声，先生之未得身跻显达，展其凤蕴，以宏济时艰，仅以儒术终老，论世者方为数奇之叹。虽然，人生不朽之道，无关乎遇际穷通，而先生之风规茂距（矩），亦足焜耀千秋矣。②

---

① 民国《高邑县志》卷九，《中国地方志集成·河北府县志辑》第 7 册，第 102 页。
② 民国《高邑县志》卷九，《中国地方志集成·河北府县志辑》第 7 册，第 105 页。

可以看出，他的"抑强扶弱，好义急公"，不仅能够"保障一方"，而且能够"辅世长民"，既有助于社会的治理，又具有"矜式乡闾"的模范作用。故而旁人虽然感叹他不能"身跻显达"，但他的"风规茂矩"足以炳耀千秋后世，亦可以垂之不朽了。

二　叙功业

此类碑志以《监察御史许公墓志铭并序》为代表。该文撰于洪武癸丑（1373），作者王进。该志的墓主是许颙，上文有其父许思孝墓志铭，曾附带言及许颙的事迹。墓志记载了许颙的两件事情，一是匡赞燕古儿，一是辅佐李思齐，均是其谋略之才的体现。第一件事如下：

> 元外戚中书平章燕古儿招致，宾于西席。教授之暇，悉以致君泽民之道敷授其极则，而行屡补于国，于是主宾相得。时寇据淮泗，制命太师脱脱总兵讨之，命燕古儿领蒙古亲军为裨。燕以公为辅，行城将拔，诏褫脱脱总兵，溃，独燕全师还，皆公匡赞之力也。①

许颙本是儒生，早年在京师"刻志问学"，因德业颖异，名流争先交接，时任中书平章的燕古儿闻其名而招为西宾。身为家庭教师，他常常向燕古儿谈论"致君泽民"的道理，并授予其相关的准则，他的建议往往对国家大事有所裨益，于是受到主人燕古儿的赏识。这是许颙在行政方面的业绩。待淮泗动乱，朝廷派兵征讨。临当成功之际，太师脱脱忽然被皇帝褫夺兵权。蛇无头不行，军无将必乱，政府的任免犯了兵家大忌，自然会引起军队的溃乱，果然全军大败。然而燕古儿率领的辅翼之军，却能秩然有序，全身而退，原因是得到了许颙的匡赞。虽然限于篇幅，没有详细写他辅佐燕古儿的具体事情，不过从他平日所谈的治国之道，以及保全军队的大功，可知许颙在军政方面具有突出的才干。

墓志记载的第二件事是许颙辅佐李思齐，并述及入明后的仕宦情况。文中写道：

> 会京师大侵，公闻扶风□戎中书平章李公思齐善养士，往依焉。

---

① 民国《高邑县志》卷九，《中国地方志集成·河北府县志辑》第 7 册，第 98 页。

李数以机务谋于公,多所成□。京师将失守,公说李移师临洮,有所主焉。我朝龙兴,天兵南来,河北山东州郡悉下。继而京城陷,遂因李归金陵。先是,元之诸国史以公之才鸣诸于朝,□主知之,李复荐之□召问时务,应对符上意,即拜公监察御史。①

此时距元代的覆亡时间更近,乱象丛生,许颙投靠了时任中书平章的李思齐。他在燕古儿幕中时,曾参与军机要务,今在李思齐幕中,李氏也多次与他商讨军务事宜。迨及京师将失守,李氏之军为求保全,听从了许颙的建议,移驻于临洮。不久明兵自南而来,攻陷大都,李思齐率兵归顺,于是赴金陵为官,许颙也相随南行。许颙在元代时便负盛名,朱元璋已有耳闻,现其既已归降,又得李思齐的举荐,于是得到朱元璋的召见,并咨询时务,许颙的对答令朱元璋很满意,遂被任命为监察御史。可惜他任职不久,洪武二年(1369)以父丧丁忧去职,一年后其母又去世,归乡服丧未满,便染病去世了。他身处元明易代之际,两朝为官,虽未登高位,但辅佐大臣有所建树,他的功业也值得后人记述。

三 叙政绩

政绩是官员考核黜陟的主要标准,其内容是多方面的。除官方的标准外,民间对于地方官政绩的评价标准在于是否有恩惠于民。如西汉倪宽治民,为纾解百姓负担,所收租税最少,政府考核时因名次最末当免官,百姓听闻,唯恐失去这样的好官,于是争先交纳租税,最后其考核名次竟然是第一。这种情况毕竟属于个例,更多时候是地方官竭力兼顾官方考核和施惠于民两个方面。从民间百姓的角度看,判断地方官是否为好官的标准不应是他的升迁贬黜,而应是他是否真正与民为善。只要施德泽于民,即便该官被贬,百姓依然会通过各种方式怀念他。对于这样的官员,民间纪念的方式大约有立德政碑、去思碑,建生祠等。德政碑、去思碑载录碑主的政绩自是题中应有之义,而建生祠也往往随之立碑,述祠主的佳绩。兹举两例,以做说明。

第一篇是赵南星于万历丁亥(1587)所撰《邑侯于公生祠碑记》。碑主

---

① 民国《高邑县志》卷九,《中国地方志集成·河北府县志辑》第7册,第98页。

于世恩本有世外之情，屡举进士不第，遂而游名山，习吐纳导引之术，欲以此终其身。后因母命出仕，任高邑县令。他去任后，当地百姓商议为其立生祠，以作纪念，而立生祠的缘故，在于他爱民如子。碑文如是记述：

> 是时郡国数被灾，所在而贫。上见有司多贪，时取其甚者逮系之。言者以为争，然贪吏不为衰止，谋益阔巧。侯之廉由天性，即为官，蔬食不厌，买肉才足供母食，馈客具器耳。先是，县以富民供厨传，名曰农民，县无过宾，皆以给私用，又不发帑中一钱，其人贫彻骨，乃易之，以是比屋皆贫。侯至，易以阴阳生。阴阳生叩头若崩，求免，侯曰："是有额金，不累汝。累汝，径逃耳，吾不追也。"自是县乃无农民之苦。涤前政繁苛，一切与民休息。有讼者，侯温谕之："年荒救命不给，讼不费耶？去！"其见民恫恫恳恳，如家人父子，类如此。民爱之甚深。元旦老幼入县，朝贺累日。侯为政任真简易，不能弥缝避责。以年饥，不忍催科。上官日使人督促之，曰："彼菜色者，复可敲耶？宁课殿耳。"故为不及事。行之日，老幼送者淹途，哭声聋野。诸生中老而贫者，亦徒步相曳送之。侯伤恸曰："仆无才，何益地方，而劳长者子弟如此？虽然，设使仆贪酷，长者子弟恨不速去耳。此于仆足矣。"①

碑文所记并无显赫的功绩，可以说均是细事，但于世恩的所为却获得了百姓的感戴。原因何在呢？一是他的清廉，不为官场贪浊的风气所染，布衣蔬食，自甘淡泊。二是革除"农民"弊政，此前迎来送往的花销负担均压在百姓的头上，其严酷程度导致"比屋皆贫"，苛政胜于猛虎。于世恩改派阴阳生负责其事，阴阳生惧而求免，他却说"累汝，径逃耳，吾不追也"，简直等同放任自流，然而却根除了此项行之已久的弊政。三是荒年歉收，上司催促租税，敲扑日甚，于世恩抗命不遵，宁愿考核居于末等，也不忍催逼百姓，断其生路。总之，于氏的为政之道不过是"与民休息""任真简易"，不去惊扰百姓，其方法实合于古代"治大国若烹小鲜"的治国智慧。然而历史上及现实中的官吏却往往朝令夕改，烦扰百姓，使之疲于应付，甚至民不聊生。因此，于世恩的无为而治自然会受到百姓的

---

① 民国《高邑县志》卷九，《中国地方志集成·河北府县志辑》第 7 册，第 100 页。

感戴，在他离任之际，老幼相扶，哭泣相送，其情其景，读碑文者犹可想见。

第二篇是《陶县长树铭德政碑并颂》，约撰于民国十三年（1924）①。碑主陶孝华的德政与于世恩有所不同，于氏在于息民，陶氏在于护民，然事迹虽有不同，以民为本的宗旨则前后相合。碑文中记载了陶氏的两件事：一是赈灾以纾民之困，二是拒兵以解民之危。其事详如下：

> 去年水患复遭，田庐横被湮没，民益瘶。幸陶公树铭捧檄至，甫下车即单骑诣灾区，问民疾苦，加意拊循。因飞请大府蠲租施赈，起四境之疮痍，俾千家以生活，流离获免，抚字心劳矣。无何，战事又起，县治车站当京汉要冲，军需征求急于星火，兼之客军纷来就食，弁委连次招兵。供之耶？无厌诛求。拒之耶？立起呼噪。斯时也，邻匪逼近，莠民潜滋，险象环生，朝不保夕。公则不蹶不屈，有守有为，均徭役，称粮秣，严防御，筑城垣，惩奸宄，伸法纪，智深徙突，势遏燎原，井里未致丘墟，民社不遭蹂躏者，赖公斡济力也。②

赈灾一事确实是陶孝华的德政，但类似的事情在历史上并不鲜见，还不能完全体现陶氏爱民之德。而拒兵一事无疑是他德政的亮点。民国十三年时，军阀混战，高邑作为南北要冲，既要应付本地军阀的征求，又要应对外来军队的勒索，再加上土匪横行，在这种形势下，地方官如何保境安民，不能不说是一大棘手的难题。陶孝华对外则斡运周旋，对内则平政严防，最终能够使"井里未致丘墟，民社不遭蹂躏"，这的确是乱世时最大的德政。县志《历代职官表》在陶孝华名下备注其德政时，同样特书其"严拒军队苛求，节省地方财力"③ 二事，可见拒兵之事为陶氏德政，是高邑民众所公认的。

四　叙才艺

在正史中，有"方伎传""艺术传"等类传名目，所录之人擅长阴阳

---

① 按：据县志卷三《历代职官表》，陶孝华于民国十三年、十四年任高邑县长（第48页）。碑中称"莅任数阅月"，则碑文当撰于民国十三年。
② 民国《高邑县志》卷十三，《中国地方志集成·河北府县志辑》第7册，第145页。
③ 民国《高邑县志》卷三，《中国地方志集成·河北府县志辑》第7册，第48页。

医卜、音律书画等技艺。尽管只是一技之长，但因其有过人之处，故受到了史家的注意。在碑志文中，同样存在类似的内容。兹举两例，加以说明。

写于贞元四年（788）的《大唐故赵州司法参军郑公墓铭并序》，记载的即是墓主郑晃通晓阴阳的技艺。文中写道：

> 公孝友纯深，询惠通辩，禊期畅朗，白黑分明。至于阴阳图纬之经、易象精微之术、人谋鬼谋之奥、出生入死之玄，皆研核真源，穷理尽性，杳冥不能越其境，神化不能遁其情。连率闻其风而悦之，访以机要，公算无遗策，言必中构。当设伏霄军，决之晷候，公进以奇秘，授以神机，故得拾敌如遗，剪凶如草。用酬公高邑尉，转赵州司法参军。邦伯敕庚是忧，委以监守，军人之稍食，官府之禄廪，出纳惟公，猾徒悍焉。是以菽粟京扛，红腐流衍。於戏！白鹤之年，自知命定；青鸟之地，亦授生前。所谓镜穷达而洞吉凶，虽古之哲人无以过也。[①]

郑晃所精通的是占卜之学，在技艺的钻研上，"阴阳图纬之经、易象精微之术、人谋鬼谋之奥、出生入死之玄"，无不探本穷源，思入玄微。在技艺的应用上，不论是行政中的机要，还是军事上的奇秘，均能"算无遗策，言必中构"，屡展奇效，因此得到了长官的倚重。郑晃有洞幽烛隐之术，即便奸猾之辈也心存畏惮，不敢欺隐，故而在他担任仓廪监守之职时，粮库充盈，军民丰足，杜绝了奸猾之徒监守自盗的弊病。碑志的作者称誉郑晃之术"镜穷达而洞吉凶，虽古之哲人无以过也"，可见其精妙。

民国十八年（1929）任连昌所撰《清孝廉郭景商墓碑记》，同样记载了墓主郭辂的才艺。其详如下：

> 禀性刚直，聪敏好学。十二岁能文，十三岁入泮。十六岁失怙，家虽贫，学不辍，旋食饩。适名进士吴焘宰高邑，见公文，大加赏识，推为郡上翘楚。召入署，供膏火。受业二载，诗词文章、格律声色，皆中乎节。光绪辛卯顺天乡试中式，教谕李公屏北聘为西席，设帐授徒。讲解之余，努力潜修，精究书法，尤工小楷。戊戌会试未遂，

---

① 民国《高邑县志》卷九，《中国地方志集成·河北府县志辑》第7册，第96页。

乃专心讲学，培养后进，听其口讲指画为文辞者，悉有法度，门人陈邦
铨等尤为著名。丙申沛河泛滥，疏浚效力，赏给五品衔。已亥兴修千秋
书院，劝捐有方，赖以成功。晚年优游林下，挥毫消遣，有高人逸致。
书法闲雅，摹王梦楼入其堂奥，时人得其片纸只字，如获至宝。[①]

郭辂的才艺主要在诗词文章、书法两方面。他早年力学进取，得到名贤的
赏识和提携，在文章的写作上取得了长足进步，"格律声色，皆中乎节"。
在他的指导下，后辈学习辞章之艺也往往具有法度，有可观之处。郭辂的
另一才艺是书法，在授徒之余，潜心练习，工于小楷。晚年学王文治书
法，得其精髓。王文治是清代乾嘉时期的著名书画家，他的书法飘逸婉
柔、妩媚匀净，极具风度。郭辂学王氏书法登堂入室，故其作品受到了时
人的珍爱。另外，碑记中还记载了他效力治沛河、劝捐修书院两事，这是
因碑记必须按时间顺序撰写平生事迹。从碑记整体来看，主要内容还是叙
其才艺。

五　叙履历

墓志起源于汉代，最早的形式仅叙履历，只有墓主的姓名、籍贯、官
职、卒年等记载，如三国魏《陈蕴山墓志》：

> 大魏故陈公墓志
> 公讳□，字蕴山，洛阳人也。于景元元年五月朔一日遘疾而殒，
> 越明年辛巳秋九月朔六日葬于□麓之侧先□□□，是以志之。[②]

汉代以后相当长的时期内，墓志都呈现这种仅叙履历的形态，到南朝
刘宋时期，才基本奠定记述墓主家世、生平传略、四言铭文的模式[③]。不
过在后世的墓志中仍偶有仅叙履历的情况存在，可称之为"文体返祖"
现象。

光绪三年（1877）所立《清升授奉政大夫工部屯田司郎中赵清衡墓
碑》便是仅叙履历的一篇墓志，内容如下：

---

① 民国《高邑县志》卷十三，《中国地方志集成·河北府县志辑》第7册，第145页。
② 韩理洲等辑校编年《全三国两晋南朝文补遗》，三秦出版社，2013，第10页。
③ 参考韩理洲等辑校编年《全三国两晋南朝文补遗》，"前言"第3页。

公讳清衡，字公甫，大冢宰忠毅公长子，以廪膳生荫，授工部屯田司郎中。子悦书，官户部主事，死于国难。嗣子悦学，官武安县知事。公生于万历己丑，卒于顺治壬辰，享寿六十四岁。配柏乡参议路一麟女，生于万历丁亥，卒于顺治丙戌，享寿六十岁。①

志文中依次记载了姓名、父亲、仕履、子嗣、生卒、配偶的简略情况。墓主赵清衡是赵南星之子，身为名父之子，墓志如此简略，似于理不合。或许是方志的编者在辑录时，仅节录了生平履历，没有备录全文。姑存备考。

第三节　金石文献中的教化思想

教化是国家政治的重要职能之一，也是儒家政治思想中的重要内容。《论语·子路》"子适卫"章记载冉有与孔子的问答，有"既富而教之"一语，朱熹云："富而不教，则近于禽兽。故必立学校，明礼义以教之。"②在孔子的治国观念中，教化是社会各阶层各安其位、各守其道，从而和谐相处的前提，同时也是社会文明的具体体现。《韩诗外传》卷六亦提出君子为民父母，对待人民应当"筑城而居之，别田而养之，立学以教之。使人知亲尊"③，同样强调了教化的重要性。

作为国家意识形态的儒家思想首先承担着教化职能，其教化形式是通过各府州县的庙学施行教育，培育文风，达到引导民众向学、知晓礼义的目的。教化的另一种形式，是通过富有宗教色彩的神道之庙，以鬼神之说，对民众的思想和行为起到约束和纠正的作用，从而引之向善，由此达到教化的目的。这两种教化形式，可以按照实施者的不同，分别称为上层教化和民间教化。当然，这种区分只是为了论述的方便，二者并非壁垒森严，互不相逿，而是相互渗透和影响。

这两种教化形式，在方志的金石文献中有充分的体现。具有官方色彩的正史类文献往往从宏观角度来记述国家教化的情况，是粗线条的勾勒。

① 民国《高邑县志》卷九，《中国地方志集成·河北府县志辑》第 7 册，第 104 页。
② （宋）朱熹撰《四书章句集注》，岳麓书社，2008，第 196 页。
③ （汉）韩婴撰，许维遹校释《韩诗外传集释》，中华书局，1980，第 228 页。

方志文献所记载的教化情形，则是微观而具体的，是聚焦于特定地域、特定时期的教化事件，因此更富有历史细节的特征，也更具有历史研究的价值。

科举考试是旧时国家人才选拔的主要方式，也是社会阶层流动的重要动力。平民阶层为了改变自己的社会地位，自然会积极努力地从事于此道。而一个地方的科举成效，又与当地的文风密切相关。文风能否普遍地深入人心，取决于当地对教育是否重视。因此，地方长官从政务的治理、考绩着眼，大多对教育十分用心。地方长官重视教育的表现形式便是修建文庙等教育机构。教育机构的创立或修缮，无疑会给予地方民众一种重视教育的印象，从而鼓励其加强对子弟的教育。同时，教育机构修建后，逐渐培育出不同层次的科举人员，又进一步促进了本地的向学风气。

一　上层教化

文庙作为奉祀孔子和培育人才的所在，是一个地方教育的重要象征。然而种种原因导致文庙颓敝，文风不振，这往往会成为地方官的政治污点。有些地方较为偏僻，学校极少，甚至没有文庙这样的官方教育机构，致使少年失学，久而久之民风粗鄙；有些地方财政紧张、民力贫窘，导致文庙等教育机构因不能及时修缮更新而日渐倾圮，教学工作难以为继，而且给社会民众一种破烂的印象，不足以吸引其送子弟入学，久而久之也会使民众的受教育意识日趋淡薄。地方长官，尤其是新莅任者，在访查民情、社会弊端时，都会注意到学校的建设情况。绝大多数的庙学碑记中，都记载了地方官下车伊始，目睹庙学颓败，不足以培植人才，而不禁喟然叹息的情景。然后集资鸠工，将文庙加以修缮、扩建、改造等，使之焕然一新。同时也一新民众之耳目，令其重新重视教育。

文庙等教育机构修建完工后，为了纪事或颂功，总会邀请本邑的名人、乡绅来写文为记，或者就是长官本人操刀，然后勒于石上，以期垂之久远。不论出自何人之手，碑记总会强调教育对社会风气、民众道德的促进作用，一篇之中三致意。民国《高邑县志》卷九载明代岳凌霜于隆庆己巳（1569）所撰《重修儒学碑》，文中开宗明义说道：

> 圣道之行于人，犹日月之昭于天。人不可一日离乎道，故士不可

一日废乎学。学校，风化之机，自古上庠下庠、东序西序，所由以养老、乞言、释奠、合乐、示赏、讯馘、考成于兹，故圣王之首务，司民牧者之所必先也。①

一开篇作者便将"学"与"道"相提并论，强调了从学与行道的关系，接着又说"学校，风化之机"，进一步指明学校是社会风化或民众教化的关键和枢纽。然后追本溯源，以古代学校设立的原因和作用，来说明学校在日常政治事务中的地位，如"养老、乞言、释奠、合乐、示赏、讯馘、考成"等事务无不在学校举行。学校的职能不只是传授知识，同时也是国家典礼的施行之处，学校担负着礼乐教化、道德示范的职责。其中所谓"养老"，不是现代意义上的赡养老人，而是指尊养三老，这被看作尊老、敬贤的表现。"乞言"是征求群众意见，"释奠"是祭奠先师，"合乐"是乡饮酒礼，"示赏""讯馘"是施行赏罚，"考成"是考核业绩。总之，这些事务均在学校举行，以具有仪式性、示范性的程序，向学生及更大范围的整个社会，展示教育的内容，从而促使社会收到熏陶和化育之效。学校正因有如此巨大的教化作用，所以是"圣王之首务，司民牧者之所必先"。

在学校修缮一新后，作者继续谆谆劝导，说：

今后凡我诸士，昕凤陟降，睹兹轮奂，毋籍燕闲，必以孝弟忠信礼义廉耻为主本，《易》《诗》《书》《礼》《乐》为阶梯，游心于正大光明之域，以倡风俗，以成贤才，为名臣，为节士，为真儒，庶上不负国家教养之恩，下亦不负贤侯作新之意矣。②

他不仅希冀读书的士子能够"成贤才，为名臣，为节士，为真儒"，还希望能够通过士人的表率达到"倡风俗"的目的。《论语·颜渊》云："君子之德风，小人之德草，草上之风必偃。"作为精英文化的代表，士人在教化中的作用正如"风"，而民众的道德判断、伦理准则，会受到社会精英潜移默化的引导。因此庙学修建的直接目的是培育人才，其深远的影响则在于引导风俗走向淳厚的方向，从而达到教化的目的。

---

① 民国《高邑县志》卷九，《中国地方志集成·河北府县志辑》第 7 册，第 99 页。
② 民国《高邑县志》卷九，《中国地方志集成·河北府县志辑》第 7 册，第 99 页。

清代乾隆四十三年（1778）①，李经芳所撰《重修明伦堂碑记》同样表达了学校有裨于教化的作用，他在碑记起首便说：

> 国家崇儒重道，凡郡邑建立学宫，则有明伦堂，诚知治化之原，而训俗型风，兴贤育才，胥于此也。②

顾名思义，所谓"明伦"就是通过学习，明白父子、君臣、夫妇、长幼、朋友各类等级尊卑关系及其相应的道德规范。明伦堂之所以是"治化之原"，即在于它是"训俗型风，兴贤育才"之地。我们需要注意的是"训俗型风"一语，它体现了学校的另一职能，就是通过示范和表率推进教化。训、型二字均有典式、法则之义，因此"训俗型风"实即"训型风俗"，作者的意思很明显。

在叙述了明伦堂的修建经过后，作者又说：

> 盖讲学于斯，诵法于斯，敦教化、善风俗于斯，登斯堂者，顾名思义，所为家修廷献者安在，而凡为人臣、为人子，兄弟夫妇朋友之间，若者忠，若者孝，若者序与别，若者信，转相劝勉，深自濯磨。一切武断乡曲，兴讼狱，持官长，工寅谒，巧挤排，机变偷敝之习，不少有玷焉。将从容乎礼法之场，沐浴乎诗书之圃，经明行修，德建名立，于以上副圣朝广励学宫之至意，无负贤侯作兴学校之深心，绍前徽而光畿辅，不其伟欤！③

不论是培植善德，如"家修廷献"、忠孝之德，还是戒拒恶习，如"武断乡曲""机变偷敝"等，士子所学的内容如此，士子修身的归宿也在此。通过转相劝勉、深自濯磨，以期经明行修，德建名立。这对士子个人来说是从学的目标，但对整个社会来说，学校的设立，不仅仅在于培育贤才，还在于"敦教化、善风俗"，这是学校的职能，也是士子的职责。

庙学除传授知识的职能外，还具有教化功能，这一观念流传甚久，民

---

① 按：据文中干支，本文写于"丁酉"之明年，即"戊戌"。考县志《历代职官表》，修建明伦堂的县令江启澄于乾隆三十六年至四十三年在任（见卷三，第47页）。"戊戌"即乾隆四十三年。
② 民国《高邑县志》卷十三，《中国地方志集成·河北府县志辑》第7册，第144页。
③ 民国《高邑县志》卷十三，《中国地方志集成·河北府县志辑》第7册，第144页。

国二十九年（1940）署理高邑县知事张权本所撰《重修高邑县文庙碑记》仍然说："从此祀有位，神有归，崇德报功，庙貌可仰其庄严，养士治民，文教或不致湮灭也。"① 由此可见一斑。同时我们也可以看到，方志金石文献在上层文化的研究方面具有不可代替的史料价值。

二 民间教化

美国人类学家罗伯特·雷德菲尔德在其所著《农民社会与文化》一书中提出了"大传统"与"小传统"的二元文化结构，以此说明在复杂社会中存在的两个不同文化层次的传统。尽管他强调二者的对立，其观点未必具有普适性，但这种分法还是具有启发性的。古代中国同样具有上层文化和民间文化的差异，不过二者之间呈现更多的是互相渗透、互相吸收的情形。这是中西对待两个不同文化层次传统的不同之处。

古代中国民间文化主要是宗教，或具有宗教色彩的文化形式。宗教具有教化功能，能劝人行善，有助于个体的自我修养和社会秩序的和谐稳定，因此历代统治者对于宗教往往采取默许甚至是大力扶持的态度。在古代中国，宗教缺乏纯粹的色彩，而是呈现出多种宗教或文化杂糅的形态，不论是"三教同源"，还是儒释道合一，均是宗教杂糅形态的反映。民间对于不同宗教，同样不求力保其纯粹性，而是从某种实用的角度，取其一端，然后与其他宗教相互融合。流传颇广的《太上感应篇》《阴骘文》等，便是民间宗教杂糅诸家为一的实例。

方志金石文献中记录的寺观、祠庙等宗教场所的碑文，从作者的写作动机来看，体现出作者意图借宗教来达到教化民众的目的。从史料层面而言，这些碑记是具体可感、具有鲜活形态的实录，能够直接反映特定地域的民间文化，因此具有十分珍贵的价值。

北宋政和五年（1115）赵州助教赵复圭所撰《大宋赵州高邑县乾明院建塔记》曾感叹：

> 岁月更迁，电露倏忽，日霜堪叹，风浪增悲。世人之觉悟者少，奔竞名利，或相扛毁，急急于红尘白日之间，终无已时。宜知夫善有

---

① 民国《高邑县志》卷十三，《中国地方志集成·河北府县志辑》第7册，第147页。

善果，恶有恶报，积善于生前，获果于身后。如能立身，外则知君臣之分以尽其忠，与朋友以其信；内则知父子之亲以尽其孝，事兄以其悌。□于如来则加敬礼而崇奉之，善莫大矣。①

对于世人之奔竞名利，不知善恶，作者提出对治之术，认为应当知"善有善果，恶有恶报"的因果报应，并力践善行，"积善于生前，获果于身后"，然后遵循忠信孝悌，敬礼崇奉佛教，则其善莫大。作者将佛教观念与儒家思想糅合为一，不脱民间信仰的性质，但其本意则是劝人为善，以求民众自归教化。

明正德六年（1511）监生赵邦幹撰《高邑县重修西泉寺碑》表达了同样的态度，他说："窃释氏之教，自唐德宗朝而始流入中国。其为教也，诱人以善，而不杀生害命，故曰善教也。"② 因为释氏之教"诱人以善"，且"不杀生害命"，所以作者视之为"善教"。其为"善教"，故具有教化之益。作者因看到佛教在民间教化上的功用，所以对其竭力宣扬。

佛教的教义是劝人积极行善，如"种善因必有善果"之类的话，而民间鬼神信仰则从消极的方面禁人为恶，如"举头三尺有神明"。虽然用力的方向不同，却殊途同归，均能达到教化的目的。

约为万历十九年（1591），赵南星所撰《重修龙王庙碑记》从"天人感应"的角度阐释了民间信仰的教化功用，他说：

> 余闻之，人非天地无以为生，天地非人无以为灵。神也者，效天地之灵而奠民生者也。古人盛时，人由其道，鬼神降福，雨旸无愆，五谷稔熟，室家充美。迨至季世，在位邪侈，风俗败坏，比屋皆恶，不可胜罚，于是鬼神以怒，水旱渐（涔）臻，击鼓呼号，灾沴更来，遂以祷祀无益，鬼神不灵，莫知省改。弱毙强凌，庋气滋多，所在无年，天杜其德，神藏其灵。可畏哉！可畏哉！③

他认为，神灵是沟通天、人的媒介，如果人遵循天道而行事，则鬼神降福，风调雨顺，五谷丰登。如果人违背天道，乖庋行事，则鬼神发怒，频

---

① 民国《高邑县志》卷九，《中国地方志集成·河北府县志辑》第7册，第97页。
② 民国《高邑县志》卷九，《中国地方志集成·河北府县志辑》第7册，第98页。
③ 民国《高邑县志》卷十三，《中国地方志集成·河北府县志辑》第7册，第143页。

繁降下水旱等灾祸来警示人类。如果人类不能事先自我约束，循道而行，而是放纵恣肆，不知警醒，待面临灾沴才仓猝祈求神明的原谅，那么为时已晚，不仅"祷祀无益，鬼神不灵"，而且灾祸益甚，不可挽救，因为此时已经"天杜其德，神藏其灵"。如此严峻的后果，岂不"可畏"？因其后果可畏，故从"畏"着眼，提醒人类要时时有所收敛，遵天道而行，这样才能避免灾祸，天人相谐，所以他呼吁"所愿吾邑之士与民，各勉为善，勿待神之怒而后祷"①。从学理上讲，"天人感应"自然是附会虚无之说，但就效果而论，畏惧的情绪能够对人类的行为起到一定的制约作用，于是也就能达到教化的目的。此时畏惧的对象究竟是大自然还是鬼神，已经没那么重要了。

李绵芳②所撰《西驿头村重修关帝庙碑记》记载了关帝之神的教化效验。关公身后被神化并受到广泛的崇拜，而且历代统治者褒扬封赠有加，最后加以帝号，古往今来，独此一例。关公崇拜现象有深厚的民间基础，关公的神灵随之有无与伦比的威慑力。全国各地建有为数颇众的关公庙，至于私家供养奉祀者更是不计其数，可以说关公已成为公共之神。由于其影响广泛，对于民众而言，信奉者希冀得其庇护，一般人则会畏惧其威灵，于是它便有了劝善惩恶的教化功能。李氏《西驿头村重修关帝庙碑记》正是从教化的层面提出了重修关帝庙的用意，他说：

> 吾愿自兹以后，乡之人知吾乡之庙更为帝之灵所注，则日监在兹，格不可度，斯人人于寤寐衾影之地，不敢自欺以获神谴。将忠臣孝子、义夫节妇接踵而兴，不必祈福于神，而神之庇者，宁有既耶？③

因高邑为关帝神灵注意之地，所以本地民众在神明监察之下，不敢为非，甚至不敢心生邪念，自欺欺人，以免遭到神灵谴罚。如果力行为善，努力去做忠臣孝子、义夫节妇，即便不祈福于神，关帝之神的庇护也将无时不存在。这样，关帝庙虽然是祭祀之地，但它的存在足以劝诫一地民众行善去恶，从而起到教化作用。

---

① 民国《高邑县志》卷十三，《中国地方志集成·河北府县志辑》第7册，第143页。
② 按：原文无撰者姓名，此据民国《高邑县志》卷一"区域"所载。见《中国地方志集成·河北府县志辑》第7册，第17页。
③ 民国《高邑县志》卷十三，《中国地方志集成·河北府县志辑》第7册，第144页。

《易经·观卦》早就说过"神道设教"之类的话，即以鬼神之说收教化之效，故而此鬼神不论是龙王，还是关帝，或者其他人格化的鬼神，从效果上讲，其实都一样。如果仅从迷信的角度来否定"神道设教"的行为，且一并否定它的合理性，无疑对古代地方教化的实情会有所遮蔽。

耐人寻味的是，上举碑记所记对象，无论是佛教信仰中的神灵，还是民间信仰的龙王、关帝，其撰文者均是服膺儒学之人，赵复圭为赵州助教，赵邦幹为监生，而赵南星尤为儒者，他们义不容辞地执笔为本地寺观祠庙撰写碑记，正体现了民间信仰或民间文化对士人的浸染和影响。这也是上文提到"大传统"与"小传统"在古代中国与西方不同之处，值得研究中西文化的学者注意。

除了上举佛教及民间信仰之外，忠臣孝子、义夫节妇等正面形象的人物同样具有感染和熏陶民众的教化作用。东汉兴起的"风俗传"，以及魏晋南北朝盛行的"地记"，这些著作中非常重要的一类内容就是人物传记。在汉魏六朝人的观念中，一地之风俗与当地人物密切相关。《晋书·夏统传》："（贾）充使问其土地风俗，统曰：'其人循循，犹有大禹之遗风，太伯之义让，严遵之抗志，黄公之高节。'"[1] 夏统为会稽（今绍兴）人，故所举均为当地先贤。贾充问"土地风俗"，而夏统答以本郡耆旧之高风美范，可见言土地风俗不能脱离具体人物。名贤之士的道德功业能够鼓励民众向上，进而会对当地的民风产生潜移默化的陶染，无形之中成为民众效仿学习的典范和标准。明末张溥《五人墓碑记》记载了与宦官势力抗争的五位平民英雄感人的事迹，在叙述其身后的影响时说："是以蓼洲周公忠义暴于朝廷，赠谥美显，荣于身后；而五人亦得以加其土封，列其姓名于大堤之上，凡四方之士，无不有过而拜且泣者。"[2] 五人之墓能引起经过其旁的四方之士"拜且泣"，显然是因为其精神起到了对民众的感化作用。本地成长起来之人，自幼习闻五人事迹，自然容易从小就被灌输前贤的精神。这也是民间教化的一种情况。同类的例子在方志金石文献中也有载录，兹以清代同治年间郑士蕙所撰《重修二贤祠碑记》为例加以说明。

二贤祠奉祀赵南星、李标二位名士，二人均列名东林党，其道德节义

---

① （唐）房玄龄等撰《晋书》卷九四《夏统传》，中华书局，1974，第 2429 页。

② （明）张溥撰，曾肖点校《七录斋合集》，齐鲁书社，2015，第 221 页。

在身前已震烁一时，死后更流芳不昧，感召无已。高邑民众怀思二贤，故建祠以纪念。为其建祠本身便说明了二人的影响力，则其人格精神深入人心，感化熏染，更是理所当然之事。郑士蕙撰写碑记，着眼点便在于二人品格的教化作用，文末铭词曰：

> 凡我士庶，阴受陶甄。读书立品，修整其身。处为正士，出作名臣。前辉克嗣，文运常新。①

所谓"士庶"，兼包读书的士人和普通百姓。"阴受陶甄"说明其潜移默化之功。作者所希望的正是在赵、李二贤的影响下，一方之民均能明德修身、奋发向上，从而达到教化的目的。

不论是宗教形式的神灵，还是儒家推崇的名节之士，不论是积极层面的劝人为善，还是消极层面的禁人为恶，从其实效而言，均有助于激励风俗，推广教化，方志金石文献无疑为其保存了相当丰富且鲜活的第一手史料。

---

① 民国《高邑县志》卷十三，《中国地方志集成·河北府县志辑》第 7 册，第 145 页。

第四章
保定、雄安方志金石文献研究

第一节　保定、雄安方志金石文献概述

自北魏太和元年（477）设清苑县始，保定历来为北方重镇。保定今辖竞秀区、莲池区、满城区、清苑区、徐水区、涿州市、安国市、高碑店市、定州市、涞水县、阜平县、定兴县、唐县、高阳县、涞源县、望都县、易县、曲阳县、蠡县、顺平县、博野县。2017 年，原属保定市的雄县、安新县、容城县三县合并为雄安新区。在保定所辖市县，以及雄安新区中，今有方志存世，并设"金石"一门者，有民国《涿县志》、民国《清苑县志》、光绪《保定府志》、光绪《定兴县志》、民国《定县志》、光绪《广昌县志》、民国《新城县志》、民国《雄县新志》、民国《徐水县新志》、民国《高阳县志》、光绪《重修曲阳县志》、民国《完县新志》、民国《满城县志略》，共 13 种。

一　民国《涿县志》

第七编第二卷有"金石"，所收共 13 件，包括古币、释迦石像、墓志铭、石塔、经幢、塑像。其中多无文字资料，即便墓志铭一类文献也不录原文。该书在每条之下，记其地点、述其形制、状其风貌、载其去向，文字简约，价值有限。

二　民国《清苑县志》

卷五为"金石"，所收共 99 篇（件）。该志收录原则，据卷前序言云："其文残阙不可卒读，或采访未具者，姑列其目。其有关文献，而辞或繁

缛者，则节录大略。若文辞淹雅，又足资考证者，则备载焉。"① 其标准大致有两条，一是内容，二是文辞。金石资料的内容，记录翔实，有资考证，故而只要其文尚存、文字可辨者，应该一律收入。但是这样容易造成篇幅过长，因此再以文辞为标准，凡是文辞淹雅、有裨考证者，则全录其文；若文辞冗长繁缛，则节录其要点，并且在文前注明"其略云"，以与载录全文者相区别。有此两条标准，方志金石一门既能达到汇集资料的目的，又能避免丛杂烦冗之弊。

民国《清苑县志》所录金石资料从唐代开始，元代之前数量极少，唐宋辽金仅9篇，元明清三代则数量颇众。书中所录既有文坛名家之作，也有达官显宦之作，而本邑才士之作尤多。这些篇章有的可见于作者的文集，如刘因《清苑尹耶律公遗爱碑》见《静修先生文集》，元好问《顺天府营建记》见《元遗山集》，郝经《顺天府新修孔子庙碑》见《陵川集》，杨士奇《赠资善大夫北京行部尚书李公人义神道碑》《工部尚书李公神道碑》见《东里续集》，孙奇逢《前光禄少卿张公暨元配宜人赵氏合葬墓志铭》见《夏峰先生集》等。碑刻文字与文集的文本时有异文，可资校勘。达官显宦的作品如傅珪《王磐村寿乘寺记》、于成龙《重建前明张光禄殉难井亭碑铭》、李卫《莲花池修建书院增置使馆碑记》、汤斌《创建阳明王先生祠记》等，其人或无文集（如李卫），或有集而失收（如汤斌一文，《汤子遗书》失收），均可从方志中辑录佚文。至于本邑才士之作，时过境迁，其人名字湮灭，作品却有赖于方志始得流传于今。这一类作品未必皆佳作，但其史料价值却无可替代。若编纂《全明文》《全清文》等总集，方志是其材料的一个重要来源。

三 光绪《保定府志》

卷四十六"艺文录三"下设"金石"，所收共165篇（件）。因该志为府志，故在辑录金石文献时，出于篇幅的考虑，不录全文。每条之下，征引前人记载的相关资料，一一罗列，以说明金石的地点、字体、形制、年月、背景、存佚等情况，较为翔实。尤其值得注意的是条目下的按语，考证精审，匡谬补缺，不仅具有较高的学术价值，而且也是方志编纂的范

---

① 民国《清苑县志》卷五，《中国地方志集成·河北府县志辑》第29册，第517页。

例（详见第三节）。

四　光绪《定兴县志》

卷十六至十八为"金石志"，所收共 136 篇（件）。该志收录标准无明文规定，今检原书，分为两种情况，一是全录原文，一是仅记题目。第二种情况中，在每条题目之下，注明字体、地点、篆额、撰者、书丹者、立碑者、时间等信息。有的条目下面有按语，对相关问题进行考证。

全录原文情况中，有不少重要的作品价值非常大。比如北齐《标异乡义慈惠石柱颂》是为"标异"（旌表）兴立义坊、掩骼施食者而立。该文四千余字，详细记述了东魏、北齐之际的兵乱，以及施行义葬、设立义食的具体经过和细节。此文具有很高的史料价值，沈曾植有长跋加以考证，称文中所记诸义举"几与齐一代终始，故颂文所载多与本纪大事相关"①。唐长孺、刘淑芬、佐川英治相继对其进行了历史方面的研究。② 从文学方面而言，此文多用骈俪之语，对仗多数工整，于平仄也较用心。该文最突出之处是"文质相彰"，其所记载的义举，兼有人性的仁善和宗教的虔诚，从事者数十年坚持不辍，在时局动荡中，泽被贫苦之民，惠及泉下枯骨，事件本身即具有深厚的感人力量。因此虽出之以骈偶形式，但无浮华虚滥、文过其质之病，这正属于刘勰所说的"为情而造文"③。该颂的作者不详，但从文笔来看，绝非平庸之辈，大概其下笔之时，无意为文而自成文采，不能不说它是北齐的一篇佳作。可惜限于见闻，严可均《全北齐文》失收；今人《全北齐北周文补遗》虽有载④，但其录文尚有讹脱，如"气度闲润"，拓本"润"作"闻"；"泻不知竭"，拓本"泻"作"写"；"每以此意"，拓本"意"作"义"；"亲逾梁郑"，拓本"郑"作"邓"；"芳

---

① 沈曾植跋文见该颂后所附。光绪《定兴县志》卷十六，《中国地方志集成·河北新县志辑》第 32 册，第 417 页。

② 唐长孺：《北齐〈标异乡义慈惠石柱颂〉所见的课田与班田》，《武汉大学学报》（哲学社会科学版）1980 年第 4 期。刘淑芬：《北齐标异乡义慈惠石柱——中古佛教社会救济的个案研究》，《新史学》1994 年第 4 期，第 1~50 页。〔日〕佐川英治：《北齐标异乡义慈惠石柱所见的乡义与国家的关系》，牟发松主编《社会与国家关系视野下的汉唐历史变迁》，华东师范大学出版社，2006，第 248~260 页。

③ （梁）刘勰著，范文澜注《文心雕龙注》卷七《情采》，人民文学出版社，1958，第 538 页。

④ 韩理洲等辑校编年《全北齐北周文补遗》，三秦出版社，2008，第 41~47 页。

猷之不固"，拓本"猷"作"徽"；"目石柱高伟"，拓本"目"作"目（以）"。又如"式标□□□□年"，据拓本"式"上脱"依"字。以上数处，志书均与拓本同。

另外李东阳《李翔凤墓表》，不见于《怀麓堂集》，且岳麓书社 1997 年版《李东阳续集》及 2008 年湖湘文库版《李东阳集》均失收。幸而该文当时刻石，流传后世，又载录于方志，得以复见于今日，故仍可为文集之补遗。

五　民国《定县志》

卷十八至二十为"金石篇"，共收 133 篇（件），另附"明金石目录"37 篇（件）。卷前有序云："河北碑版以曲阳为最夥，而元氏、定县次之。"① 可见定县金石资料之丰富。该书的收录标准，序云："前志不列金石之目，间有一二散见于古迹、艺文，以故隋唐以上所遗者十居六七。兹广为搜辑，虽石佚文佚者，亦皆过而存之，以备一方掌故。宋元以后多与建置攸关，勿论雅俗，亦复不忍割弃。至明以后，石刻具在，势难备录，姑存其目。"② 前代志书忽视金石文献，导致隋唐之前的资料散佚十之六七。该书修撰者鉴于前车，广为搜辑，虽已不存者亦加以载录。宋元以后金石文献收录标准亦从宽，不论雅俗，俱加载录。明代以后的石刻，因数量众多，无法备录，仅存其目。在方志编者看来，这些金石文献时代较后，价值不如宋元之前的文献。在今天看来，明清的金石文献时代虽晚近，但从史料的角度来看，其价值依然不能轻视，然而编者从略，不能不说是一件憾事。

该志著录，凡石刻尚存世者，皆备录其文，若石文并佚者，皆仅记碑目。每条下均有按语，或征引前人之语，或记述碑刻情况，或考证相关问题，皆有一定的参考价值。如《正解寺残碑》按语征引前人著录之书，为之正名；继述其存世情况及递藏源流；复纠正前代记录时间之误；再次援据史书，考证碑文内容；最后附录《开皇残碑记》一文，以供读者参阅。

书中所录文章，具有辑佚、校勘、文章学等方面的价值。如魏收《彭

---

① 民国《定县志》卷十八，《中国地方志集成·河北府县志辑》第 35 册，第 634 页。
② 民国《定县志》卷十八，《中国地方志集成·河北府县志辑》第 35 册，第 634 页。

城寺碑》，严可均在编《全北齐文》时，不知魏收此碑文尚存，因此漏收。对于研究北齐文学来说，如果忽视这篇碑文，无疑是一个缺陷。今人《全北齐北周文补遗》有录①，可补严书之缺。但其录文仍有疏误，如"作城维城"，碑拓本"作城"作"作牧"；"花浮如盖"，拓本"如"作"成"；"魔梵相催"，拓本"催"作"摧"；"琉璃作纳"，拓本"纳"作"納"，即"网"字；文末碑主"刘永长名叟"，拓本"叟"作"旻"。以上数例，志书皆与拓本同。又志书详记碑文列数及所缺字数，据此犹可知碑刻原貌。《全北齐北周文补遗》一书不标行列，漫漶处仅云"上阙""下阙"，其体例不如志书完善。

再如韩琦《重修儒学记》一文，又见《安阳集》卷二一，题作《定州新建州学记》。但比勘二者，发现其最大的差异是，在"非学不能也"句下，《安阳集》尚多 102 字。碑文之所以比本集少百余字，显然不是由于漏刻，因为韩琦身为一州最高长官，他为州学所撰之文，石工于情于理不应疏漏，更何况有百余字之多。同时也不是由于方志编纂者过录碑文时漏抄，因为漏抄一二字，容有其事，而漏抄百余字，且还是文意完整的一段话，明显不合常理。最合理的解释是，碑文为韩琦所作初稿，日后收入文集时又有所增订，故而两本文字颇有互异之处。

六　光绪《广昌县志》

卷十二为"金石录"，共收录 46 篇（件）。该书凡碑刻尚存者，一律全文收录。若碑刻已佚，而碑文载录于旧志者，亦加转抄。若碑、文俱佚，则著录其目。

该志所录金石文献的一个特点是，其作者绝大多数为本县知县和本邑人士，这在其他方志中比较少见。如本县官员所作，有知县田应扬《城隍庙碑》、知县汪焕《土地祠纪略》、知县翁承选《新建尊经阁碑》《创建火帝真君庙碑》、知县杜登春《移建魁星楼碑》《御书万世师表匾额颂》《重修城隍庙碑》、教谕王介石《至圣先师孔子清庙考成记》《十景八珍歌》、知县田天锡《重修儒学碑》、知县王锡命《重修奎星楼碑》、知县陈汝懋《二郎庙碑（郎宜作龙）》、知县王所擢《重修紫岩寺碑》、知县白濬先

---

① 韩理洲等辑校编年《全北齐北周文补遗》，第 15～16 页。

《重建先农坛碑记》、教谕李国垣《重修儒学碑》。本邑人士所作，有举人高宪《涞源石桥记》、贡生高守约《刘公异勋碑》《石公去思碑》、廪生曹善奇《重修儒学碑》、邑人李钟《禁除广德里内屯粮加耗碑》、邑人白清《革除五里仓柜帮贴德政碑》、邑人王槐蔚《宋公德政碑》、生员刘祥《重修千佛寺碑》、拔贡孙清《新建书院碑》、举人孙修曾《文庙岁修经费碑》《白石口义学碑》、举人张怀堃《重修香山寺大佛殿碑序》。因为作者的身份，文章更具有史料准确、细节丰富、情感真挚等特点。

另外，清初名臣魏象枢所撰《重修儒学碑》，不见于其《寒松堂集》，而存于该志书中，亦有助于别集补遗。

七 民国《新城县志》

卷十五至十七为"地物篇·金石"，所收共53篇（件）。该志对于文本尚存的金石文献，一律载录全文，并征引前代著录，且有按语加以考证。无文字者，如经幢等物，则说明其形制、地点、时间等信息。

该志金石文献的特点，正如序中所言："新城自隋唐以上，壹是缺如。自辽金元分主中土，佞佛祈福，风尚所趋，经幢之建几遍乡间。余者寥寥无几，鲜瑰奇之可居。虽然，此区区者，犹胜于无也。"① 其最鲜明的特点是佛教建筑较多，这是当时的风气使然。如《特建葬舍利幢记》，立于辽道宗咸雍八年（1072）。史载："（咸雍八年）三月癸卯，有司奏春、泰、宁江三州三千余人愿为僧尼，受具足戒，许之。"② 同时有三千余人受戒出家，风气之浓厚，令人惊诧。今以方志所收当时寺院塔幢诸碑记，可以知一代崇佛之风尚。

又如明洪武二年（1369）所立《学校格式碑》③，对于生员入学定例、选官分科教授、生员学习次第、生员额数、师生廪膳、生员考核等，均有明确的规定，以此考察明代的学校制度，对于明代教育史的研究有重要的价值。

再如《维新寺记》，作者史可法是明末的抗清将领，其作品经后人收辑，编为《史可法集》（上海古籍出版社，1984）。但此集并非史可法作品

---

① 民国《新城县志》卷十五，《中国地方志集成·河北府县志辑》第37册，第506页。

② （元）脱脱等撰《辽史》卷二十三《道宗本纪三》，中华书局，1974，第273页。

③ 民国《新城县志》卷十六，《中国地方志集成·河北府县志辑》第37册，第516~517页。

的全部，民国《新城县志》所录的《维新寺记》便是一篇佚文，可补文集之遗漏。

八　民国《雄县新志》

"故实略"下有"金石"篇，共收录 55 篇（件）。其收录原则为："本篇自辽金到今，唯以时代为次，文之俗冗者存其目而记其略，其文虽未工而事有可采者则照录全文，以资考证。"① 多数条目后附有按语，主要说明时间、介绍作者情况等。

九　民国《徐水县新志》

卷十一为"金石"，共收录 18 件。"徐水僻处一隅，金石古物虽寥若晨星，然如古碑古印及砖石磁铜等类……片羽吉光，总关文化。"② 该志所录之物多为碑刻之外的其他文物，如观音像、古印、大钟、莲盆、石塔、石狮子、晋砖、宋瓷盘碗等。即使如宋碑、卧碑，也不录碑文。每条下有按语，说明文物的藏地、时间、形制、风格等情况。

十　民国《高阳县志》

卷八为"金石"，共收录 8 件。其载录情况与民国《徐水县新志》相类，多为碑刻之外的文物，如白石塔、明孙承宗画像、木刻对联、铁砚、十八罗汉、古瓷器、白石狮，碑刻仅慈临碑一件。每条下有按语，说明文物的相关情况。

十一　光绪《重修曲阳县志》

卷十一至十三为"金石录"，共收录 458 篇（件）。曲阳金石文献数量之多，甲于河北。该志所录以黄彭年纂《畿辅通志·金石略》为蓝本。黄氏之书所录虽多，但得自传闻、沿袭讹误之处不少，且有十之四五未收。该志在其基础上进一步搜罗，更加完备。又黄氏不载明代石刻，该志出于保存文献考虑，择取有助考证者加以收录。在著录时，援引诸家之说，考

---

① 民国《雄县新志》，《中国地方志集成·河北府县志辑》第 38 册，第 204 页。
② 民国《徐水县新志》卷十一，《中国地方志集成·河北府县志辑》第 38 册，第 456 页。

辨其得失，并按照"见在""已佚""未见"三项著录，体例上更为严谨。书中或备录原文，或载其题目，无不援据富博，考证精详，既具有文献价值，也富有学术价值。该书金石录部分，不仅为方志金石类文献编纂的典范，对于专门的金石目录著作的撰写也可资借鉴。

十二　民国《完县新志》

卷九"故实第七"下有"金石"，共收录22篇（件）。书中载录，或备录全文，或略记题目、姓名，而以备录全文者为多。

该志中有几篇价值较大的文章，如隋代寇文约所撰《修孔子庙碑》，碑文述孔子生平事迹，将《论语》《礼记》《史记》诸书记载之语连缀成文，虽为骈文，但行文自然妥帖，清丽可诵。可惜严可均编《全隋文》时未见此碑文，今人《全隋文补遗》亦失收，可据该书辑佚。

又如《木兰祠宋代卧碑》一篇。《木兰辞》是一篇流传极广的乐府古辞，今存最早的文本为北宋初年《文苑英华》所录，其次为北宋中期郭茂倩的《乐府诗集》，还有《古文苑》，其时代在南宋绍兴年间①。这三个版本外，该志书所录木兰祠宋代卧碑则是一个不为人知的稀见版本。此碑为钱景初录辞而托郭寅立石，时在熙宁辛亥（1071），较郭茂倩编《乐府诗集》略早。木兰祠卧碑所录文本有几处重要异文，不见于他本，值得注意。如"唧唧复唧唧"，宋碑作"即足何历历"；"出郭相扶将"，宋碑作"出迎相扶将"；"策勋十二转，赏赐百千强。可汗问所欲，木兰不用尚书郎"，宋碑无"赏赐百千强。可汗问所欲"二句；"着我旧时裳"，宋碑作"着我旧衣裳"；"同行十二年"，宋碑作"相随十二年"。对于理解诗意，均有裨益。逯钦立《先秦汉魏晋南北朝诗》中《梁诗》卷二九收《木兰诗》，因未见此碑，故未能据以校勘。

十三　民国《满城县志略》

卷十四"史迹一"为"金石"，共收录28篇（件）。该志以不录原文者为多，条目下的说明基本抄袭自前书，如《畿辅通志》、旧志等。仅有唐《冯公墓志》、宋《保州抱阳圣教院重修相公堂记》、明《重修大觉寺

---

① 王晓娟：《〈古文苑〉成书年代考》，《文史哲》2010年第1期。

碑》三碑载录全文。

第二节 保定、雄安方志金石文献的文学成就

方志金石文献中有数量繁多的碑志，从作者的身份来看，有的为文坛名家、达官显宦，有的为府县官员，有的则是本邑名士乡绅。文坛名家、达官显宦名声显赫，碑志请其撰写，有所借重，易于传之久远。府县官员作为事件的亲历者、治邑的代表者，其文章在记述上比较符合事实，值得取信。本邑的名士乡绅，为地方文化的代表，其文章既有真切的情感，也称得上是地域文化的一种体现。

一 文坛名家的创作

文坛名家的文章创作具有明确的修辞意识和独特的风格特色。这里从相关方志中选取六篇进行分析解读，以期说明方志金石文献的文学成就。

（一）魏收《彭城寺碑》①

《彭城寺碑》是为彭城寺重修竣工而作，因彭城王高澄捐金助成其事，故建此碑以赞颂之，碑文出自当时"北地三才"之一的魏收之手。这篇碑文为骈体，对仗精工，辞藻富艳，体现了南北朝的文学风尚。其中的佳句如：

> 爰有胜地，宿置伽蓝。南望呼沱，汉骑蹈冰之所；北临易水，燕臣□歌之迹……凭心正路，绝迹疑纲。持法钩以牵毒，流智水以消烦。戒行周圆，于神空净，圆绕昼夜，赞叹顶礼。香气如台，花浮成盖。风林摇薄，生微妙之音；莲沼环回，发最雅之韵。翻同天上驾驭之园，郁似人间花林之窟。

文字富于装饰，具有视觉审美效果。虽然文辞靡艳，但文气贯注，华而有实，丽而有骨。在描写上，意象鲜明，境界突出，引人入胜。

该碑在认识魏收本人的宗教态度方面有重要价值。他以撰写《魏书》

---

① 民国《定县志》卷十八，《中国地方志集成·河北府县志辑》第35册，第637～640页。

而著名，颇具史才和史识。《魏书》中的《释老志》① 是一篇重要的宗教史文献，对于佛教史，《释老志》在客观记述史实的同时，"进一步从史鉴的高度总结北魏佛教发展的历史，指出佛教猖滥发展的社会政治原因及其弊端"②。尽管如此，其中"传达的是一般民众的佛教信仰和一般阶层的佛教知识"③，也就是说《释老志》反映的是普通信众对佛教的认识，而非精英阶层的观念。而《彭城寺碑》一文，魏收则以精英身份，从更具个人色彩的角度，记述了佛教的精深义理及其对世俗政治的作用。文云："资父事君，奉□遗己，宣兹愿力，上奉皇家，世祀共圆□周久，隆基兴方地齐固。"又云："磬此誓愿，皇道重明。□鼓恒韵，神鼎不轻。"其对佛教的认识，超越了一般民众祈求一己福报的狭隘目的的观，上升到佛教对巩固现实政权的意义。《释老志》记述了民众为避徭役，依附佛教，对国家经济产生了深巨的侵害，其积重难返的流弊，令有识者为之叹息。这个认识也是从史家的立场出发的。在《彭城寺碑》中，魏收则表现出另一种态度，对于奢华的寺庙建筑，赞誉为"龙王愧巧，天地惭工""思极神造，妙穷化术"，能令尘世之人"归生生之福，出死死之苦。永消烦忱，毕竟清凉"，体现的是个人角度的宗教态度。因此，《彭城寺碑》一文，对于研究魏收的佛教思想有不可替代的文献价值，对于考察其佛教活动的参与行为也极有意义。

（二）元好问《顺天府营建记》④

元好问是金元之际的文坛名家，诗文各体兼擅，法度整饬，气势宏大，对后世影响深远。他的这篇《顺天府营建记》是为张柔所作，主要记述张氏在兵乱之中营建顺天府的经过。张柔本为金朝武将，兵败降元，驱驰效力，在灭金伐宋诸战中，多有战绩。该文的写作背景为张柔降元后攻下雄、易、安、保诸州，驻军满城。因满城地狭，遂移驻顺天。然而顺天之地

---

① 关于《释老志》的史料价值，研究者归纳为三个方面：（1）它所记载的元魏僧官制度对于研究中国佛教制度具有重要意义；（2）它是北魏政治与佛教微妙关系的重要资料来源；（3）它所记载的资料对于研究佛教寺院经济具有重要意义。见葛兆光《〈魏书·释老志〉与初期中国佛教史的研究方法》，《世界宗教研究》2009 年第 1 期，第 34 页。
② 向燕南：《〈魏书·释老志〉的史学价值》，《史学史研究》1993 年第 2 期。
③ 葛兆光：《〈魏书·释老志〉与初期中国佛教史的研究方法》，《世界宗教研究》2009 年第 1 期。
④ 民国《清苑县志》卷五，《中国地方志集成·河北府县志辑》第 29 册，第 521～523 页。

已荒芜十五年，势难久驻，于是张柔开始营建新城。营建的过程中，首先要解决水源问题。张柔开掘新渠，引鸡距泉、一亩泉之水入城，贯通东西，迂折南北，使得城内有充足的水源。其次是各类建筑的营建，文中列叙道：

> 由是营守备以甲乙次第之，则为北衙，为南宅。宅侯所居，工材皆不资于官，役夫则以南征生□为之，至别第悉然。为楼，因保塞故堞而为之，位置高敞，可以尽一州之胜。西望郎山，如见吴岳于汧水之上。青壁千仞，颜行而前，肩骈指比，历历可数，浓淡覆露，变态百出，信为燕赵之奇观也。为驿舍，为将佐诸第，为经历司，为仓库，为刍荛场，为商税务，为祗供所，为药局，为传舍暖室，为马院。市陌纡曲者，侯所甚恶，必裁正之。为坊十，增于旧者七，曰鸡泉、吴泽、懋迁、归厚、循理、迁善、由义、富民、归义、兴文。为桥十，而起楼者四：西曰来青，北曰浮空，南曰薰风，东曰分潮。为水门二：西曰通津，北曰朝宗。为谯楼四：北曰拱极，南曰蠡吾，西曰常山，东曰碣石。为庙学一，增筑堂庑，三倍其初。为佛宇十五，曰栖隐、鸿福、天宁、兴国、志法、洪济、报恩、普济、大云、崇岩、天王、兴福、清安、净土、永宁。大悲阁一。由栖隐而下，创者四而十一复其旧。规制宏丽，初若不经毁者。独大悲出侯新意，尤为殊胜，金碧烂然，高出空际，唯燕中仁王佛坛成于国力，可等而上之耳。为道院十一，曰神霄、天庆、清宁、洞元、玄武、全真、朝元、玄真、清云、朝真、得一。创者九而复其旧者二。为神祠四：三皇、岱宗、武安、城隍。为酒馆二，曰浮香、金台，亭榭皆水中。为乐棚二。为园囿者四：西曰种香，北曰芳润，南曰雪香，东曰寿春。城内外为水碓者四。水既出朝宗门，又将引蒲水为稻田于西南陂，乃合九龙之末流。患其浅漫而不能载舟也，为之十里一起闸，以便往来。每闸所在，亦皆有灌溉之利焉。城居既有定属，即听民筑屋四关，以复州制。近而四郊，周泊千里，完保聚、植桑枣，树艺之事，人有定数，岁有成课，属吏实任其责。揽辔问涂，骎骎乎齐鲁之富矣。

建守备之所、楼堞及各种官舍，修民坊、桥陌、水门、谯楼、庙学、佛寺、道院、神祠，造酒馆、乐棚、园囿、水碓、水闸，官民兼营，百端并举。其规模宏大，景象繁荣，如在目前。该文写出了顺天府新建时的壮丽气象，又在字里行间洋溢着对张柔的赞誉之情。文章在形式上虽然罗列诸项，但读来并不觉得单调呆板，显示了作者极高的运笔技巧。

在艺术特征上，该文叙述井然有序，句式长短错落、骈散兼行，有叙述，有描写，有写意，有工笔，行文明晰而练达，感情充盈而含蓄，例如下文：

> 太行诸山，东走辽碣，盘礴偃蹇，挟大川以入于海。而州居襟抱之下，壁垒崇峻，民物繁夥，辇毂而南，最为雄镇。

寥寥数笔，便将顺天府的地势形胜之雄要、城池民物之繁庶勾勒出来。再如下文：

> 水之占城中什之四。渊绵舒徐，青绿弥望，为柳塘、为西溪、为南湖、为北潭、为云锦。□当夏秋之交，荷芰如绣，水禽容与，飞鸣下上，若与游人共乐而不能去。舟行其中，投网可以得鱼。风雨鞍马间，令人渺焉有吴儿洲渚之想……西望郎山，如见吴岳于汧水之上。青壁千仞，颜行而前，肩骈指比，历历可数，浓淡覆露，变态百出，信为燕赵之奇观也。

在枚举各类建筑的同时，点缀以优美的描写，意境如画，文情如诗，不但增加了文章的美感，而且调节了文章的气势。在句式上，虽初看为散体文，但其中使用了大量骈句，骈散结合，节奏上整饬而不单调，平易而不散漫。

除了上引诸例外，下文的骈对特征更为明显。

> 侯，人豪也，顾岂以城恒（原文误作垣）山、池滹沱，空大茂之林以为楗，尽抱阳之石以为础，然后为快欤？吾意其必以行次之智，移之以利物；作室之志，充之以立政。宽庸调以资垦辟，薄征敛以业单贫，黜功利以厚基本，尊文儒以变风俗，率轻典以致忠爱，崇俭素以养后福。盖公清净之化，致君爱利之实，于是乎张本。

骈句的使用上，长短间错，"城恒山"二句为三字，"空大茂之林以为楗"二句为八字。"行次之智"四句，两两上下相对。"宽庸调以资垦辟"以下六句，既是骈句，也是排比，形式整齐，气势浑厚。总之，该文是一篇情辞并到、华实兼茂的佳作。

（三）刘因《清苑尹耶律公遗爱碑》①

耶律伯坚至元九年（1272）任清苑县尹，在任四年，多有惠政。去任之后，百姓怀念，共立遗爱碑，请刘因为文。刘因与耶律伯坚"有一日之雅"，相互熟稔，故他所写碑文平实素朴，没有浮夸藻饰。文章的情感温和从容，既有史家平静而客观的笔触，又有追怀友朋的质朴之情。碑文首先概括地写出碑主的性情、才干、见识。

> 公字寿之，桓州人，气豪爽，有幽燕侠士风，其接人虽一无所失而中有裁鉴。乐与当世名士游，虽贫乏至典衣，延致不少懈。有御错纵才，昔或荐公规措关陕川蜀财赋，诏可之。公至，为条件利病疏画出纳，事治而物安，识者称其能。性明决，宪司及府有滞狱必檄公平之，公能不以刑得其情，而讼者亦以公所理无冤。为政不事表襮，而民知爱；不任刑罚，而民知畏。作事必为远计，使人得以守其成法而不即坏乱。其处已御下，则欲与者避其廉，受罚者思其公。

此文语言简练，不事铺叙，而碑主的个性特点已跃然纸上。耶律伯坚在清苑任上的惠政，碑文重点记述了治理水患、革除弊政两事。

> 安肃苦徐水之害，诉于大农，欲以人力夺水之故道，道而东之。东则县之境也，其地形有不能遂其迅激之性者，而水必终返其故道。而其沮洳波荡，坏民田几千顷，彼之害既不得而除，而重以其害贻我。畚锸已兴，民睨视之，莫知计所出。公为图地形，指陈利害，要农官及郡侯与俱行视以止之。县之西塘水利溉民田甚广，有力者以垾（硙）夺之，而民无诉所。公至，为断理，以每岁溉田之余，月分之垾（硙），仍闻省部著为定制。县居南北冲，每岁为亲王大官治供帐于县西，以十月成，明年复撤而新之。吏得媒蘖其事，而至岁费不赀。公以一废馆舍移其所，不足，分俸禄以继之，馆成而是役绝。

水患为民生大害，治河事务又须详密妥善，以求久远。文中叙述了治理水

---

① 民国《清苑县志》卷五，《中国地方志集成·河北府县志辑》第29册，第519~520页。

患的棘手之处，民众对此束手无策，而耶律伯坚则为之思虑周详，亲加规划，得以导泄无害。同时又对豪族垄断西塘水利的损民之举，力加断理，并申报上司，从制度上确保民众利益。同时，因清苑地处南北要冲，迎来送往，年年均需设帐，花销颇巨。为了减轻百姓负担，耶律伯坚选取废弃的馆舍，并出资葺理，改造为来往官员的休息场所，从而革除了这项弊政。

这两件事是惠民的佳政，《元史·耶律伯坚传》即以此为其"良吏"的主要表现，而且本传的文字也是节录刘因此文。此外，碑文还记载了弭盗贼、减盐赋二事。全文详略得当，主题突出，刻画了一位爱民如子的良吏形象。

（四）李东阳《李翔凤墓表》①

李东阳为明代中期重要的政治人物、文学名家，主持文坛数十年，影响深广。他的文章深厚雄浑，时有奇气，而又能法度森严，意味隽永。《李翔凤墓表》便是他的代表作之一。李翔凤早年便负盛名，但仕途偃蹇，久不如意。及授荆州府同知，赴任数月便遽然去世。他的一生怀才不遇，有志不遂，李东阳在其死后八年为撰墓表，对此感叹不已。墓表起句奇崛，最能体现作者的感情。

> 有壮年美材，位不满其志而没者，曰李君，讳翔凤，字时晖，保定定兴人也。

墓表通常的写法是先叙墓主的姓名、籍贯，但这篇墓表却破空感喟"有壮年美材，位不满其志而没者，曰李君"，打破了惯常的格式，一下振起了文章的气势，并且奠定了文章的基调。墓表接着记述了李翔凤早年博学旁通、誉满京师的情形，以及在荆州府同知任上的简况。然后以较大的篇幅，着重抒发作者对李氏坎坷而短暂的一生的哀悼。文中写道：

> 噫！此可以长悼永慕矣。初君在场屋，期必得进士，屡困省试，试辄堕乙榜，当得教职，辄辞弗拜。及当谒选，犹不辄往。君父按察公谕以□命，乃行。同知在乡贡为美除，荆州在南藩为巨郡，方谓既

---

① 光绪《定兴县志》卷十八，《中国地方志集成·河北府县志辑》第32册，第443~444页。

闲乎彼，当畅乎此，而又不遂，岂非有所谓命者，如按察公言乎？呜
呼！世固有瑰奇健特之士，往往高志远蹑，耻于小就，盖有所负而
然，无足怪者。然材与志悖，则不免有偾车折鼎之诮，其始终符契者
亦寡矣。君年不及强仕，为府佐不过三数月，而声绩所著如不可遏，
其所自负者固如此。君之卒已八年，使果不死，其政与位顾可量哉！
天之生材若泉导而木植，然孰凿其源而湮其流，孰曜其萼而凋其实？
此又理之不可知者。如君者固可以悼慕也夫！

科举时代，多数士子困于场屋，屡试不第，耗尽年华和心血，造成一生
的悲剧，其遭遇往往令后人同情。李翔凤以高才博学却难获进士及第，
仅中举人（乙榜），尤其令人感叹命运不公。待到赴吏部应选时，他仍
不甘心，不欲前往。其父以天命劝导，他才前往应选。乙榜举人虽有出
仕资格，但所任职位往往卑微。李翔凤以举人身份而得五品同知之选，
又在荆州大郡，似乎是时来运转，考场失意，官场得意。可惜莅任数月，
便猝然去世。作者感叹，世上瑰奇健特之士怀才自负，志向高远，不屑
卑位，固为常情，但愤激之余犹能免"偾车折鼎之诮"而始终如一者，
实在少见。

李翔凤在任数月，声绩显著，若天假其年，当有所成就，然而他的人
生如此乖舛，就像凿开水源却堵塞水道不让其畅流，就像花萼光耀却凋落
果实不令其成熟，天命实在难知。文中一则云"此可以长悼永慕矣"，再
则云"如君者固可以悼慕也夫"，充满了对墓主的悯怀。

李翔凤一生并无震烁人世的功绩可记述，只有坎坷遭遇和享年不永令
人动容，因此，在用笔上，该文虚笔多而实笔少，感叹多而记述少，除了
必要的生平经历、家世情况需要叙述外，其余几乎以感慨成文。这是该篇
墓表最显著的艺术特征。

值得注意的是，李东阳此文不见于《怀麓堂集》。据墓表，李翔凤卒
于成化庚寅（1470），作墓表时李氏卒已八年，则墓表作于成化十四年
（1478）。正德十一年（1516）熊桂刻《怀麓堂稿》，前有杨一清序，称该
本所据为李东阳"自辑"本。康熙二十年（1681），廖方达又据杨一清序
本重刻。其版本源流，传承有序，篇目应即出于李东阳自订。李东阳自辑
文稿，时在晚年，其编成翰林时期诗文的时间在正德初年，不迟于正德五

年（1510）①，此时距写《李翔凤墓表》已三十余年，手稿容有遗失。幸而该文当时刻石，流传后世，又载录于方志，得以复见于今日，可补其文集之遗。

（五）明孙启泰《延安府同知刘昌胤墓志铭》②

孙启泰，即孙奇逢，是明清之际的理学大儒。其为人"少倜傥，好奇节，而内行笃修"③，其德行、学术、功业具有可称道者。他的文章在理学家中也属上乘之作，言之有物，不务虚华，与其人品相类。他是容城名贤，慕名向他求文者络绎不绝，经其称扬者声价顿增，因此方志中载录了他的不少作品。今引《延安府同知刘昌胤墓志铭》一文便是一篇佳作。这篇墓志提笔便从讨论士品开端，摒弃了一般墓志介绍墓主姓字、籍贯的窠臼。文云：

> 往余与友人论士品，独有取于特立独行之士，友谓余曰："特立独行是今之所不容于世者也，子何取焉？"余曰："人所取者，率皆囿于是非毁誉之中，而余所取者，要皆出于是非毁誉之外。天其有意斯世乎，必多生此数人，维持而倡作之意气激发，当能振越一世。幸而学焉，斯圣贤其归也。"昔余交刘君启我，殆所称特立独行之士乎？君尝不谐于俗，其意独就余，而余意亦偏在启我。

他欣赏的士人不是囿于世俗是非毁誉之辈，而是具有"特立独行"品质的人，因为这样的士人"维持而倡作之意气激发"之特质不仅是自我修养通向圣贤的必经之路，同时也有助于振起颓风。他与刘昌胤结交，相互欣赏，惺惺相惜，正在于二人在取士标准上的默契。这段话不仅振作了文章的气势，而且提升了文章的格局和境界。接着墓志以具体事例说明刘昌胤特立独行的表现。在万历年间，中举（登贤书）之人能得到各种额外收入，但刘昌胤中举之后，依然环堵萧然，安贫淡食。他还谨于修身，不好酒食交游，厌恶声妓之习。即便有利可图，他也不受人请托。在世俗看来，他的行为不免格格不入，以致受人讥笑，甚至诽谤，但他都不为所

---

① 钱振民：《〈怀麓堂稿〉探考》，《复旦学报》（社会科学版）1996 年第 1 期。

② 民国《雄县新志》，《中国地方志集成·河北府县志辑》第 38 册，第 218～220 页

③ 赵尔巽等撰《清史稿》卷四八〇，中华书局，1977，第 13100 页。

动，依然坚持操守。但也职此之故，刘昌胤落落寡合，遭遇不偶。作者以夹叙夹议的手法感叹成文，表现了刘氏的品节，也抒发了作者的情感。

墓志的主要部分记述了刘昌胤的生平经历。在家之时，居父丧毁瘠，侍奉后母孝，待异母弟妹如同胞。在宦途上，才干优异，政绩卓著。最初任甘肃成县县令，平金矿之乱。三月之后，兼管徽县。不到一年，两当县民众杀县令而大乱，刘昌胤又被任命兼任两当县令，即时平定动乱。不久安定县又生民乱，当地乡绅特意请求上级，希望刘氏往任县令。安定县当要冲之地，军兵烦扰，他到任后处置得宜，使得百姓得以安居。适逢会宁县缺县令，他再次受命兼任，由此积劳成疾。此时正值魏忠贤当权，魏氏欲加笼络，声言若能书信请求，可立致督抚高位，刘氏闻言，断绝了与京中亲友的联系。此后他历任延安、清水、汧阳，依然保持在甘肃的作风，为民除弊、急公好义，自奉又极菲薄。之后便致仕家居，居乡十年，于安心读书之外，仍关心国事，留意人才，为地方献计出力，不辞奔劳之苦。作者不禁叹息："迹君生平，岂非特立独行之士哉！"

全文充满了赞叹之情，塑造了一位特立独行之士的形象，寄寓了作者追怀亡友的深沉之情。刘昌胤的人品政绩，由此更加鲜明。作者在铭词中又说"有考者其将闻风而叹慕，过垄而彷徨"，将刘氏推许为世人叹慕的典范。

（六）王树楠《清苑宋氏宗祠碑记》①

王树楠是清末民初的著名学者和文人。在学术上，家学渊源，受其祖父王振纲影响，擅长经史之学。王树楠的经学，训诂精赅，考订允当，得到了吴汝纶的赞誉。他在史学上也多有建树，尤其是方志编纂，曾任《畿辅通志》的分纂，后又主编《新疆图志》，并参与了多部方志的撰写。在文学上，他受到曾国藩的教诲和奖掖，蒙其指示读书门径，探讨古文义法。桐城派古文的理论和创作，在晚清经过曾国藩的丰富，衍生出湘乡一派，而以王树楠为代表的河北古文家又是湘乡派的支脉。曾国藩的古文理论提倡融义理、考据、辞章、经济为一体，王树楠的文章在一定程度上继承了曾氏的主张。

所选王树楠的这篇碑记，可以体现王氏古文的特点，即运用考据的方

---

① 民国《清苑县志》卷五，《中国地方志集成·河北府县志辑》第29册，第556~557页。

法，使之具有学术风貌。文章是为宋氏家族宗祠作记，但开篇先是一大段考证文字，文中写道：

> 吾读《礼经》"别子为祖，继别为宗"，郑康成注谓"别子谓公子始来在此国者"，非也。别之云者，别为一宗也，凡庶姓之起为大夫而得命氏赐族者，则以别为一宗，而享其不祧之祭，故谓之别子。张湛虚先生谓："起于是邦而始爵者，皆自为祖，其适继之即为大宗。许氏三礼从其说，则直谓大宗以贵贵为定。《孝经》言卿大夫之孝曰：然后能守其宗庙。士之孝曰：然后能保其禄位而守其祭祀。故士大夫皆有庙。而庶人则无庙，而祭于寝。"据此则大宗当以有庙无庙为断。盖起是邦而为大夫者，始得立庙也。孔子之赞舜之大孝也，则曰："宗庙享之，子孙保之。"赞武王、周公之达孝也，则历称其追王之事，宗庙之礼，祭荐饮食之宜。大宗之义盖自天子以达庶人，莫不皆然。祖宗积德累仁，其近者或一二世，远者或四世五世以至十世，始获有贤子孙特起，以为百世不迁之报。古贤圣王之所以教孝者，胥在乎此。孟子曰："惟士无田则亦不祭。"无田则无庙，故庙者，人子显扬之大端。士之无君则吊，正为此也。

文章引经据典，首先考论了"大宗"的标准在于有家庙，其次论证了家庙是孝的体现，是为人子孙显扬父祖的最主要方式。这段文字，以经书为根底，具有浓厚的考据色彩，初看之下就是学术文章，根本不像文学作品，这也体现了桐城古文后期的特色。

文章之后直接引用宋文轩的原话，介绍了宋氏世系，以及其父母二人孝亲养家的事迹和德行。这种写法看似敷衍偷懒，实则是讲究实事求是的考证风气影响下的产物。它重视叙述的客观性，而且引用宋氏本人的原话，更增加了事迹的可信度。在记述了宋文轩的话后，作者参照清代家族的发展实况，论述道："窃见有清二百余年，其间名臣硕士大半出于寒素之家，而溯所由来，则必推本于其先世或祖若父蓄德苦行之所致，积之愈厚则发之愈光，蕴之愈深则流之愈远。"由此得出了具有规律性的结论，即家族的兴盛无不源于先世的"蓄德苦行"。而作者为宋氏写宗祠碑记，也是出于正人心、厚风俗的动机，至此文章具有了历史的厚重感和道德教化的意义。

在保定、雄安方志中，文坛名家的作品还有很多，如民国《清苑县志》中所录郝经《顺天府新修孔子庙碑》、杨士奇《赠资善大夫北京行部尚书李公人义神道碑》《工部尚书李公神道碑》、孙奇逢《前光禄少卿张公暨元配宜人赵氏合葬墓志铭》、王树楠《王普斋先生继配沈夫人墓表》、贾恩绂《清苑樊又安女士墓铭》①；光绪《定兴县志》中所录揭傒斯《定兴城隍庙记》②；民国《定县志》中所录吴处厚《定武军水田记》、苏轼《苏公谒圣庙文石刻》、姚燧《元国子司业滕君墓碣》③；民国《新城县志》中所录苏天爵《大元保定路新城县紫泉龙祠记》《新城县新修庙学记》《新城县学田记》④；民国《雄县新志》中所录张天瑞《重修雄邑记》、王树楠《崔府君墓表》《郭府君墓志铭》、高步瀛《马象环墓志铭》⑤；民国《完县新志》中所录欧阳玄《建儒学记碑》⑥。这些作品内容和风格各异，展现了作者的才情和艺术技巧，具有不可替代的文学史料价值。

二　达官显宦的创作

达官显宦虽然未必如文坛名家般具有更为专业的文学技艺，但这一群体在当时社会上拥有显赫的地位和名声，其作品无形之中具有附加价值，为相关的建筑、碑主增加了声价。这一作家群体的创作同样值得文学史研究者重视。

（一）韩琦《阅古堂序》⑦

韩琦是北宋著名的政治家，出将入相，颇有建树，名重一时。北宋时，河北是宋辽边境所在地，作为边防重地，必须由股肱之臣镇守。仁宗庆历八年（1048），因河朔地大兵雄而节制不专，需择帅分治，并抚治其民，于是皇帝下诏魏、瀛、镇、定四路悉用儒帅，兼本道安抚使。韩琦被

---

①　民国《清苑县志》卷五，《中国地方志集成·河北府县志辑》第 29 册，第 523～524、525、525～526、533～536、549～550、560～561 页。

②　光绪《定兴县志》卷十七，《中国地方志集成·河北府县志辑》第 32 册，第 436～437 页。

③　民国《定县志》卷十九、二十《中国地方志集成·河北府县志辑》第 35 册，第 656、662、669～670 页。

④　民国《新城县志》卷十五，《中国地方志集成·河北府县志辑》第 37 册，第 514、514～515、515～516 页。

⑤　民国《雄县新志》，《中国地方志集成·河北府县志辑》第 38 册，第 208、232、234、232～234 页。

⑥　民国《完县新志》第七，《中国地方志集成·河北府县志辑》第 40 册，第 361～362 页。

⑦　民国《定县志》卷十九，《中国地方志集成·河北府县志辑》第 35 册，第 652～653 页。被

命知定州，兼任安抚使。此前定州久为武将镇守，军纪松懈、兵将跋扈。韩琦到任后，力加整顿、恩威并施。阅古堂即此时所建。他将郡圃之坏亭加以修葺，扩建成堂，"乃摭前代良守将之事实可载诸图而为人法者，凡六十条，绘于堂之左右壁，而以阅古为堂名"。他修建此堂的目的是自我勖励，时刻警醒自己的职责所在。文云：

> 今予之所为也，诚以己之道未允，而君之禄殊厚，任重途远，惟仆踣之是虞，故在燕处之间，必将鉴古以自勉其未至也。则虽纷觳觫，竟笳吹，四时之景交见于前，予方仰而愧，俯而忧，孰知夫乐之为乐哉！其少进也，则虽吏文之扰怀，边责之在己，予固得其道而处之。至于幅巾坐啸，恬然终日，予之所乐恶有既乎！若其宾客之于斯，僚属之于斯，不离几席，如阅旧史，俾人人知为治者莫先于教化，用兵者莫贵乎权谋，而俱本之于忠义。功名一立，不独身享富贵而庆流家宗，其遗风余烈，可以被于旗常，传于简策，越千万世而凛然如存，咸有耸慕之意。不以酣歌谈笑之为乐，而以是为乐，则予也岂徒己之为益，是将有益于人。知我者其以我为喜爽垲、遂娱赏而已乎？后来之贤与我同志，必爱尚而增葺之，宜免夫毁圮污慢之患矣。

这篇序的特点是记叙少而议论多，议论的主题就是身为边将应如何尽职报效国家。作者认为，即使闲居饮宴之际，也不能沉湎于安乐，而应鉴察古贤，自勉不足之处。若人人均能体悟到这一点，面对阅古堂中所绘古人的贤德茂绩，知治国理兵均须以忠义为本，以功名业绩为身家之荣，不以安逸为乐事，而以尽职尽责、用心政务为乐事，那么修建阅古堂不仅可以勉力自己，对于他人同样有益。

这篇文章在思想境界上充分体现了胸怀天下的仁德之心，抒发了"先天下之忧而忧，后天下之乐而乐"的情感。韩琦与范仲淹曾于庆历二年屯驻泾州（今甘肃泾川），共守西陲，天下称之为"韩范"。范仲淹于庆历六年撰写《岳阳楼记》，写出了传诵千古的名句"先天下之忧而忧，后天下之乐而乐"。韩琦《阅古堂序》作于庆历八年，与《岳阳楼记》时间相距不远。两人又曾共事，同心同德，守卫边疆。因此两篇文章所表达的情怀和境界也如出一辙，共同体现了北宋庆历新政时期士大夫以天下为己任的气度。

（二）李晏《金故崇进荣国公致仕谥忠厚时公神道碑铭》①

李晏在金朝任翰林学士，官至礼部尚书。他的文笔颇负时名，高文典册，独步当世。此文写于金章宗明昌六年（1195），是李晏为时立爱所撰之神道碑铭。时立爱仕辽、金两朝，皆有献纳，极受重用。时立爱卒于金熙宗天眷三年（1140），海陵王正隆年间（1156～1161）削异姓王封号，降授崇进荣国公。此时墓道之碑尚未立，时立爱的曾孙请李晏撰写。这篇神道碑铭在文体形式上较有特点，散体的序文很短，仅一百五十余字，简单说明了撰写碑铭的缘由。铭文极长，有一千一百余字，主要介绍碑主的家世、生平、功绩、子孙等情况，均以韵文的形式写就。

这篇碑铭可分为四部分，第一部分从"时氏之先"至"五兄三弟"38句，介绍了家世，主要记述了曾祖父、祖父、父亲三代的德行事迹。第二部分从"公名立爱"至"允协舆议"174句，为该文的主体，按照年代顺序，依次叙述了时立爱的仕宦经历，并突出他的政治业绩、谋国之言。最后记载他去世后皇帝下诏优恤厚葬赐赙之事。第三部分从"公前后娶"至"夫谁可及"68句，叙述了时立爱的三位夫人的家世，以及子孙的仕宦情况。第四部分从"能进能退"至"刻此碑铭"12句，总结了时立爱一生"能进能退，善终善始。人臣之美，可谓尽矣"。

时立爱在《金史》中有本传，即以李晏所撰神道碑铭为蓝本。但是本传的记载有遗漏，如碑文中提到"官正开府，恩封郡王"，自属荣耀，而本传所载为"加开府仪同三司、郑国公"②，对封王一事削而不载。虽然王爵之号在海陵王正隆年间被削，但从史实而言，其身前曾获封王，本传不载，未免缺典。李晏碑文据实载录，作为时立爱生平的第一手资料，可补史传之不足，其价值自足重视。

铭文部分以四言韵语成篇，文辞浅白，叙事平实，不务典奥，不饰辞藻。如记述时立爱归降金主时的情形，文云：

> 乃率其众，纳款来归。帝曰俞哉，嘉汝先识。爰命有司，丞超显职。公复上言，人心惟危。叛亡保聚，颇怀惧疑。皆言大国，所下城郭。始则存抚，终为俘掠。民罔常怀，怀于有仁。宜以恩信，固结斯

---

① 民国《新城县志》卷十五，《中国地方志集成·河北府县志辑》第 37 册，第 510～511 页。

② （元）脱脱等撰《金史》卷七十八《时立爱传》，中华书局，1975，第 1777 页。

民。纶言嘉叹，即谕诸军。秋毫无犯，舆情欣欣。

此文无一句艰深难懂。不过因太过直白，不免浅陋。而且因体式的限制，有些地方文不成句，牵强生硬，如"皆言大国，所下城郭。始则存抚，终为俘掠""天会乙巳，大宗皇帝""仍命词臣，宇文虚中"等处，为迁就四言句的格式，将语句硬生生断开，形式妨害了内容的表达，不能不说是文章一病。

（三）王磐《大元故银青荣禄大夫平章政事武烈张公神道碑铭》①

王磐是元朝初期的名臣，官至宰相。撰写该文时，题衔"翰林学士承旨中奉大夫"。张弘范（弘，一作宏，清人避讳改）为元初大将，在平定南宋的战役中，起了决定性的作用。平宋之役的次年，张弘范病卒。因其功勋卓著，国家优恤，忽必烈诏令时任翰林学士的王磐撰写碑文。

碑文在布局上讲究章法，首先叙述张弘范平宋之功，然后再追叙其生平其他功绩。张弘范最令世人瞩目的军功是灭宋，促使南北获得统一。因此碑文一开始便写道："自五代以降，南北分裂，不相统一三百余年。"在大一统的文化心理中，分裂是天下动乱的象征，只有统一才是国家强盛的标志。张弘范平定南宋，使得海内混一，不仅是对元朝的贡献，更是对历史发展的贡献。为了突出他在南北统一过程中的重要作用，必须将平宋之役放在显眼的位置。因此，碑文开篇首先叙述他的平宋之绩。元军兵临南宋首都临安城后，赵昰、赵昺二王在臣子的拥护下，一路逃至广东，以俟机复起。张弘范深知宋帝对江南军民的号召力，因此请命率兵征讨。得到允许后，经过详密部署，最终在崖山消灭宋军，陆秀夫背负帝昺投海，张世杰兵败自沉，至此南宋覆灭，岭南平定，南北统一。张弘范的不世功勋在碑文中自需大书特书，这就是碑文在布局上首先叙述其一生中最后功绩的原因。

然后，碑文依照时间先后顺序，列叙了张弘范平生的其余功绩，包括中统三年（1262）平定山东李璮之乱，至元六年至九年（1269~1272）攻取襄阳，至元十一年（1274）随伯颜征江南。其中，碑文详细描写了襄阳之役和征伐江南的过程。在叙述襄阳战役的这段文字中，作者刻画了张弘

---

① 光绪《定兴县志》卷十七，《中国地方志集成·河北府县志辑》第32册，第426~428页。

范有勇有谋的形象特征，文云：

> 公言于主帅曰："国家规取襄阳，而缓于力攻者，所以重惜人命，而欲待其自毙也。向者夏贵乘江涨，以一岁衣粮送入城中，我军坐视，莫之能御。欲待其自毙，不亦难乎？襄阳西南地接江陵归峡，商贩之旅，更休之卒，络绎不绝，虽围之十年，彼何困之有？今可于万山筑一城，屯军数千，则西州之耗断而不通；罐子滩立一栅，屯军数百，则东州之信绝而不闻。如此则使彼之自毙，期庶可待矣。"帅府以其策奏闻朝廷，从所请。公以五千人戍万山中，严号令，恒若敌至。尝与将校燕射城东，忽有敌兵步骑万余□□城下，将校以众寡不敌，请敛入城。公曰："敌闻吾筑此垒，故来相探耳。且彼不来，吾犹将求之，况其自致，避之何为？"命军士列为长阵，命之曰："闻吾鼓声则进，吾鼓声未鸣而妄动者死。"敌恃众呼噪来冲两作，而我坚立不动。公曰："敌气衰矣，技止此耳。"援桴奋击，敌兵大溃，奔北，死伤者数百人。

文中首先记载了张弘范对围攻襄阳的战略意见，认为襄阳西南与江陵相通，物资供应不绝，无法达到围困的目的，只有于两地之间筑城，隔断交通，才能奏效。他的建议得到了朝廷的允许。这是他在谋略上的过人之处。其次，在屯兵万山时，宋兵大军忽至，众人畏惧，心生退意。张弘范下令严阵以待，待对方士气衰竭之际，他亲自击鼓，元兵出击，大溃宋军。这是他在战争中勇决果敢之处。下文在记述征讨江南的战役中，同样注重刻画张弘范的有勇有谋，而非简单地罗列军功。

这篇碑文在叙述上文路清晰，行文简洁扼要，无枝蔓之病。在人物形象的刻画上，血肉丰满，生气勃勃。在结构布局上，重点突出，繁简得当。总之是一篇法度谨严、内容饱满的优秀作品。

（四）孙承宗《旌忠祠碑记》①

孙承宗为晚明重臣，以宰相之职两次受命督师辽东，抵御清军。然其身系国家安危，又屡受排挤，遂不得不罢官退居乡里。崇祯十一年（1638），清兵进犯高阳，孙承宗率军民守城，最终城破，自缢殉国，其

---

① 民国《清苑县志》卷五，《中国地方志集成·河北府县志辑》第 29 册，第 532～533 页。

家百余人遇难，可谓满门忠烈。以孙承宗的德行、事业而论，其在晚明自是一流人物，发为文章，则气势浑厚，声光震耀，文如其人。这里所选的《旌忠祠碑记》是纪念杨继盛的，杨氏也是忠烈之辈，与孙承宗为同道中人，故而碑记充满了对杨氏舍生取义的敬重，以及对其悲壮而死的感怆。

碑记首先简要叙述了杨继盛冒死弹劾奸臣仇鸾、严嵩的事迹，其次介绍了旌忠祠的修建过程，接着以大段篇幅评论了杨继盛犯颜直言的道德正义和文化精神，文云：

> 呜呼！古称燕赵多慷慨之士，夫慷慨者，或偶发于一击，一不中且悔，而一中已足以豪……公独尽言于慷慨，至主上予再生，而公竟死，世比公于□帝之含光，谓公之功乃在一死。夫人臣委身于朝，死职死言，死亦其常，独尽其言于职，可不问纤巨，而言在职外，则无敢琐科于毛细，而谨图其大……嗟乎！两逆忧在社稷，而公一死言，故公之言即不死，亦足以功，即不用亦足以死，而况公用其死于言，上用其言于死，死且不朽矣。夫公脱负戴，适铍佩，或自固不肯言，乃起贬所，挈风裁，以传其天文、地理、乐律、兵甲之学，即不言亦可以雍容皇路，乃复慷慨不顾器忌，而邀必至之祸于身，至梦惊长乐之新封，魂返太虚之浩气，抑何楚楚激烈也！而公且甘之若饴。盖平生志介自矢出松柏之上，而一凌太岳之巅，顿悟无穷，此国家二百年正气所郁积，特偶激于要人，以破天下佞舌薄胆……予迹公生平，侃侃大节，固已撑柱宇宙，乃甚于父子兄弟，罔不以变为常，而匹夫分一行，亦足以生。倘弁冕之伦，遭逢明圣而不能副作新大雅，安在生慷慨之乡，称忠愍里人也？

作者引韩愈之语"燕赵多慷慨之士"，认为杨继盛直谏而死，正是"慷慨"之风的体现。人臣尽职而言，即便为之而死，亦属常事，所言之事不分巨细。然而杨继盛并非言官，越位而言，必须是国家大事。他议仇鸾之非、列严嵩之罪，正是关乎社稷的大事。作者又假设杨继盛在仇鸾被诛后从贬所召回，若传授其天文、地理、乐律、兵甲等学问，即使不直谏，也可以在仕途上平步青云。然而他竟慷慨取义，奋不顾身，虽知言必招祸，亦在所不辞，最终因直言而死，其气节何等激烈！其正气如虹，足使祸国佞臣、偷安鼠辈心惊胆裂。后来者若不能见贤思齐，见义勇为，则枉生慷慨之乡，无颜自称为杨继盛的同乡之人。

这篇碑记除了必要的记叙外，可以说几乎全以议论成文。文体虽题为"记"，实际却为"论"。而文章的特点也全在议论风发，与碑主杨继盛的品节风操相得益彰。

（五）史可法《维新寺记》①

史可法为明末抗清名将，镇守扬州，城破殉国。他的作品存世不多，上海古籍出版社 1984 年版《史可法集》辑录其作品四卷，其中第一、二卷为奏疏，第三卷为书牍，第四卷为家书、遗书、杂文、诗、四书文。但是这并非史可法著述的全部，此处所录《维新寺记》即其佚文。该文撰写于崇祯壬午（1642），史可法时任都察院右佥都御史。

这篇记文叙述了维新寺的增建情况。新城邑南原有奉佛之室，但过于狭隘，又处于市场之侧，尘嚣扰攘，不堪供佛。宋维新见状，捐资倡修，增建山门，悬挂钟鼓，又建重堂两庑，四周绕以墙垣。此外，供物器皿等也无不完备。为了香火久传，又置地产若干亩，以作经济来源。寺庙建成之后，名之为"维新寺"。

从艺术特色上看，该文平铺直叙，立意庸常，算不上佳作。不过从文献辑佚来看，作为史可法的一篇佚文，它仍有值得重视的文献价值。文中提到当时缙绅内翰致仕后，"功名意淡，禅悦心长，不必披剃焚修而善根夙著，为半禅半俗者何可胜计"，有助于了解晚明士大夫的精神世界。文中还提及"今圣天子崇尚释教"，对于认识崇祯帝的宗教信仰有一定意义。

（六）汤斌《创建阳明王先生祠记》②

汤斌是清初著名的理学大臣，他为官清正廉明，为人刻苦自励。在学术上，他笃守程朱理学，但也不排斥陆王心学，能破除门户之见，中正平实，务实求用，与其师孙奇逢主张一致。他一生以学问为己任，又将学问践行于做官做人。康熙二十一年（1682），魏一鳌等人在保定建成王阳明祠。魏氏亦孙奇逢弟子，服膺王阳明良知之学。康熙二十五年，汤斌自苏

---

① 民国《新城县志》卷十七，《中国地方志集成·河北府县志辑》第 37 册，第 530~531 页。
② 民国《清苑县志》卷五，《中国地方志集成·河北府县志辑》第 29 册，第 538 页。

州离任赴京，路经保定，与魏氏相见，魏氏向汤斌讲述了立祠的原因，并请他撰记。对此，他写道：

> 余闻之，喟然叹曰："阳明无善无恶久成聚讼，不知其无善无恶乃言心之体，非言性之体也。心体当孩提之初，知识未生，或夜气清明之候，思虑未入，浑浑沦沦，何善恶之可言？是即喜怒哀乐之未发，人生而静，以上不容说之意也。学者读先贤书，当善会其意可耳。"或曰："阳明未游宦于斯，何以祠为？"余曰："圣贤之精神无处不在，我辈沐其教泽，亦无地不当香火。今曲阜、解州庙貌遍天下否乎？"或人语塞。

他感叹王阳明"无善无恶"之说被人误解很深，于是从学理上对其进行辨析，并强调后人读书当善于体会前贤之意。有人认为王阳明并未游宦于保定，在此建祠，于理不合。他解释说，圣贤的精神无所不在，后人受其教泽，自应处处奉祀，正如孔子、关圣之庙一样。他因与魏一鳌共同研习王阳明《传习录》，渊源所自，对王氏的"良知"之说深有体验，故认为要为示尊崇而建祠。

这篇文章并不长，记事简练，主题突出。汤斌曾参与《明史》的修撰，在史学上推崇陈寿《三国志》，力去烦言，务求精练。该祠记正是他史学追求的体现。

在保定、雄安方志中，达官显宦的作品还有以下多篇，如民国《清苑县志》中所录刘铉《新建宣圣庙记》、黎淳《城隍庙记》、傅珪《王磐村寿乘寺记》、郭荼《创建城守尉公署记》、于成龙《重建前明张光禄殉难井亭碑铭》、李卫《莲花池修建书院增置使馆碑记》、那彦成《重修保定府试院记》①；光绪《定兴县志》中载录张琬《大元保定路易州定兴县重修孔子庙堂记》、刘翔《正议大夫资治尹陕西等处提刑按察司按察使李公神道碑》、翟銮《明故敕封李太安人墓志铭》、刘日升《定兴县城西黄金台燕昭王祠碑》②；民国《定县志》中所录韩琦《重修儒学记》《众春园记》、富

---

① 民国《清苑县志》卷五，《中国地方志集成·河北府县志辑》第29册，第526、526~527、527、536、538~539、539~540、542页。

② 光绪《定兴县志》卷十七、十八，《中国地方志集成·河北府县志辑》第32册，第437~438、442~443、449~451、454~456页。

弼《阅古堂序》①；光绪《广昌县志》中所录刘鸿训《新建太平寺碑》、魏象枢《重修儒学碑》②；民国《新城县志》中所载刘恺《保定府新城县学科贡题名记》、汪应蛟《新建二忠祠记》、孙承宗《汉前将军关侯祠记》《新城贤令刘公生祠碑记铭》、郑洛《刘北冈暨元配王氏继配田氏墓表》、钱象坤《重修华严寺碑记》③；民国《雄县新志》中所录蔡云程《重修儒学记》、孙承宗《雄县王令公遗爱碑》④；民国《完县新志》中所载翟銮《太仆寺卿张公墓表》、李树德《督标中营守备罗公碑志》⑤。

三　府县官员的创作

府县官员身为地方事务的负责人及亲历者，对于相关事件的前因后果知之甚明，对于地方政教也更关心，因此其作品具有更可信的史料价值。他们在记述事件时，内容详悉，感情真切，可读性非常强。

（一）寇文约《修孔子庙碑》⑥

该文撰于隋仁寿元年（601）四月，为北平县新造孔子庙而作。作者寇文约，时为县令，其生平不可考。该碑高四尺六寸，宽二尺八寸，八分书，碑文基本完好，仅泐数字。寇氏此碑为颂德之作，与后世庙碑记事之文不同，因此碑中未言及造庙的缘起、经过，而是敷扬孔子生平德业。因其旨在颂美，故文情浮华，叙述家世乃至远溯成汤，列叙商周，描写相貌则好奇征异，杂及谶纬。铭词亦肤廓冗滥，令人生厌。但碑文述孔子生平事迹时，将《论语》《礼记》《史记》诸书记载之语贯串排比，有伦有序，较为可观。全文以骈偶成篇，文气贯通流畅，出语自然妥帖，尚不失为典丽之作。其中如"告朔则爱礼不爱羊，厩焚则问人不问马。束帛以赠程

---

① 民国《定县志》卷十九，《中国地方志集成·河北府县志辑》第 35 册，第 653～654、654、654～655 页。

② 光绪《广昌县志》卷十二，《中国地方志集成·河北府县志辑》第 36 册，第 504、505、506 页。

③ 民国《新城县志》卷十六、十七，《中国地方志集成·河北府县志辑》第 37 册，第517～518、526～527、527～528、528、528～529、530 页。

④ 民国《雄县新志》，《中国地方志集成·河北府县志辑》第 38 册，第 208～209、216～217 页。

⑤ 民国《完县新志》第七，《中国地方志集成·河北府县志辑》第 40 册，第 363、363～364 页。

⑥ 民国《完县新志》第七，《中国地方志集成·河北府县志辑》第 40 册，第 358～359 页。

子，脱骖而哀旧馆。伤伯牛之有疾，叹冶长之非罪。钓而不纲，弋不射宿，曰仁与义，咸在兹乎""陈恒逆乱，故沐浴而请讨；莱夷阻兵，敷礼义而式遏。非殉举关之力，自怀圣人之勇""时临杏坛之上，或游舞雩之下。虽有乐于山水，不同群于鸟兽。飞轩历聘，是曰东西南北；干谒世主，诚求除害安民"，均清雅可诵。可惜严可均编《全隋文》时未见此碑文，今人《全隋文补遗》亦失收，当据方志补录。又鲁迅《日记》1916年2月9日载所买碑拓有《寇文约修孔子庙碑》，称其"未详"①，实则该碑尚存于方志中，可据以考证。

（二）郭时亮《魏国韩忠献公祠堂记》②

该文作于宋元丰三年（1080），作者郭时亮为定州州学教授。韩琦在定州任上时，爱民如子，惠泽百姓，众人计议为之建祠堂以作纪念，但官府不赞成，故而百姓不敢建。韩绛自河东移任定州后，其理政的作风与韩琦相似，又与韩琦同姓，必然仰慕韩琦的为人。因此，当韩绛莅临州学时，众人陈述了韩琦的政绩，并说明了建立祠堂的意愿。韩绛听闻后，为百姓思念韩琦的心情所感动，非常赞同他们的提议，于是聚材鸠工，开始兴建。工程尚未完成，韩绛嘱托郭时亮写文章，将百姓追思前贤的一片心意记载下来，作者奉命写了该文。

文章的主要内容有两部分，一是记述韩琦在任的惠政，如饬军纪、治奸宄、赈灾民、轻徭役、兴学校、育人才等，用散体写成。二是修建祠堂的意义，用骈体写就，文云：

> 盖闻昔召伯茇于甘棠之下，羊公憩于岘山之上，及其往也，民思其人，则有爱甘棠而戒以勿伐，即岘山而因以立庙。彼诚有以格民之心，而使之久而不忘也。若诗人之美，史氏之褒，岂欺我哉！矧魏公弼亮之勋，无替于古人。语其大，则定策推圣，光绍帝绪；语其小，则镇抚方国，勤施猷训。其严于祭享，则有英宗庙廷之配修；其铭于金石，则有上主圣作之渊懿。若乃斯民之思慕，它人之称述，岂足以明魏公之善也？然民服道化而能不忘旧德，则不可以不书也。余于是喜斯民之信厚，而乐颍川韩公之不咈其民也如此，故取其民所请之意

① 强英良：《鲁迅藏碑拓研究》（三），《鲁迅研究月刊》2007年第10期。
② 民国《定县志》卷十九，《中国地方志集成·河北府县志辑》第35册，第657~658页。

而详记之。

文中以召伯、羊祜之事为例，说明百姓对恩公的怀思自古以来便传为美谈。韩琦功勋不亚于古人，既享受配祀英宗庙之殊荣，又得到神宗皇帝御篆其碑"两朝顾命，定策元勋"的赞誉。定州百姓不忘旧德，其厚意深情不能不有所记述。此段主要以骈体写成，虽不务藻丽，但对仗工稳，形式严整。

（三）兀纳罕《中山周氏义行铭》①

该文撰于后至元二年（1336），作者斡洛那台氏兀纳罕，生平不详，石刻题衔为"奉议大夫真定路同知中山府事"。文章记述了义士周源的善举。兀纳罕莅任之初听闻周源的义行，不甚相信，后经目睹，又有乡绅具状请刻石，方才信服。文章记载周氏的行迹，主要通过分类列举的方式。全文分为三类，一是"救灾弥咎"，如荒年赈民、助匠出资、旱年求雨修庙等；二是"舍己利人"，如户族"米珍匮乏"，周源以陆田五十八亩割让以养其家；三是"隆师报本"，如修葺郡内孔庙。其余如乡民有不能偿还债务者，周源见其穷困病卧，伤感泣下，立即焚毁借券。又如"阐纯阳之醮筵，修毗卢之佛事，饲饥民之饘粥，散寒士之米薪"，对乡人而言，佛道宗教祭祀，周济饥寒邻里，无不是仁义之举。对于周源的义举，作者感叹道：

> 呜呼！阖境之间，富室豪门星攒奕列，不知其数千百矣，似源之处心，若源之行事者，几何人哉？诚希世而鲜闻也。

富而能施，非常人所愿为，周源仗义疏财，富而多仁，其行为的确罕见。从社会学角度而言，民间互助是国家行政的重要补充，也是民风归厚的有效范式。因为周源的举动具有道德、国政方面的示范意义，所以朝廷对这样的义士，屡次下诏要求上报，并对其"表旌闾里，蠲除徭役"，以示礼遇和厚待。兀纳罕遵照国家的政令，为周源撰写铭文，刻石流传，不仅意在褒扬周氏本人，同时也希望借此激励更多的邑人效仿周氏，从而有益于地方的治理。

---

① 民国《定县志》卷二十，《中国地方志集成·河北府县志辑》第 35 册，第 674 ~ 675 页。

文章在写作技巧上没有特别突出之处，但其内容却有重要意义。这篇铭文所体现的文学功能也不在娱悦，而在教化，这是中国古代文学的一项主要职能。

（四）戴兰《武场掘井记》①

该文撰于明万历癸酉（1573），作者戴兰为新城县令。这篇文章是为新城修治武场而作。农隙讲武本是周、汉以后的传统，这是寓兵于农的方式。但是后代兵、农分离后，讲武的传统逐渐衰落，新城武场废置便是一例。作者身为县令虽然有心重修，但看到邑民赋役沉重，又不忍劳民伤财来修武场，徒增负担。待司马之官奉命来郡阅兵，郡城垣壁亭台井灶无不具备，作者随从观礼，自叹唯独新城无此规模，于是决心修复武场。文章简要记述了修治的过程，如围建垣墙，种植柳树，建庭舍、井亭等。文章重点记载了掘井的过程，以及作者的祝词，文云：

> 方经始需水，谋掘井，或告曰："地卤水咸，其勿掘。"余曰："是弃井也。古不有拜井者乎？"遂掘得泉，勺而饮之甘，乃祝曰："某为吏，固不能良，然亦弗敢酷。是役也，虽用民与财，而不忍劳与伤也。凡筑树木石攻凿之需，取诸罹法而愿赎者，计所费亦鲜。若考假公而肆科、罔上以行私，则仰视有天，俯察有水耳！"

新城地下水泉咸卤，旁人建议勿掘，作者力排众议，拜井而后掘，水泉甘洌。于是向井泉祷祝，自己为官一方，绝不敢贪酷，即便有工役，也不能劳民伤财，若有违背，上天、井水共加鉴察。在古代职官体系中，县令虽然品级低下，但因直接与百姓交往，故对于国家的治理和安定至关重要。作者严以律己，奉公尽职，体现了古代官员的为官信念，他的祝词可视为一篇官箴。文章尽管简短，但其中所寄寓的含义却十分深厚。

（五）方宝善《重修节孝祠碑记》②

该文撰于清光绪二年（1876），作者方宝善，碑记题衔为"钦加同知

---

① 民国《新城县志》卷十六，《中国地方志集成·河北府县志辑》第37册，第522页。
② 民国《雄县新志》，《中国地方志集成·河北府县志辑》第38册，第228页。

衔雄县知县"。据方志《职官表》记载，方氏为桐城人，监生，在任一年。① 知县对地方的教化负有直接责任，不论是国家层面的儒学教化，还是民间层面的宗教、民风的教化，均在其注意范围之内。方宝善莅任次日，相继视察了文庙、关帝庙、文昌宫，三处殿宇轮奂崭新。这三处皆关乎本地教育、民间信仰、文运，故而颇受重视。但是同样关乎民风教化的节孝祠，却残损倾圮，自嘉庆十一年（1806）重修后，至此已七十年，风雨摧残，颓毁已甚。作者云："节孝为纲常所系，祠堂亦祀典攸关，若不亟为重修，将何以维风而励俗？"故他有心加以修缮，但因上任之初，事务丛杂，未能立即措办。这时恰有义学山长张懋昭早以此事为己任，于是方宝善大力支持，促其成此美事。文章记述重修节孝祠的过程云：

> 张君懋昭即于授读之余，约同邑庠弟子员张振铎，谋诸节孝后裔，众志咸协，忻然乐从。遂募义捐资，抡才命匠，诸绅董理，诹吉肇工，坚者仍之，蠹者易之，颓者植之，颇者直之，一气呵成，甫半月而蒇事。从兹风雨攸除，潜德永垂于百世；春秋致祭，幽灵妥享于一堂。以视文武庙、文昌宫，焕如绎如，后先辉映矣。

记述文字极为简练，"坚者仍之，蠹者易之，颓者植之，颇者直之"，虽然未详记修建细节，但此四句言简意赅，读者自可意会。同时简短的四字句，也与工程的神速相映成趣。文末作者又希望后人能随时补葺，"以端风化之源"。节孝祠是三纲五常伦理教条下的产物，也是男权社会对女性戕害的象征，它对激励民风的确能起到一定的作用，但却建立在女性悲惨人生基础之上，这些女性的悲剧值得后人为之洒一掬同情之泪。

（六）黄彭年《莲池书院增修讲舍记》②

该文撰于光绪七年（1881），作者黄彭年时任莲池书院院长。莲池书院本为元代张柔驻军保州（今保定）时的故园，明代时为保定府别墅，清代时将其改建为书院。光绪四年，时任直隶总督的李鸿章为书院购置图书两万余卷，于是远近士子来此读书者日多一日。但是书院占地太小，宽六十丈，长仅十丈，而且圣殿、考棚、讲堂，以及院长、校官的居所，均在

---

① 民国《雄县新志》，《中国地方志集成·河北府县志辑》第 38 册，第 82 页。
② 民国《清苑县志》卷五，《中国地方志集成·河北府县志辑》第 29 册，第 545～546 页。

其中，讲学之地仅十几间屋子。慕名而来的学子人数众多，无以安置，不得不怅然而返。出于需要，保定知府吴焕采奉命增建学舍，在有限的地方增修了二十四间学舍，并置备了相应的设施。完工后，黄彭年作为院长，写了这篇记文。他在文中除了记述莲池书院的沿革以及增建情况，重点载录了对诸生的训导之语。他说：

> 书院之自无而有，自狭而广，今地不加广，而增舍多焉，时为之也。相国之置书，方伯之增舍，吴君董役之勤且坚，与夫当事诸君之课试奖励，诸生所亲见而身被之者也。诸生之来居于此，为其可以习举业而博科第、登显要乎？则揣摩以求合，撖拾以为美，而未可必得。幸而得之，而举空疏无用之身，又进以揣摩撖拾之术，以坏天下国家之事而有余，夫岂置书增舍之本意哉？夫学之不殖则落，仁无辅则孤，中外之形势扼塞，四方之风俗美恶，古今政治之盛衰得失，不考则不知。士就闲燕群萃、州处讲贯而服习之，善则相劝，过则相规。学之成也，穷则以孝悌忠信化其乡，达则以经济文章酬乎世。昔郝文忠之居万卷楼也，著书足传，大节足以不朽。今岂让古人哉？诸生勉之，无负造士之盛心可也。

他首先说明各级长官对莲池书院的关心均为诸生亲眼所见、亲身所历。他接着问诸生来此学习目的何在。如果只是为了考取功名、营求禄位，那么即便用心于科举时文的揣摩之术、撖拾之习，也未必能中。即使侥幸考中，所学又是空疏无用的知识，以之治理国家，反而不切实际，有害无益。因此学子应当将心思用在修身积学上，对各种实学如中外形势、四方风俗、古今政治详加探究。这样学成之后，不做官时能够以德行感化乡邻，进入仕途后能够以经济文章报效社会。这才是国家教养培育人才的初衷和目的。

黄彭年对诸生的训诫，言辞平实，道理深刻，看似陈词常调，实则体现了其对教育宗旨的认识。从个人而言，一般人入学读书的目的是博取功名富贵，但从国家层面而言，教育的目的是培养人才。如果人人都为满足私心而读书，国家则因无人才而无法治理，社会则因无贤人而易于堕落，所谓教化终究只是空话。黄彭年正是从国家教育的高度，对诸生寄寓了厚望。他的训诫至今仍有现实意义。

同类作家群体的作品还有民国《清苑县志》中的保定知府倪象恺《重修保定府试院记》、清苑知县唐景仑《保定三十六忠义祠碑记》①；光绪《定兴县志》中所录唐县主簿伶思贤《重修东岳庙碑》、定兴知县王永吉《奉敕修建灵感庙碑》②；民国《定县志》中所录中山儒学教授宋翼《中山新修岱岳神祠之碑》、府学教授朱德润《有元中山增修加号碑楼之记》③；光绪《广昌县志》中所录知县田应扬《城隍庙碑》、知县翁承选《新建尊经阁碑》《创建火帝真君庙碑》、知县杜登春《御书万世师表匾额颂》《重修城隍庙碑》、教谕王介石《至圣先师孔子清庙考成记》、知县田天锡《重修儒学碑》、知县王锡命《重修奎星楼碑》、知县陈汝懋《二郎庙碑（郎宜作龙）》、知县王所擢《重修紫岩寺碑》、知县白濬先《重建先农坛碑记》、饶阳知县汪子音《李公合葬墓志》④；民国《新城县志》中所录教谕李继华《尊经阁记》⑤；民国《雄县新志》中所录知县胡世昌《修学地亩碑》、知县彭定泽《张各庄义仓碑记》、知县松龄《重修大清河碑记》、知县王立勋《重建王克桥文信国公祠碑记》、知县赵映辰《重修雄县衙署记》⑥。

四　本邑才士的创作

本邑的名士乡绅为地方文化的代表人物，具有较高的社会地位。在地方事务执行过程中，他们或直接参与其事，或作为亲见亲闻者了解事件、人物更多准确的细节。他们的文章不仅有更加真切的感情，同时也是地域文化的一种体现。需要说明的是，所谓的本邑才士，与上文所列的文坛名

① 民国《清苑县志》卷五，《中国地方志集成·河北府县志辑》第 29 册，第 540、554 ~ 555 页。
② 光绪《定兴县志》卷十七，《中国地方志集成·河北府县志辑》第 32 册，第 432 ~ 433、458 ~ 459 页。
③ 民国《定县志》卷二十，《中国地方志集成·河北府县志辑》第 35 册，第 670 ~ 671、672 ~ 673 页。
④ 光绪《广昌县志》卷十二，《中国地方志集成·河北府县志辑》第 36 册，第 498 ~ 499、501 ~ 502、502 ~ 503、506、507 ~ 508、508 ~ 509、509 ~ 510、512 ~ 513、514、514 ~ 515、516、519 页。
⑤ 民国《新城县志》卷十七，《中国地方志集成·河北府县志辑》第 37 册，第 524 页。
⑥ 民国《雄县新志》，《中国地方志集成·河北府县志辑》第 38 册，第 223 ~ 224、226 ~ 227、227 ~ 228、228 ~ 229、229 ~ 230 页。

家、达官显宦、府县官员等群体在事实上时有重合，凡是可归入上文所举各类中的作者，本部分不再重收。

（一）赵元卿《均乐亭记》①

该文撰于金世宗大定二十六年（1186）②，记述了历代修城建亭的经过。雄州北抵白沟，南临易水，地处九河冲要，夏日霖雨，支流暴涨，浸泡城址，难以抵御。宋真宗景德初年，李允则镇抚雄州，为防御水灾，建立外城，并于城西南堆土建堤，于是水患平息，百姓无忧。金熙宗皇统二年（1142），昭武节度使徒单公（其名不详）视察此地，称羡李允则的创始之计。为了避免霖雨溃毁水堤，又在其上增建一亭，名为"望山亭"。四十余年后，迄于金世宗大定年间，旧亭日渐颓坏，前后官员因循不顾，不肯修葺。迨昭勇节度使完颜公（其名亦不详）来任，目睹其即将倾圮之状，慨然有兴复之志。于是立即着手修缮，不久焕然一新。落成之日，亲临视察，见其情景：

> 其烟水之清胜，风物之秀丽，至使神宇虚明，襟怀放旷，谓诸官属曰："游于斯，憩于斯，解适乎性，顿忘其归。盖人之情与我均耳，岂可以宴乐日处其中？吾与士民宜特锡以嘉名，更为'均乐'。"

此为均乐亭命名之来由，由此可见其"仁民之心"。地方官员受朝廷派遣治理一郡，职在抚民，不仅要与民同忧，还要与民同乐。宋代欧阳修《醉翁亭记》《丰乐亭记》均表达了与民同乐的情怀，完颜公修缮旧亭，更名"均乐亭"，同样也是其与民同乐之心的体现。赵元卿此记的主旨即在记述"与民同乐"的抚民理念。与欧阳修两文不同的是，欧阳修是作为事件的主持者来表述他的观念，赵元卿则身为事件的见闻者，代完颜公抒写其治民理念。虽然作者身份不同，但在精神上却是一脉相承的。

（二）宋大本《重修五马南照二口记》③

该文撰于明嘉靖三十七年（1558），作者为邑人宋大本。宋氏时任监

---

① 民国《雄县新志》，《中国地方志集成·河北府县志辑》第38册，第205页。
② 按：该文未明载撰文时间，据文中所言"至周世宗显德六年，实首为州。雄之为州也，盖二百二十七年于兹矣"，后周显德六年（959）下推二百二十七年为金世宗大定二十六年（1186）。方志按语误为"大定二十五年丙午"，丙午即二十六年。
③ 民国《新城县志》卷十六，《中国地方志集成·河北府县志辑》第37册，第520～521页。

察御史，听闻地方官员的惠政后，感念在心，撰文为记。新城县南有白沟河，是其与定兴县的分界，其中有五马、南照二口，遭遇大雨，往往崩坏，百姓累受水害。弘治二年（1489）大水，堤岸溃决，宋大本的叔父宋麟曾参与修补。数十年来或崩或补，未有大患。及至嘉靖三十二年（1553），大雨如注，连日不止，于是"五马口崩，长三百五十步，阔十五步；南照口崩，长一百五十步，阔十五步"，禾稼损伤过半。大灾当前，尽管暂时遏制了洪水，但委托失人，堤岸旋即又溃。嘉靖三十六年，时任县令的房韫玉闻言①，谋划长远之计，以期一劳永逸。他指派能干良善之人，令其督率众人。又时时遣人考察勤惰，加以赏罚，并亲自到工地视察三次。百姓受到鼓舞，不辞劳苦，相继而来。五马、南照二口不仅修补完好，而且比之前有所增长，益加坚固。大家均畅想堤岸修好之后，"水平浅时，清冷明澈，鱼虾游泳，沙鸟亦自相亲。盛夏之日虽雨多，长河滚滚，循岸而行"。次年，淫雨又至，而长堤完固，五谷丰登，贫民不再因水灾而逃难。宋大本从家乡长老的谈话中听闻了此事，感念县令的恩惠，执笔记录了堤岸修筑的详细过程。

值得注意的是，作者虽非事件的亲历者，但他身为邑人，对于家乡政务的利弊自然更加关切。因此，他在为文记录时，对于事件涉及的人事、地理、历史的细节描述会更准确，感情会更加亲切。文末写道："予家古庄沈家村，正对此二河口，故为之文以志，俾将来再罹此患者，知有楷法。"既然作者的家乡正对着五马、南照二河口，他对此地水患的严重程度必然知之甚详，本乡百姓遭灾的情形必然如在目前。因此，对于县令修治堤岸的惠政也必然感念更深。这种情感是其他群体作家所不易有的。

（三）马希周《建立马神庙记》②

该文约撰于明崇祯元年（1628）③。作者马希周，据《河南通志》，其为雄县人，举人，于天启二年（1622）任夏邑知县④。文运关乎一地的科

---

① 按：据方志"职官"篇所载，县令为房韫玉，嘉靖二十四年至三十七年在任。见民国《新城县志》卷五，《中国地方志集成·河北府县志辑》第 37 册，第 399 页。

② 民国《雄县新志》，《中国地方志集成·河北府县志辑》第 38 册，第 213~214 页。

③ 按：据职官表，文中所记县令为许台俊，崇祯元年任（见民国《雄县新志》，《中国地方志集成·河北府县志辑》第 38 册，第 79 页）。马神庙建于许氏上任初年，则记文亦当同年撰成。

④ （清）田文镜：《河南通志》卷三十三，《文渊阁四库全书》本，北京出版社，2012。

举，而中举人数多又是地方教育程度高和文风浓厚的标志。地方官身为州县的政教负责人，科举的兴衰是其政绩优劣的重要表现。对于地方绅民而言，本地科名是本地的荣誉。科名之盛衰与气运之盛衰有关，以建筑来凝聚气运是古人经常采用的方式。尽管事涉虚妄，但在古代观念中，这却是一件不能忽略的大事。该文所记即为雄县建马神庙以汇聚文运之事。

雄县的行政级别曾为州，是河北重镇。明代以后改为县，附属于京师。县学东边为荒地，文气涣散不能汇聚，导致本地人文气运时起时落，甚至在嘉靖末年，雄县连续二十年无中举之人。乡绅为了改变现状，出资相继修建了文昌祠、尊经阁、聚奎楼等建筑。但因财力有限，东边荒地仍然如故。同时又因连年苦雨，使者的驿馆也倾圮颓败，来往之人不得不覆盖苇萧来避风雨。县令许台俊见状忧虑，说："人文弗萃，宾次无即，谁之责耶？而可诿也？"有志兴建，以扭转文运。这时幕僚有望气之人建议道："古语有之，文星骑驿马，声名驰天下。若置驿于此，士蒸蒸起矣。"古人认为建筑可以改善风水，振起气运，雄县的文运同样可以通过这一方式来改变。许台俊听从了幕僚的话，于是选派专人负责其事。三月而竣工，驿馆之舍、马神之祠，无不完备，庙貌焕然，璀璨夺目，往来的使者宾至如归。此次工程所需材料，十分之三取材于旧馆，所需费用则取自历年的官司讼金，因此百姓不觉其劳。驿馆虽然修建已成，但是其中迎来送往之费的旧制还未革除。旧制为指派民户承担，称为"佥役"。这种制度往往导致所指派之家破产，因此被指派者多惧而逃亡。于是县令痛改陋习，严立法度，不使民亏。

文章到此，所叙之事已毕，但因述及佥役，又牵连补叙了其他赋税的征收弊政。虽然目的是称扬县令的惠政，但从文章本身而言，不免节外生枝，失于累赘，不够凝练。因此该文以文章学的标准来衡量，尚不足为佳作，其价值在于记载了古代地方改变文运的具体行为，具有历史的、文化的标本意义。同时，在研究古代科举制度时，也不能不注意这种民间的观念。该文作为地方文化的一篇文献，有其不可替代的史料价值。

（四）贾尔梅《重修大冉桥记》①

该文撰于清顺治庚子（1660）②，作者贾尔梅，清苑人，顺治丙戌

---

① 民国《清苑县志》卷五，《中国地方志集成·河北府县志辑》第29册，第536～537页。

② 按：文中云大冉桥的修建时间为"自庚子仲春既望，迄孟夏合朔"，庚子为顺治十七年（1660）。

（1646）科举人①。该文记载了邑人郭荼捐款倡议修建大冉桥的前因后果。清苑北大冉村，河流贯穿而过，河上有桥，以便行旅。大冉河上流有两条河，一为来自满城的方顺河，一为来自庆都的龙泉河，至魏村两水汇而为一，东流至北大冉村而成巨津。此地为南北要道，一旦河水暴涨，湮没桥梁，势必妨碍行旅。作者将郭氏修桥的动机和原因记述如下：

> 兹桥当孔道者也，冠盖轮蹄往来者不络绎乎？当潦集而滔天，行李病之，馌南亩者病之，亦或有灭顶濡首之凶而歌公无渡河者。见者未尝不惊且悼也，则亦惊之悼之已尔。脱带铸犀，寥寥无闻，窘于力乎？迫于时乎？窘者窘乎？迫者迫乎？其非窘非迫者，况也永叹而已矣……郭君乍见而仁心生，心生而仁言溥，归告其弟，近谋诸亲串友朋，远劝其邻封接壤，捐囊无吝色，鸠工无倦色，告成无德色。殆吉人为善，维日不足者乎！

郭氏修桥完全出于急公好义之心。在此之前，尽管目睹水潦者无不惊悼，但却无人肯慨然任其责。于是作者问道：是财力窘乏？还是未遇时机？是真的没有财力和时机吗？这些人或许有恻隐之心，但不能将其付诸行动。郭荼则有志即行，联合亲友，慷慨解囊，不辞奔波，功成不居。据乡人之言，这只是郭氏的善行之一。

该文在记述修桥一事时，使用的不是一般平铺直叙的方式，而是运用问答体写成，例如下面一段文字：

> 中村而河，跨河而桥，河如带，桥如虹也。纵五丈，广丈有半，高一丈六尺五寸，盖重葺也。问：畴葺之？曰：武举郭君荼。问厥费，曰：金钱一百六十万，郭君蠲什之一。问所余，曰：弗烦县官，弗假檀越，弗走优婆夷、优婆塞，而张氏尔谦匡郭君所不逮，远迩乡人闻而乐为之蠲。问：畴任庀材之役，畴职既稟之劳？曰：王氏正心、张氏见龙、刘氏光辈，而运筹握算又有王氏自安、李氏玺。问：石于胡采？曰：古唐侯国之山麓。问：经始及落成几何时？曰：自庚子仲春既望，迄孟夏合朔。问：畴昌厥议？曰：太史郭公快庵，荼之

---

① 《畿辅通志》卷六十六，《景印文渊阁四库全书》第505册，第585页。

玉季也。问：桥所自创？曰：在明成化年间。问：畴踵而修？曰：太守严公寅所、邑宰高公凤渚帅乡之善士耆民而相与以有成也。

从修桥者、花销来源、任事者、采石之处、修建时间、倡议者、桥梁创始时间、后世重修者等方面，将相关情况一一说明。这些细节如果用记叙形式写来，很难措手，即便勉强列叙，也极容易造成文章琐碎丛杂。改用问答体，则眉目清晰，不显烦琐，体现了作者的写作技巧。

（五）李钟《禁除广德里内屯粮加耗碑》①

该文作年不详，据方志"职官表"，知县田天锡于雍正八年至十二年（1730～1734）在任②，则碑文亦当撰于此时。作者李钟，据方志"选举表"载，岁贡生，年代无考③。该文所记，为知县田天锡革除耗粮痼习一事。广德里旧属直隶的广昌所，当时征粮数额为二千一百余石，正额之外每石另加耗额二斗，其比例达20%之高。此例不知定于何时，官府以此数额征收，百姓即按此数额缴纳。雍正七年（1729）之后，广德里改属广昌县，纳粮之数一仍旧额。百姓承担此重负，虽知其为积弊，但不敢请求减免。知县田天锡莅任后，留心民瘼，有弊必革，有利必兴。及至收粮之期，田氏察访之余，得知广德里粮耗特重，于是即日减除旧例，每石唯收鼠耗四升，其比例为4%，相比旧额大为减少。他又恐弊端不能根除，他日复增，于是呈请上司永远禁革耗粮弊政。百姓感戴田氏的惠政，于是立碑为记，以为纪念。

该碑虽然旨在记载田氏的德政，但碑立之后，若有擅自加耗者，百姓可依碑文为据，力加反对。所谓"定为永例"，碑文即为后世征粮数额的前例。类似的例子，在《建炎以来系年要录》有记载："初，两浙转运副使李椿年置经界局于平江府，守臣直秘阁周葵见椿年，问之曰：'公今欲均税耶？或遂增税也？'椿年曰：'何敢增税？'葵曰：'苟不欲增，胡为言

① 光绪《广昌县志》卷十二，《中国地方志集成·河北府县志辑》第36册，第510页。
② 光绪《广昌县志》卷三，《中国地方志集成·河北府县志辑》第36册，第416页。
③ 光绪《广昌县志》卷四，《中国地方志集成·河北府县志辑》第36册，第436页。按：卷十四《文苑传》："李钟，字贞生。潜心理窟，博览群书，著述之勤，老而弥笃。训子枢廷，安分力学，擢明经。"第547页。

本州七十万斛？'椿年曰：'若然，当用图经三十万数为准。'"① 因为图经有明文记载，所以若有贪酷之吏妄增数额，反对者即可据而力争。同样，《禁除广德里内屯粮加耗碑》将田天锡所定的耗粮数额明确记录，即便后代有人随意增加，百姓也能有据可依。对于百姓而言，减免赋税为泽被一方的惠政，如果官吏妄作增加，巧立名目收取苛捐杂税，民不堪命，政将不政。一地如此，他处效尤，国家必乱。故而，广德里所减粮耗之额在数量上虽仅三百余石，但在性质上却是革除弊政的典范。将其刻石为记，"用之一隅即可以达之四境，行之一日即可以被之百年"，则受益的百姓将不止一处，受益的时间亦将不止一时。该文所记乃一方之事，但它的行政意义和史料价值，却是可以垂之久远的。作者身为广德里之人，亲见田氏"行之决而虑之周"的为政风格及百姓对其惠政的感戴，故下笔为文时的情感是真切深厚的。这种感情洋溢于字里行间，与一般的应酬文字大相径庭。

（六）张怀堃《重修香山寺大佛殿碑序》②

该文撰于清咸丰八年（1858）。作者张怀堃，道光辛卯（1831）恩科举人，曾任山西凤台（今属晋城市）知县③。广昌县旧有香山佛寺，庙貌庄严，美轮美奂，而日久天长，渐归颓坏，以至满目榛芜。虫蠹鸟穿，风雨飘摇，佛像难以安妥，百姓无以观瞻。于是村民共同商议捐金修复。竣工之后，乡人千里传书，托作者撰写碑文。作者念及桑梓之情，因未能亲与其事，倍感遗憾，于是答允撰文。

碑文最大的文体特色是全篇以骈文写就，辞藻华丽，对仗工整，用典妥帖，行文自然，从技巧上来说，不失为一篇佳作。

> 惟我广昌，俗号敦庞，人存浑厚。好善其本怀，岂必持斋而受戒；修行多素志，早已稽首而皈依。凤有香山佛寺，光明拟白玉成楼；久为易水禅林，郁茂俨黄金作地。四大皆空，降伏昭天王法像；十手所指，慈悲观菩萨现身。山门大起，宏规爰有自也；高阁长留，

---

① （宋）李心传编撰，胡坤点校《建炎以来系年要录》卷一五一"绍兴十四年五月"条，中华书局，2013，第2860页。
② 光绪《广昌县志》卷十二，《中国地方志集成·河北府县志辑》第36册，第518页。
③ 光绪《广昌县志》卷四，《中国地方志集成·河北府县志辑》第36册，第433页。又卷十四《循良》有传，第544页。

旧迹岂徒然哉！然而神道胜业，非缘不生，无漏慧根，非人不种。摄心一处，便是功德丛林；起念片时，即超烦恼罗刹。所望异代同符，长结有情香火；讵料日增岁改，忽然满目榛芜。虫鸟之穿蠹堪虞，豗颓实甚；风雨之飘摇可虑，黯淡无华。曩时轮奂巍然，洵足妥兹灵爽；此日庄严安在，何以肃彼观瞻。于是村人共议，大众同心。凿石驱丁，可望连云之盛；捐金自己，旋见不日之成。本非创造维艰，惟求经营尽善。庶几释迦谱系，衣钵相传，亦犹儒氏宫墙，美富共见耳。

文章的句式长短错落，有四字句、六字句，有四六句、四七句、六七句，有前四后六或前四后七，有前六后四或前七后四，整齐而不单调，极宜诵读。在用典上，因题材的缘故，多取释典之语，如"神道胜业，非缘不生，无漏慧根，非人不种。摄心一处，便是功德丛林；起念片时，即超烦恼罗刹"；同时又用中土典籍内的故实，如"光明拟白玉成楼"的白玉楼用《李贺小传》语，"十手所指"用《大学》成句，"儒氏宫墙，美富共见"语出《论语》。在行文上，虽用对偶，但流水行云，无牵强杂凑之病，如"所望异代同符，长结有情香火；讵料日增岁改，忽然满目榛芜""凿石驱丁，可望连云之盛；捐金自己，旋见不日之成。本非创造维艰，惟求经营尽善"，无不寓目即解，不烦思索。骈文因形式的要求，往往易流于生硬费解，而高明的作者则能够用简易明白的话语，结撰工整有致的对仗，如唐代的陆贽，其《翰苑集》被苏东坡尊为骈文的典范。张怀堃此文虽不能与陆贽的成就比肩，但在效果和风格上则有一日之长。

本邑才士群体作家的作品还有民国《清苑县志》所录高耀《重修清苑县学记》、刘培贞《重修华严寺碑记》、史文焕《重修仙人桥碑记》、吴鼎昌《崔绳武先生墓碑》、姚寿昌《旌表节孝韩母陈太宜人墓表》[①]；光绪《定兴县志》所录陈藻《定兴县任侯去思碑记》、范士楫《重修龙王庙记》[②]；光绪《广昌县志》所录白清《革除五里仓柜帮贴德政碑》、王槐蔚

---

① 民国《清苑县志》卷五，《中国地方志集成·河北府县志辑》第 29 册，第 528～529、547、558、559、559～560 页。

② 光绪《定兴县志》卷十八，《中国地方志集成·河北府县志辑》第 32 册，第 451～452、459 页。

《宋公德政碑》①；民国《新城县志》所录刘道亨《邑侯张公去思碑记》②；民国《雄县新志》所录侯震《雄县新置学田记》、马文学《重修普照寺记》、郭存谦《重修雄关记》、王企堂《建造王村口拦河坝碑记》③；民国《完县新志》所录张勋《完县重修天宁寺记》④；民国《满城县志略》所录南寿《重修大觉寺碑》⑤。

第三节　保定方志金石文献中按语的学术价值

清代学术以考证见长，是古代学术的高峰。清代学者名家辈出，文献整理方面，其范围之广泛、理论之自觉、方法之精密，均有可圈可点之处。在传统经史之学的研究上，清人成就斐然，超过前代。受到朴学风气的影响，清代方志编纂的成绩也多有可述。不论是体例上，还是内容上，均较前代之志有所进步。方志中最能体现清代学风的是金石类文献的按语，在各条按语中，或旁征博引，或考证史实，或辨正旧误，无不具有重要的学术价值。本节主要以光绪《保定府志》卷四十六《艺文录三·金石》为例，从三个方面对此加以论述，一者揭示其学术意义，二者为相关的研究提供参考和借鉴。

一　援引富博

保定地区历代金石文献存世较多，历史上相关的金石目录、金石考证之作也层出不穷。方志在编修过程中，曾大量征引前人的考证成果，为方志的阅读者和研究者提供了丰富的知识，也提供了极大的便利。

（一）《修孔子庙碑》

此碑为隋仁寿元年（601）所立，条目下征引三书加以说明。

---

① 光绪《广昌县志》卷十二，《中国地方志集成·河北府县志辑》第 36 册，第 510～511、512 页。
② 民国《新城县志》卷十七，《中国地方志集成·河北府县志辑》第 37 册，第 527 页。
③ 民国《雄县新志》，《中国地方志集成·河北府县志辑》第 38 册，第 206～207、212～213、213、222～223 页。
④ 民国《完县新志》卷九，《中国地方志集成·河北府县志辑》第 40 册，第 362～363 页。
⑤ 民国《满城县志略》卷十四，《中国地方志集成·河北府县志辑》第 40 册，第 510 页。

在完县学碑侧，唐题名。（《畿辅待访碑目》）

北平县令寇文约修孔子庙碑，八分书，仁寿元年四月望日。（《金石目分域考》）

寇文约立，仁寿元年四月甲寅朔□□日甲子。（《续寰宇访碑录》）①

《畿辅待访碑目》指出该碑所在地点。《金石目分域考》介绍了碑文的作者、书体、立碑年月。《续寰宇访碑录》记录了立碑者及立碑的详细时间。从征引的金石目录著作中，读者可以初步了解该碑的相关信息。

（二）《定州法果中山寺碑》

此碑为唐垂拱三年（687）所立，引用了两部著作。

正书，在唐县西北十三里岭上中山城法果寺。（《唐县志》）

姚璹撰，鞠处信正书，在唐县岭上村法果寺。（《金石目分域编》）

碑阴

正书，额列衔名，下分六列，第一列记经石条数，余皆题名。（《金石目分域编》）②

首先引旧修《唐县志》说明了书体和碑刻的具体所在，记载十分详明，为访碑提供了明确的方位和地点。其次引《金石目分域编》介绍了撰文者、书碑者、书体、地点。最后说明碑阴的信息，同样引用《金石目分域编》，指出书体、碑文格式及具体内容。

（三）《易州刺史田琬德政碑》

此碑立于唐开元二十八年（740），因其所涉方面较多，条目下征引了九部书，详加列叙。

在府学明伦堂左隅。（《采访册》）

中书侍郎集贤院学士徐安贞撰，苏灵芝书。琬字正勤，自易州刺史迁安西郡护。此易州人所立德政碑也，以开元二十八年十月立。（《集古录目》）

易州刺史田仁琬德政碑，苏灵芝书，易州。（郑樵《金石略》）

---

① 光绪《保定府志》卷四十六，《中国地方志集成·河北府县志辑》第31册，第117页。
② 光绪《保定府志》卷四十六，《中国地方志集成·河北府县志辑》第31册，第117页。

此苏灵芝书。灵芝，武功人，生开元、天宝间。书与胡霈然齐
名。今霈然书不可见，见此碑可以得其概矣。(《石墨镌华》)①

所引《采访册》《集古录目》《金石略》三书，介绍了碑刻的地点、撰者、
书碑者、碑主、立碑年月。接着引《石墨镌华》，说明书碑者苏灵芝的籍
贯、时代，并指出了该碑的书法价值。介绍了碑刻的基本信息后，以下所
引诸书为考证文字，首先引的是钱大昕《潜研堂金石文跋尾》。

右碑今在保定府莲池书院，碑云"公名琬，字正勤"，而赵氏
《金石录》、郑氏《金石略》、于氏《天下金石志》并题作"田仁琬德
政碑"。今易州龙兴观石刻《道德经》末亦题"刺史田仁琬"名。
《元和郡县志》又书"易州刺史田琬"。碑刻立于当时，称名必无差
误，不知何以异同若此也。②

钱氏发现碑主之名，或作"琬"，或作"仁琬"，不相一致。按理而
言，碑刻立于当时，又是德政碑，不可能将碑主的名字刻错。但历代著录
舛异，不解何因。可惜钱氏也未能考释明白。再引《授堂金石录》。

田琬，开元二十四年除易州刺史，碑盛述其为政有惠，为州人所
乐，而推其先世云："敬仲适齐，因陈为族，周齐声近，遂氏于田。"
《新书·宰相系表》"陈田声相近"，与此符合。《史记·田敬仲世家》
以陈氏为田氏，然则陈田声近，盖由旧说也。《荀子·不苟篇》"田
仲"注曰："仲，齐人，处於陵。"《孟子》作陈仲。《史记·游侠传》
"东阳田君孺"，《索隐》曰："《汉书》作陈君孺。"皆可取以附证此
碑之所依据。③

本条考释了碑文内容中关于田琬先世得姓的原因，援据了《新唐书》《史
记》《荀子》《孟子》诸书。需要说明的是，此处所引《授堂金石录》，似
当作《授堂金石跋》，清武亿撰。然后引王昶《金石萃编》。

---

① 光绪《保定府志》卷四十六，《中国地方志集成·河北府县志辑》第 31 册，第 117 ~
　118 页。
② 光绪《保定府志》卷四十六，《中国地方志集成·河北府县志辑》第 31 册，第 118 页。
③ 光绪《保定府志》卷四十六，《中国地方志集成·河北府县志辑》第 31 册，第 118 页。

　　　　按此碑徐安贞撰文，题"大中大夫守中书侍郎集贤院学士上柱国东海县开国男"。《旧唐书》传："安贞，信安龙丘人。开元中为中书舍人、集贤院学士，上每属文、作手诏，多命安贞视草。累迁中书侍郎。"《新书》传云："徐楚璧，终中书侍郎，东海县子。在中书省久。是时李林甫用事，或言计议多所参。后更名安贞。"今碑作"东海县男"，与《新书》异，余官与两史同。碑已题"安贞"，则传云"后改名安贞"者，当在二十八年以前矣。①

本条考证了碑文撰者徐安贞的爵位、姓名问题。《新唐书》本传载其爵位为"东海县子"，而碑文所题则作"东海县男"，互有不同。又本传载安贞原名楚璧，后更名。据碑文题名已作"安贞"，可知他改名在立碑的开元二十八年之前。再引孙星衍《京畿金石考》。

　　　　易州刺史田仁琬德政碑，行书，徐安贞撰，苏灵芝书，开元二十八年十月立。在清苑县。②

此处所引孙氏的这条记载，也是介绍碑刻信息，与上引《采访册》《集古录目》《金石略》三书同。因方志编者征引前人之书是按成书时间先后排列的，故置《京畿金石考》之文于此。最后所引为洪颐煊《平津读碑记》。

　　　　在保定府莲池书院。易州御注《道德经》后诸臣衔名称田仁琬，此碑称"公名琬，字正勤"，疑是其后改名。陆德明《经典释文序录》称"《齐诗》久亡，《鲁诗》不过江东，《韩诗》虽存，其人无传者。"《隋书·经籍志》亦云："《齐诗》魏代已亡，《鲁诗》亡于西晋，《韩诗》虽存，无传之者。"此碑云："公弱冠游太学，寻师授《韩诗》、四礼。"其时《韩诗》尚有传人，《毛诗·云汉》篇"如惔如焚"，此碑作"如焌如焚"，其即《韩诗》欤？③

本条主要提到了经学史上的《韩诗》传授问题。《经典释文》为唐代陆德明所撰，《隋志》为唐初所撰，均言《韩诗》式微，而此碑明确记载田琬

---

①　光绪《保定府志》卷四十六，《中国地方志集成·河北府县志辑》第 31 册，第 118 页。
②　光绪《保定府志》卷四十六，《中国地方志集成·河北府县志辑》第 31 册，第 118 页。
③　光绪《保定府志》卷四十六，《中国地方志集成·河北府县志辑》第 31 册，第 118 页。

研习《韩诗》，可以纠正《经典释文》《隋志》所言不确之处。

从上举三例可以看出，其征引富博，充分吸收前人的研究成果，不仅使得方志的内容更为丰富，而且从编纂体例而言，也提升了方志的学术价值。从学术史角度看，可见清代考证之风对方志编纂的影响。

二　考证精细

除了引用前人的研究成果，方志编者对金石文献加以进一步的考证，以按语的形式记载自己的研究发现，同样具有较高的学术价值。在具体考证过程中，方志编者注重证据，实事求是，材料充分，论证精细，既有严谨的学术规范，也为此后的方志编撰提供了可资借鉴的范例。兹举数例，以见一斑。

（一）《幽冀二州界石文》

此为东汉熹平四年（175）所立，其立石地点，樊彬《畿辅待访碑目》云"在完县"，《水经注》云："徐水又径北平县，界有汉熹平四年幽冀二州以代子（有讹脱，盖是二州争境事闻于朝耳），诏书遣冀州从事王球、幽州从事张昭，郡县分境，立石标界，具揭石文矣。"据《水经注》则碑在"北平县"县界。二说不同，方志编者在按语中考证道：

> 《后汉书·郡国志》："幽州所属之涿郡与冀州属之中山国毗连，北平实隶中山。"是此石为中山与涿争境而立也。《元和郡县志》："汉北平县，天宝元年改为满城县。"《地理今释》："东汉中山国北平县在今满城县西二里，涿郡北新城在今安肃县西南。"是此石立在北平、北新城二县分界之所，即今满城地也。樊彬云"在完县"，未之深考。①

编者据《后汉书·郡国志》，考定此石刻为中山与涿郡边界争议而立，佐证了《水经注》的记载。又引《元和郡县志》和《地理今释》，确定石刻所在的具体地点为北平县和北新城分界处，亦即满城县。樊彬认为在完县（今顺平县），所言不确。

（二）《大石岭碑》

碑题东汉中平六年（189）立，其所在地，据《畿辅待访碑目》云

---

① 光绪《保定府志》卷四十六，《中国地方志集成·河北府县志辑》第31册，第115页。

"在新城大石山"。然而编者认为这个说法有疑问,按语云:

> 新城旷野平川,并无山岭。又按:此碑诸家皆不著录,当是后人伪造者。①

从地理形貌而言,新城地处"旷野平川",四周并无山岭,何来"大石山"?为考证为何有此不合实况的错误,编者进一步查检诸家金石目录,不见著录此碑,故推测其为后人伪造的赝品。方志编者因为身处其境,能够结合实际地貌来考证辨伪,冲破了书本考证的局限,其结论无疑更加令人信服。

(三)《史氏妻墓砖》

此砖时间为"大魏太和八年",曹魏、北魏均有太和年号,曹魏明帝太和年号共七年(227~233),北魏孝文帝太和年号共二十三年(477~499),据墓砖所载时间,可知其在北魏孝文帝太和时。其地点,《定兴县志》云:"在定兴县,文云:'大魏太和八年月日,幽州范阳县史小磁妻□氏铭记。'"砖文谓"范阳县",与后代地名不同,方志编者加以说明:

> 按县志,金大定中置县建廨,掘地得此砖,有红字云云。足证此地为范阳县属也,若隋以后范阳县乃今涿州,宜辨。②

根据县志记载,确在定兴县。砖文之所以称"范阳县",是因为定兴旧属范阳境,隋代以后的范阳县乃后世的涿州,县境所辖有所变化,为了避免引起混淆,故编者特别说明,并从其属地沿革上加以辨析,厘清了古今区域不同所造成的疑惑。

(四)《灵源山碑》

此碑立于唐上元二年,地点在唐县灵源山寿圣寺。然而碑目著录和立碑的确切时间上,历来仍有舛异。方志编者对此考证道:

> 诸家著录灵源山为一碑,寿圣寺为一碑,实则一碑二名,盖寿圣寺俗名灵源寺也。又按:唐建元有两上元,一高宗,一肃宗,自前上

---

① 光绪《保定府志》卷四十六,《中国地方志集成·河北府县志辑》第31册,第115页。
② 光绪《保定府志》卷四十六,《中国地方志集成·河北府县志辑》第31册,第116页。

元元年至后上元元年，相去八十七年。高宗在位三十四年，十四改元，自三改元龙朔元年至八改元上元二年，相去十四年。肃宗在位六年，四改元，其三改元为上元，自上元二年至代宗大历元年，相去五年。考《唐县志》有两寿圣寺，一在东关，龙朔年建；一在灵源山，上元二年建。灵源寺中有花塔，大历年建。据此，则灵源寺之建应在后上元二年，故寺既成，为之制碑文、书佛经、建花塔。五年之间，一律完竣，森忽一大禅林也。不然两寺相去十五里，两时相去十四年，彼此同额，不无可疑。观县城内有寺，金大安年建，名圣寿寺。越代尚嫌同名，颠倒称之，况近在十数年间乎？特以当时诏制无后上元之令，不敢直书之耳。今列灵源山碑于天宝后，以俟渊雅匡正之。①

首先在著录上，有的著录为《灵源山碑》，有的著录为《寿圣寺碑》，实则为同一碑刻，因寿圣寺位于灵源山，通常俗称作灵源寺，故使得金石目录家误以为两碑。其次是立碑时间，唐代有两个"上元"年号，前"上元"在高宗年间（674 年八月至 676 年十一月），后"上元"在肃宗年间（760 年闰四月至 761 年九月），二者均有"二年"，仅从年号使用年限上还不能确定是哪一个"上元"。编者据《唐县志》记载，本县有两所寿圣寺，位于东关者为龙朔年间建，位于灵源山者为上元二年建，二者距离甚近，仅十五里。高宗龙朔元年至改元上元二年，相距仅十四年，在十几年间，在同一县境内两次建造同名的"寿圣寺"，且地点相近，未免不合情理。金代大安年间（1209～1211）在县城内所建寺庙"圣寿寺"，尽管朝代不同，与唐代相去已五百余年，仍然避免使用同名，何况是近在十几年间？故编者认为此碑应当立于肃宗上元年间，从而明确了立碑时间。

（五）《定惠寺新造文殊师利菩萨记》

此碑立于唐大历九年（774），在满城县，但据《采访册》，光绪时已不存。方志编者检《文苑英华》，考得其文，节录如下：

《文苑英华》载此记文，郎真撰，其题额云"唐易州抱阳山定惠寺新造文殊师利菩萨记"。其文略："定惠寺建于隋开皇，成于今大历，我成德节度使、太子太傅、尚书左仆射兼御史大夫、陇西郡王李

① 光绪《保定府志》卷四十六，《中国地方志集成·河北府县志辑》第 31 册，第 119 页。

公宝臣，光膺朝宴，主东之诸侯，遗功坠迹，悉命修复。有若新罗真
子曰：谈藏浮海而至止于山间，乃于寺内建文殊师利菩萨堂焉。真实
掌中军之记，敢拜惠命，书于贞石。时大历甲寅岁孟冬既望。"考两
《唐书·李宝臣传》载，封陇西郡王，而不言其时。据此，在大历九
年以前。又郎真见《旧唐书·忠义传》，亦见正定《李宝臣纪功碑阴》
题名。抱阳山，今在满城西南境，不应彼时尚属易州。碑言易州者，
统举之词耳。①

关于此文的史料价值，按语提到了李宝臣被封为陇西郡王一事，《旧唐书》
《新唐书》本传都未记载具体时间，而碑记中已称"陇西郡王"，说明被封
爵的时间在立碑的大历九年之前。李宝臣本为安禄山、史思明部将，后投
降朝廷。安史之乱平定后，他因功受赏，成为河朔诸镇中势力最强的军事
人物。他的受封关系到朝廷对他的态度，以及朝廷对待河北三镇的经营策
略，而两《唐书》缺载其时间，实为漏略。编者据碑文考证了他受封的时
间下限，无疑对相关的历史研究有所裨益。

（六）《龙泉寺陀罗尼幢》

此幢立于北宋建隆二年（961），不过这个时间是方志编者据幢上残文
考证而得出的。按语首先记述了此幢的发现情况。

此幢历来著录家未收，光绪七年编修黄彭年纂修《通志》，采访
得之于蔓草中，恐其湮毁，辇至府城莲花池，庋诸六幢亭。石久经剥
蚀，漫漶不可辨，其末行有"二年岁次辛酉十月辛卯朔"等字尚明
显，其"二年"上仿佛有"隆"字之半。按钱大昕《四史朔闰考》，
宋太祖建隆二年岁次辛酉，十月辛卯朔，与此幢纪年书朔干支恰符，
当为宋初所造无疑。②

此幢不见于历代金石目录，在光绪七年（1881），因纂修《畿辅通志》的
需要，黄彭年实地采访，发现其于野田蔓草之中。为了妥善保存，将其移
置莲花池。幢上文字岁久漫漶，唯最后所记时间等字还清晰可辨，可惜的

---

① 光绪《保定府志》卷四十六，《中国地方志集成·河北府县志辑》第 31 册，第 119 ~
120 页。
② 光绪《保定府志》卷四十六，《中国地方志集成·河北府县志辑》第 31 册，第 120 页。

是年号不易辨识。编者根据幢上"二年"上依稀有"隆"字，检索钱大昕《四史朔闰考》，定于宋太祖建隆二年，同时再核查干支及月份朔望，无不一一吻合，由此确定其立幢时间。

通过细密的考证，既能对金石文献的文本有明确的考释，又为相关研究提供了重要的史料。对后学而言，按语在考证方面的成果具有十分重要的价值。

三　辨误匡谬

方志编者按语的又一价值，是对前人错误论断的辨正。编者运用考证的功夫，引用翔实的资料，通过精细的推理，对前代典籍中流传已久的错误记载，或前代学者的不实论断，进行深入的批判，得出可靠的结论。这样的按语不仅纠正了沿袭的错误，其方法和体例也为后代方志编纂和考史提供了借鉴。

（一）《郎山君碑》

此碑在满城县，立碑时间不详。对此前代的记载有误，方志编者考证道：

> 满城县本汉北平县，后汉孝武帝永熙二年置永乐县，隋《图经》：永乐郎山，汉武庶太子出奔，其子遁此山，因名郎山君碑。《太平寰宇记》引此条载入河东道蒲州之永乐县，误。又按《水经注》，晋永康元年诏锡君父子法祠。疑此碑亦西晋所立。孙星衍、樊彬皆定为汉碑，非也。①

首先从地点而言，《太平寰宇记》载于河东道蒲州（今山西永济），这明显是错误的，因为蒲州并无郎山。其致误的原因，是《太平寰宇记》的作者混淆了同名的州县。据史载，满城在汉代为北平县，后魏（按语中"后汉"当作"后魏"，误刻）孝武帝永熙二年（533）置永乐县。山西的永乐县，始置于北周明帝时，武帝时并入芮城县，唐武德元年（618）复置永乐县，属芮州，后属鼎州。贞观八年（634）改属蒲州。《太平寰宇记》编写于宋太宗太平兴国年间，此时永乐县仍属蒲州。《太平寰宇记》作者乐史将隋代《图经》中的"永乐"误认作蒲州的永乐县，张冠李戴，搞错

① 光绪《保定府志》卷四十六，《中国地方志集成·河北府县志辑》第31册，第115页。

了碑刻的地点。其次是立碑的时间，孙星衍、樊彬皆定为汉碑，也存在问题。《水经注》载："徐水又径郎山君中子触锋将军庙南，庙前有碑，晋惠帝永康元年八月十四日壬寅，发诏锡君父子，法祠其碑。"① 触锋将军为郎山君中子，其庙前之碑为晋惠帝永康元年（300）立，有诏书为证。郎山君与触锋将军为父子，据《水经注》载晋惠帝诏推断，《郎山君碑》亦当立于西晋。故方志编者否定了孙、樊二人之说。从考证的逻辑和事理而言，方志编者的推断无疑更有说服力。

（二）《完州前进士题名记》

此记为赵孟頫作，其《松雪斋集》载之云："当金之时，完未为州，永平一县而已。而士往往以儒科起家，刘君安仁，完人也，谓余曰：'曩吾郡之美若是，而今也则亡。思琢石大书乡先生之进士近者，刻之学宫。'求余文为之记。"在永平县何时升为州的问题上，赵孟頫认为金代仅为一县，亦即元代才升为州。但他的说法并不符合实际，方志编者据史云：

> 永平县，金宣宗贞祐二年升为完州，至元二年仍为永平县，寻复故而县废。孟頫谓元始复州，殊误。②

其实永平县在金宣宗贞祐二年（1214）升为完州，不过在元代至元二年（1265）暂时改回永平县，不久仍为州。赵孟頫未详考史事，误以为元代才升为州。这个错误虽为细事，但毕竟不合实际，按语辨正为是。

（三）《中书左丞耿公先世墓碑》

此碑为元后至元二年（1336）五月立。该碑在县志、碑目等书中的记载信息不统一，时间上，《束鹿县志》记作"至元元年冬闰十二月二十一日己亥"，《京畿金石考》《畿辅待访碑目》则作"至元二年"。碑文的作者，《束鹿县志》《畿辅待访碑目》作"张起岩"，《京畿金石考》作"赵岩"。碑文题目，《京畿金石考》作"敕赐高阳郡公耿氏先世碑记"，《畿辅待访碑目》作"襄阳郡公耿氏先世记"，所题碑主的封地不同。对于这三个问题，方志编者在按语中分析道：

---

① （北魏）郦道元著，陈桥驿校证《水经注校证》，中华书局，2007，第 292 页。
② 光绪《保定府志》卷四十六，《中国地方志集成·河北府县志辑》第 31 册，第 125 页。

县志所载年月为撰碑之年月，《金石考》所载年月为立碑之年月，故《碑目》亦作二年。《金石考》有"敕赐"字，此碑本奉诏所立也。惟"起"字讹作"赵"字。又《碑目》"高阳"字讹作"襄阳"字，殆以拓本漶漫所致耳。又按：张起岩，延祐三年进士，至元元年奉制撰碑，此顺帝之至元也。《碑目》列之前至元，误。①

首先是时间的差异，编者认为，《束鹿县志》"至元元年"为撰碑的时间，《京畿金石考》《畿辅待访碑目》"至元二年"为立碑时间，故时间有前后不同。其次是碑文作者，《束鹿县志》《畿辅待访碑目》作"张起岩"，这是正确的，而《京畿金石考》作"赵岩"，"赵"是"起"的讹字，又脱去了"张"字。再次是碑文题目，《畿辅待访碑目》所记碑主的封地为"襄阳"，实则当据《京畿金石考》作"高阳"，因碑文漫漶，《畿辅待访碑目》的作者在过录时辨字不清而误。最后，对于"至元"年号所在的朝代，《畿辅待访碑目》列于元世祖至元二年（1265），实则应为元顺帝至元二年（1336）。因为碑文撰者张起岩为延祐三年（1316）进士，按照常理，不可能在中进士50年前撰写碑文，故《畿辅待访碑目》列于前至元大误。张起岩的生卒年是1285～1354，在前至元二年尚未出生，根本不可能撰碑，可知方志编者按语的考证是正确的。

同类例子还有后至元六年（1340）《孔子庙碑》。据《新城县志》，此碑作者为苏天爵（1294～1352）。《畿辅待访碑目》同样将其误列于前至元六年（1269），此时作者尚未出生，自然不能撰碑。方志编者在按语中根据碑文末署干支为"至元庚辰"，确定为元顺帝至元六年。若是前至元，其六年的干支为"己巳"，显然与"庚辰"不合，《碑目》失考。②

（四）《县尹李守忠去思碑》

此碑为至正三年（1343）（三年，原文误作"二年"）张起岩撰。碑文中记载立碑之事，说："（李守忠）去官之十有五年，当至正辛未，邑人欲碑其善绩。"但是元顺帝"至正"年号共二十八年，其中并无"辛未"年。对此明显错误，按语考证道：

---

① 光绪《保定府志》卷四十六，《中国地方志集成·河北府县志辑》第31册，第127～128页。

② 光绪《保定府志》卷四十六，《中国地方志集成·河北府县志辑》第31册，第128页。

（碑）又云：在任五年。考至正无辛未，守忠以泰定元年来任，下逮至正二年癸未，计二十年，与碑中所言年数符合，则辛未为癸未剥落之讹无疑。①

此碑是碑主李守忠卸任后十五年所立，而他是泰定元年（1324）莅任，在任五年，那么从泰定元年到立碑时共二十年。据此推算，立碑时为至正三年，距泰定元年恰为二十年。而至正三年的干支为"癸未"，可知碑文"辛未"之"辛"为"癸"之泐字。另外需要说明的是，此条按语中"至正二年"当作"至正三年"，疑为传写之误。

（五）《宋进等修塔记》

此记作于宋乾兴元年（1022）。旧志记载云："料敌塔在州治南，真宗咸平四年诏建，仁宗至和二年始成。盖筑以望契丹者。宋知州尝记岁月于巅云。"从真宗咸平四年（1001）诏建，至仁宗至和二年（1055）始成，岁月太长，不合情理。方志编者疑其有误，对此加以考证道：

按：塔建于咸平四年，至乾兴元年已十九年，更至至和二年近五六十年。以六十年而成一塔，似不近情，而宋祁《开元寺塔诗》亦云"经营一甲子"，殊为疑问，及见此证，乃知塔成于乾兴元年，知州宋进记其年月，所谓料敌塔记者也。《通志》误以为二，并载之，非也。至和元年殆重修之年，抑或有增修之事，刘佺、赵成之记是也。有此石以为证，足知宋祁诗为不审也。②

从咸平四年诏建，至乾兴元年共 22 年（原文十九年，误计），时间已经较长，再到至和二年，则将近 60 年，宋祁《开元寺塔诗》也说"经营一甲子"，均不近情理。实则据塔记原文，塔建成于乾兴元年，文中有明确记载。至和元年不过有所重修或增修而已，同样有刘佺、赵成的记文可证。可见宋祁之诗、旧志之语皆不合事实。至于郑樵《通志》又将料敌塔、开元寺塔误以为二，更加错误。

方志金石文献在辑录编纂过程中会遇到各种问题，既有文本记载之

---

① 光绪《保定府志》卷四十六，《中国地方志集成·河北府县志辑》第 31 册，第 128 页。
② 民国《定县志》卷十九，《中国地方志集成·河北府县志辑》第 35 册，第 652 页。

误，也有石工刻石之误，还有后世金石目录家移录之误。不论是作者下笔疏忽造成不合史实的错误，还是刻写传抄中导致的错误，均易贻误后人。面对众多讹误，需要方志编者的悉心校勘。从校勘方法而言，石刻的校勘除了少数收入作者文集的作品可以对校外，其余往往需要理校。理校又是极易出错的方法，要想校勘准确，恢复文本原貌，必须有细密的考证功夫，证据充足，逻辑严谨，才可能收到校勘之效。上举数例可以看出考证对于方志编纂的重要意义，它不仅是光绪《保定府志》等书在体例上的突出优点，也是后世方志编纂可资效仿的范例。

第五章
邢台邯郸方志金石文献研究

第一节　邢台方志金石文献述论

自秦朝（前221年）设巨鹿郡（治平乡西）为全国三十六郡之一始，邢台历来有重要的政治地位。邢台市今辖信都区、襄都区、任泽区、南和区、内丘县、隆尧县、巨鹿县、临城县、柏乡县、清河县、宁晋县、平乡县、广宗县、威县、新河县、临西县、南宫市、沙河市。另设有邢台经济开发区、邢东新区。

在邢台所辖市县，今有方志存世，并设"金石"一门者，有民国《邢台县志》、民国《柏乡县志》、民国《南宫县志》、民国《沙河县志》、民国《威县志》、民国《新河县志》、民国《清河县志》，共7种。

一　民国《邢台县志》

第八卷"艺文志"下设"金石"一门，从周朝延至元代，数量如表5-1所示。

表5-1　民国《邢台县志》"金石"一览

类别	朝代								
	周朝	东魏	北齐	隋朝	唐朝	五代	宋代	金代	元代
鼎	1								
塔									4
碑		1	2	2	7	4	11	3	26
幢					3	2		1	2
石刻、刻石					1		5		2

续表

类别	朝代								
	周朝	东魏	北齐	隋朝	唐朝	五代	宋代	金代	元代
浮图					2				
铭					1				1
墓志					1		1		
记						1	2	1	12
款								1	
题字、题石						1	1		1
序							1		
其他									3
小计	1	1	2	2	15	8	21	6	51
总计	107								

周朝 1 件，为《邢侯夫人姜氏鼎》。

东魏 1 件，为《魏寺碑》。

北齐 2 件，为《宁国寺碑》《长乐寺碑》。

隋朝 2 件，为《圣水寺碑》《文帝舍利塔碑》。

唐朝 15 件，为《下井寺石浮图》《李处士墓志》《宁照寺钟铭》《下井寺石浮图》《敕封仙人张果碑》《龙兴观道德经碑》《兴定光佛寺碑》《福寺碑》《净峪寺碑》《能大师碑》《曹溪能大师碑》《开元寺尊胜陀罗尼经幢》《钟离权草书石刻》《陀罗尼经幢》《经幢》。

五代 8 件，《天宁寺尊胜陀罗尼经幢》《灵岩石幢》《石塔题字》《石兰寺碑》《峡口寺碑》《定光佛寺碑》《创修邢郡六曹轩宇记》《扁鹊庙碑》。

宋代 21 件，《重修龙兴观道德经台记》《重修东岳天齐王庙碑》《御制文宣王赞石刻》《如封文宣王号诏石刻》《钟离权诗刻石》《凌霄寺碑》《福延寺碑》《兴学圣德颂碑》《兴学圣德颂表石刻》《赐辟雍诏石刻》《刻辟雍诏序》《玉山寺碑》《大观御制碑》《八行八刑条制碑》《大观圣作碑》《敕赐开元寺圆照塔记》《阮功远题名》《圣觉寺碑》《政和手诏碑》《奉刻御书碑》《大中大夫石熙墓志》。

金代 6 件，为《修开元寺圆照塔记》《开元寺铁钟款》《太平寺碑》

《重修州学宣圣庙碑》《温泉寺石幢》《万寿寺碑》。

元代 51 件，有《开元寺万安恩公塔》《刘泽墓碑》《刘润墓碑》《重修普门塔》《资戒坛碑》《雷公庙碑》《龙兴院记》《通真观碑》《鼎新至圣文宣庙记》《改邢州为顺德府记》《宏慈博化大士万安恩公碑》《宁国禅院碑》《加封孔子制诰碑》《天宁寺颜公提点碑》《天宁寺虚照禅师明公塔铭》《天宁寺碑》《太保刘秉忠墓碑》《礼部尚书刘秉恕墓碑》《洪罗寺碑》《普门宝塔甃垣记》《岐王施长明灯记》《开元寺历代住持垂训法名颂石刻》《王良辅墓碑》《天宁寺四大天王殿记》《重立钟离权诗石刻》《开元寺钟楼记》《开元寺护国仁王佛阁记》《常山王看转藏经记》《天宁寺修奉冥福功德记》《开元寺累降圣旨碑》《开元寺累降圣旨碑》《天宁寺重修水殿功德记》《轻车都尉苏伟墓碑》《广平路总管罗文焕墓碑》《学士董继升墓残碑》《王元佐墓碑》《开元寺铜佛记》《石鼓刻字》《雷公庙古碣》《开元寺大铁钟》《雷公庙碑》《洪福寺石幢》《道德经石幢》《大宋邢州净土寺铭碑》《重修开元寺碑》《重修开元寺圆照塔碑》《重修开元寺殿阁碑》《开元寺悬大钟碑》《梅花石塔》《梅花石香炉》《石塔》。

以上所列共计 107 件，元代最多，宋代次之，隋前均较少。所存品类，含佛像、碑刻、记文、墓志铭、经幢、石塔等，在每条之下，载有时间、地点、缘起、人物等概况，不见详细内容。这些"金石"多为寥寥数语，难以深入了解其风貌、人物生平、事件原委等。

二 民国《柏乡县志》

卷九有"金石"，序曰："上古文字书于竹帛而已，自禹平水土，乃取美铜铸为九鼎，以纪九州山川神物。周宣中兴，爰作石鼓，春秋孔子乃题季扎之墓，秦汉文字、金石文字愈纷然矣。柏乡区区弹丸之地，自汉唐以至明清乃有金石古物及名儒巨公之碑记，美不胜收。于以寻前人之坠绪，发思古之幽情，得闻所未闻，见所未见，诚居今稽古者之快事也。兹特搜集柏乡金石之最佳者凡二十二种列志如左。"① 序文记述了柏乡"金石"一门历久弥远，自汉唐至明清均有金石古物、名儒碑记等存世，且有传承之价值，此县志收录有 22 件。数量如表 5-2 所示。

---

① 民国《柏乡县志》卷九，《中国地方志集成·河北府县志辑》第 67 册，第 520 页。

表 5 – 2　民国《柏乡县志》"金石"一览

类别	朝代								
	东汉	北魏	北周	唐朝	金代	元代	明代	清代	不详
印	1								1
铜镜、石镜			1						1
碑					1	3	3	1	1
幢				1					
石刻、刻石							1		
塔				1					
铭		1							
铜像							1		
记						1	1		
石佛							1		
砚盘									1
小计	1	1	1	2	1	4	7	1	4
总计	22								

1. 东汉《广平侯印》（原志为"广平候印"，"候"字误刻，改，下同），文曰："清光绪二十五年，柏乡县北正元寺村农民因筛落花生豆，自沙土中筛出一古铜方印，宽厚各一寸。篆文曰：广平侯印，因考《后汉书》，吴汉封广平侯，众皆曰：'此吴汉之印也。'后此印归儒学生员冯金章收藏，不知今日犹有存焉否耶。"① 即东汉吴汉封广平侯之印，在光绪二十五年（1899），由当地农民筛落花生豆时发现，此印宽厚各一寸。

2.《鄗南千秋亭圭头碑》，文曰："按郦道元《水经注》云：鄗南千秋亭有石坛，坛有圭头碑，其碑阴云：'常山相陇西狭道县冯龙所造。'此为柏乡县石刻之最古者，现在千秋亭石坛已成土邱，片石无存，此圭头碑亦不知埋没何处矣。"② 此圭头碑是柏乡县最古的石刻，为常山相陇西狭道县冯龙所造，然现今不复存焉。

3.《篆文部曲将印》，文曰："清光绪三十年，柏乡县北龙华村农民亦

---

① 民国《柏乡县志》卷九，《中国地方志集成·河北府县志辑》第 67 册，第 520 页。
② 民国《柏乡县志》卷九，《中国地方志集成·河北府县志辑》第 67 册，第 520 页。

因筛落花生豆，自沙土中筛出一古铜印，立长一寸，宽厚各半寸，儒学生员王子霖购得此印，不识其文，转以赠（明勤），后因事至北京，质于蒋毅甫、范棣宸两太史，皆未详也。蒋师云：'常觐宸部郎最精通古金石文字，可往问焉。'常公略审视之曰：'此部曲将印也。'又王子霖尝以篆文小古铜方印相赠，或以为陈宫之印。常公审视之曰：'傅宫之印耳，非陈宫也。'常公，饶阳人，继夏孙相为湖州府太守。"① 此印是在光绪三十年（1904）由当地农民筛落花生豆时所发现，长一寸，宽厚各半寸，初由儒学生员王子霖购得，惜不识其文，后转询于太史蒋毅甫等，经常公所鉴，乃为部曲将印。

4. 北魏《李宪墓志铭》，文曰："墓志载：'李宪，柏乡人，官北魏大将军，卒葬赵州城西段村村东。'清同治八年，村人掘土，见此墓志后，移入赵州州判衙署。此墓志铭系一方石，约长二尺有半，厚一尺余，就中一序字书作序，一资字书作资，甚为奇古。志铭后，子婿亦名附一小传，亦与其他墓志款式不同。"② 依其所载，此乃北魏大将军李宪之墓志，一方石，约长二尺有半，厚一尺余。同治八年（1869）为当地村民所发现，墓志铭后附小传，是研究北朝门阀制度及李宪家族兴衰史的重要历史资料。

5. 周大象《古圆铜镜》，文曰："清宣统元年，赵菅村农民掘土得二古圆铜镜。一大如五寸盘，镜后有'大象二年铸造'六字。大象，周静帝年号。一小如三寸碟，镜后铸一男一女对面鞠躬，如行交拜之礼。柏乡此等古圆铜镜甚多，特铸有字画者甚鲜。柏乡县女子出嫁，腰中多带此等铜镜，盖犹存古意焉。"③ 此二铜镜，是宣统元年（1909）赵菅村农民所发现的。大者，有"大象二年铸造"字样，可以推断是北周静帝时的古物；小者，有男女对面鞠躬之貌，可见当地礼仪风俗。

6. 唐朝《开元石幢》，文曰："此石幢系开元二十五年建，作八棱形，周围皆刻陀罗被经，旧在柏乡县城内东街崇光寺，埋没于荒烟蔓草之中，风剥雨蚀，强半残阙，仅有百余字尚可辨识，书法最精最古，现今移入城内北街高级小学校讲室矣。兹录《咏开元石幢诗》如左：'石幢生莓苔，久矣卧草莱。我游忽见之，眼界乃顿开。细视字何古，陀罗经一部。再观

---

① 民国《柏乡县志》卷九，《中国地方志集成·河北府县志辑》第 67 册，第 520 页。
② 民国《柏乡县志》卷九，《中国地方志集成·河北府县志辑》第 67 册，第 520 ~ 521 页。
③ 民国《柏乡县志》卷九，《中国地方志集成·河北府县志辑》第 67 册，第 521 页。

其年号，开元二十五。归告同学友，学友皆欢呼。拟异入书院，力不胜匹雏。弃置尘埃里，字画半销毁。下方埋土中，犹可辨亥豕。民国之元年，石幢乃乔迁。移入高小学，扶植讲室前。于止得所止，暇辄拓一纸。莘莘时临摹，之而鳞作起。'"① 即此石幢在开元二十五年（737）建，刻有陀罗经，旧在柏乡县东街崇光寺，后迁至北街高级小学校讲室，文字虽有磨损，然仍可观其书法之精妙。

7. 唐朝《开元石塔》，文曰："此石塔在柏乡城西赵村玉台寺，塔上尚存二十余字，'开元元年建此石塔'云云。寺中又有唐卢隐《赵玉台寺碑记》，词多繁芜，字作草书，亦无甚可观，柏乡人久传此寺有唐褚遂良所书碑记，明勤亲到此寺，再三寻觅，盖阙如也，仅能证明此寺为开元前古寺而已。"② 即此石塔为开元元年（713）所建，有碑记存世，然字迹潦草，价值有限。

8. 金《监察御史焦旭墓碑》，文曰："此碑在柏乡县南二十里南鲁村，其碑铭云：'遐思焦祖，积德而昌。爰及于公，门户益光。文章冠卓，荡然擅场。鲠直夙著，奸邪敛藏。随遇施为，公平其政。利泽覃及，民乐歌颂。公之孝友，出于天性。小人见嫉，谗毁交竞。公独怡然，弗谕志行。禄俸推及，族沾余庆。名著将来，永兴天并。'范阳李嗣周所撰也。"③ 即金代焦旭之墓碑，在柏乡县南二十里南鲁村，据铭文可知其耿正廉洁，罢黜奸邪，政利百姓。另《金史》有其本传，可互为参照。

9. 元《贾氏贞节堂碑记》，文曰："此碑系杨载撰文，赵孟頫书，现存柏乡县南驻驾村贾氏宗祠。杨长于古文，赵长于书法，在当时可称双绝。"④ 即贾氏贞节堂碑，存于驻驾村贾氏宗祠，碑文为杨载撰、赵孟頫书，可见碑主生前因贞节而受推崇，声名较著，地位较高。

10. 元《武威郡侯贾谅墓碑》（原志为"候"，疑误，改），文曰："此碑在柏乡县南驻驾铺，元翰林学士吴澄撰文。"⑤ 综合上件可知，贾氏一族在当时威望颇高。

① 民国《柏乡县志》卷九，《中国地方志集成·河北府县志辑》第 67 册，第 521 页。
② 民国《柏乡县志》卷九，《中国地方志集成·河北府县志辑》第 67 册，第 521 页。
③ 民国《柏乡县志》卷九，《中国地方志集成·河北府县志辑》第 67 册，第 521 页。
④ 民国《柏乡县志》卷九，《中国地方志集成·河北府县志辑》第 67 册，第 521 页。
⑤ 民国《柏乡县志》卷九，《中国地方志集成·河北府县志辑》第 67 册，第 521 页。

11. 元《赵郡侯董元墓碑》，文曰："此碑在县东十里北滑村西，元翰林学士张养浩撰文，铭云：'维福与（原志为"兴"，疑误刻，改）德，两有孔艰。德崇惟人，福天所关。德苟崇矣，福斯同矣。谓天人殊，影响从矣。於乎董氏，代有阴骘。于前弗昭，繄没之吉。金季云扰，盗起猬如。民命毫芒，遑恤室家。惟公屹然，底柱弗动。有闉其疆，随意搏纵。用是百里，奠枕胥安。微公之英，几何弗残。计兹所活，奚千亿啻。厥报有归，亦势必至。譬彼农者，穮蓘必年。力如不周，获亦靡坚。宜有桐孙，由儒而奋。源济隆隆，台阁增峻。左旬为职，士恒仞肩。非才积强，则殆以颠。于焉支持，它可坐治。欲观人能，莫的于是。矧厥欣进，川至禾灌。台衮之膺，伊迩匪遐。洪惟国经，酬庸以爵。二代疏封，可曰殊渥。子焉克孝，匡焉克忠。宜先之灵，弗露厥躬。滍水之阳，厥佳城许。何以坟之，铭此石语。'"① 其为元代赵郡侯董元墓碑，在县东十里北滑村西。据张养浩之铭文可知，碑主素秉仁心，其居家养亲时，盗至即擒，远近敬服，村落是以无扰。事定，推田宅，与昆弟族人课，诸子力学。闲暇之时，教以稼穑。里讼之事，多予裁定。其后代亦能克孝克忠，由儒而奋。

12. 元《清河郡侯张瑾墓碑》，文曰："此碑在柏乡县西三里，元奎章阁学士虞集铭云：'伊昔柏乡，民庶且多。逢时多艰，日寻干戈。乃有豪杰，起为之长。以抚以绥，以休以养。大兵之来，大将孔仁。即审所归，有社有民。或长或佐，既历三世。乡里德之，子孙多贵。天鉴孔昭，俾耳遐祉。既寿而康，是生贤子。其子伊何，克大厥家。泽及存后，班爵是加。槐水之东，巃嵸之麓。庆流后昆，为赵望族。济上蕲阳，公平正大。累叶功名，方来未艾。柏乡之墟，马鬣之封。宜有贤子，著兹休功。'"② 其为元代清河郡侯张瑾墓碑，在县西三里。据虞集之铭文可知，其对当地百姓多有安抚、休养之功，深受众人爱戴，后代子孙，亦多贵者。

13. 明嘉靖时《城隍庙铜像》，文曰："此铜像现在柏乡城内西街神应寺，明嘉靖时，邑人魏宾等铸造。民国十七年九月，柏乡县国民党撤废城隍庙一切土木偶像，乃移置此铜像于神应寺。查此像，系以铜和铅铸成，约重三百余斤，高八尺。其中空，胸前铸有团龙补服式样，背后有'嘉靖三十五年铸造'等字，昔则铜像赫赫，今则铜像碌碌，岂非为时代潮流所转移耶？"① 即此铜像为嘉靖三十五年（1556）铸造，现在柏乡城内西街神应寺，以铜和铅铸成，重约三百斤，高八尺，不复鲜亮。

14. 明正统时《崇光寺石佛》，文曰："此石佛在柏乡城内东街，明王英《崇光寺碑记》云：'寺有古石佛，穹然而高，石像微湿，津津如汗。有疾者濡之，即愈。比年亢旱，邑令吴复祷于石像，大雨三日，田禾沾足。'此真谬说也。今寺庙倾颓，石佛露坐，薰天烈日，暴雨激之，左臂已破裂将脱，所谓石佛神灵果安在哉？"② 此石佛今在柏乡城内东街崇光寺，碑文反驳佛祖显灵之事，称观其形貌尽毁，不见石佛神灵。

15. 明《吕氏石刻大友堂记》，文曰："赵南星撰，董其昌书并题跋。柏人称赵文则镂心刻骨，董书则竹云流水，与《贞节堂碑》共称四绝。"③ 其记文、书法均是大家手笔，为当地人盛赞，具有一定价值。

16. 明《吕氏三朝宸诰石刻》，文曰："此石刻乃大司徒吕兆熊倩董其昌书，现存城内吕氏宗祠，计七种。一仿苏轼《宸奎阁记》，一仿褚遂良《文皇册文》，一仿颜真卿《家庙碑》，一仿李邕《云麾碑》，一仿米芾《学记》，一仿虞世南《汝南公主志》，一仿褚遂良《圣教序》。跋云：'孙过庭论王右军书曰：写兰亭则志逸神超，书告墓则神拘意惨。所谓涉乐方笑，言哀已叹，予谓官告亦然。悯纶衔风木之悲，书欲郁屈而寂寥。赞册感风云之会，书欲飞扬而秀拔，予虽知之而不能也。大司徒鸿原吕公，荣际三朝，所受纶词，皆出代言，大乎笔极，天下之选。公将锲之乐石，藏之家庙，昭示子孙。盖殷周盛时，功德之纪，托诸鼎彝。今之制词，比于范金砻玉，实不朽事。又以余旧掌词头，远征柔翰，勉为应教，恐不足传耳。'"④ 参照上件可知，吕公官至大司徒，备受荣宠，其石刻对于考证人物之生平与家族，具有重要的参考价值。就石刻之文学、书法艺术来说，亦有可取之处。

---

① 民国《柏乡县志》卷九，《中国地方志集成·河北府县志辑》第 67 册，第 522 页。
② 民国《柏乡县志》卷九，《中国地方志集成·河北府县志辑》第 67 册，第 522 页。
③ 民国《柏乡县志》卷九，《中国地方志集成·河北府县志辑》第 67 册，第 522 页。
④ 民国《柏乡县志》卷九，《中国地方志集成·河北府县志辑》第 67 册，第 522～523 页。

17. 明《山西道监察御史魏纯粹墓碑》，文曰："此碑在柏乡城东北二里，明大学士孙承宗铭云：'貌凝若而不矜也，操棱若而不冯也。识澄若而不荧也，量宏若而不掴也。奏力骈若而不硼也，刺事犁然而不胜也。呜呼！是能以经纶大略，字邑蒸而未得，以邑政为经纶，令君安而国宁者耶！其后代兴其绎予铭。'"① 此墓碑在柏乡城东北二里，据孙承宗之铭文可知，碑主性情淡然，不伐功矜能，不倚势借力，虚怀若谷，胸襟豁达，具有较高的人格境界。

18. 明《兵部职方司郎中张主敬墓碑》，文曰："此碑在县东六里北孙村，赵南星铭云：'乾刚坤直，笃生贤哲。幼心不童，匪澡而洁。践溜思矩，艰险不跌。成孝忘生，事国尽节。世贵所难，在公非德。菲己厚民，妒于赤舌。幕画折丑，佩之以玦。蚕绩而烹，蜉蝣锦缀。异哉速化，厌世氛浊。譬诸仕者，见几而作。帝或召之，授以仙爵。聪明惟天，必非妄夺。谁能告之，解我结緺。谁起张公，纾我灼怛。谓公正人，则麾攸作。'"② 兵部职方司郎中张主敬之墓碑，赵南星为其作铭文，谓其秉性刚直，品格高洁，克忠尽孝，菲己厚民。之于仕途，亦能见几而作，出处通达。

19. 明《陕西按察司副使赵惟卿墓碑》，文曰："此碑在城东六里北孙村，明吏部尚书梁应龙铭云：'连城奕奕赵之良，怀玲握秀起翱翔。边筹帑算总经术，宣猷底绩何辉煌。驾兮紫盖与（原志为"兴"，疑误刻，改）金章，卷兮岸帻而兜鍪。千古升沉消一酹，谁夷谁跖谁亡羊。宿草萋萋临大荒，丰碑屼屼挹穹苍。大陆文伯光先哲，他年信史怀悲堂。'"③ 明陕西按察司副使赵惟卿之墓碑，碑主嗜酒好歌，人以为狂士，曾补户部郎中，后迁按察司副使。梁应龙之铭文采用七言体，以曲折跌宕之势，呈现了碑主之狂傲不羁，盛赞了其在政治上的功绩。

20.《魏姓北斗七星石镜》，文曰："此镜为魏姓旧物，系大理石制成。高一尺二寸，横宽一尺五寸。中有北斗七星，星大如小黄米，夜间以灯照之，星光闪闪，历历可数。当清光绪年间，此镜归于赵姓。玉德成银行有

① 民国《柏乡县志》卷九，《中国地方志集成·河北府县志辑》第 67 册，第 523 页。
② 民国《柏乡县志》卷九，《中国地方志集成·河北府县志辑》第 67 册，第 523 页。
③ 民国《柏乡县志》卷九，《中国地方志集成·河北府县志辑》第 67 册，第 523 页。

多金者，拟以重价购之，赵姓坚不肯售，近年不知归落何处矣。"① 此北斗七星石镜为魏姓旧物，系大理石制成。高一尺二寸，横宽一尺五寸，后归于赵姓，不知所踪。

21.《王姓大理石砚盘》，文曰："此石盘为北菅村王熙臣家藏古物，横宽九寸，竖高七寸，亦系大理石制成。上绘淡绿色山水、云树、人物，并有细书'山高月小'四字，字画皆与（原志为"兴"，疑误，改）石平，不磨不灭，制造极其精工也。"② 此大理石砚盘为王熙臣家私藏之物，横宽九寸，竖高七寸。其制作极其精细，在山水、云树等画之上，涂有淡绿色，亦刻有"山高月小"等字，可以看出其为文人雅士把玩、珍藏之物。

22. 清朝《追谥保和殿大学士魏裔介墓碑》，文曰："此碑在城西南路村村西魏裔介墓前。乾隆二年四月，赐原任太子太保、保和殿大学士，兼礼部尚书、太子太傅，谥'文毅'。魏裔介碑文：'朕惟国家立纲陈纪，必有端亮之臣赞襄辅弼。懋佐鸿猷用克，勋著岩廊，名标史牒，褒崇优渥，典礼攸宜尔。魏裔介天资耿直，学问深醇。初拔帜于词垣，旋腾声于给谏。谠言频上，皆关国计民生；正论时陈，要在褒忠劝学。擢君宪长，益励风裁，遂登鼎鼐之司，允称盐梅之任。年未耄而引退，清范长垂；学至耄而弥纯，嘉言丕著。既酬庸于祀典，更追锡以隆名，表厥生平，谥为'文毅'。於戏！蹇谔良臣，端属熙朝之梁栋；老成硕辅，卓为庶尹之仪型。膺兹宠渥，不亦休欤！'"③

就上述金石的时间来看，从东汉至清代，历时较长。大部分的墓碑、铜像、将印、石刻等载有详细的铭文、记文、碑文等，不仅介绍其遗址、形貌、体制等，有的还包含较浓厚的感情，或颂其功德，或评其品性，或述其功绩，或论其得失，或评其是非，都有撰文者之主观态度，故而读来颇有文学之韵味。

三　民国《南宫县志》

卷二十三、二十四为"石刻篇"，前有序文曰："南宫五志向不列金石

① 民国《柏乡县志》卷九，《中国地方志集成·河北府县志辑》第67册，第523页。
② 民国《柏乡县志》卷九，《中国地方志集成·河北府县志辑》第67册，第523页。
③ 民国《柏乡县志》卷九，《中国地方志集成·河北府县志辑》第67册，第523~524页。

之目，皆杂厕于建置、学校及艺文之中，艺文附志非漏则滥，久为识者所讥，勿论已。金石一门，不惟关一方掌故，而政典巨目、乡贤故实，志、传所不及者，往往借书而传，且以石刻为限，自免漏滥之讥。若无此门，诚缺典也。兹特辑录为一篇，惟有石无金，徇俗标目，则名实不副，以石刻名篇，用避习而弗察之讥焉。"① 即有石无金，以免漏滥之讥，故名以"石刻篇"。具体数量如表5-3所示。

表5-3 民国《南宫县志》"石刻"一览

类别	朝代					
	隋朝	金代	元代	明代	清代	民国
碑	1	1	1	13	25	6
墓志、墓铭、墓表				13	10	1
记		1	2	22	14	3
合计	1	2	3	48	49	10
总计	113					

如序文所言，其驳除芜杂，以碑、志、记等为主，主要关涉庙宇、寺院、祠堂、墓冢等。

就寺院之碑来说，旨在记述僧园之修建始末及住持、僧人礼佛之事，并进一步弘扬佛法之普照、佛理之精妙、佛境之超然等。

如《普明院碑》，文曰："金大定十八年，比丘希选撰，住持苾刍文行立石。夫八龙荀里，□□□于当年；驷马于门，余庆积于终古。亦有汉将军之甲第，磨灭成空；鲁司寇之华堂，摧残已尽。岂不以绝露倏忽，电烛迁移者矣。爰自大圣周昭二十四年甲寅岁，从兜率下，驾白象日轮，诞生于王家，乃威德无格于上下神祇。至是鬼宿合时，于毗卢园无忧树下右胁而生。暨后汉承平，千载有余，德教方发，此地僧徒滋盛，始建伽蓝。后渐陵迟，屡遭沦废，遂乃玄风坠谢，道德醇醨，如触石生于肤寸，射鲋负于馀艎，力怯未能加矣。粤有河北东路河间府冀州南宫县将相乡北天宫村，贤邬□索□□□损吉善俗信清休，诚□释门，用之植福，□古穷源，再重营建。□以□□□现业，净感深信，同殊各实。赖北

① 民国《南宫县志》卷二十三，《中国地方志集成·河北府县志辑》第69册，第190页。

□□有□□□塔一座，始开皇石像三尊，已经涂炭于左臂，内有弧□□凿在□□□□大圣神用身贯金石，善入□□□返山川，解移城邑，乘虚不坠，触实不碍，千变万化，不可容□。纵使摧颠□□□□一千，一时俱下，一毛不坚，靡□□□□□像，亦圣何为？若夫形模搽□，□石雕镌，善信颇加，必符其会。是以契无为之法性，合有像之仁心，高德掩群□□□□□加彼若神，故示此焉。实由灵变在□□□群物，惟心不变，其可得礼之也。心不在焉，视之不见，听之不闻，食而不知其味，等圣哉！巍巍乎！浩劫鸿勋，□□□之闻耳。神迹既彰，岂世辨之能通？圣迹昭融，宁俗达之能了？至信诚鉴，目睹真容，凄怆心焉。故我皇之有天下也，统临六合，摄御万邦，道德并日月□，施恩化□，□大共秀，祈祷灵祐，感育黔黎，特赐院额，乃号普明。普乃无处不容，明乃恒时熠耀，辉辉宇宙，焕焕中华。光我释门，壮其缁侣，率有深信，豪杰进义。校尉高璋并男高愿恳诚积善，道契心灵，发明惠鉴，特施黄舆，用作僧园。胜利才兴，通仁唱善，以为辑庄严之因，□爽垲之地，虽不逢给孤独侧布之园，是为千载之休美也。□长方分六亩有余，于内建正殿三间，法师房二间，门宇三间，僧房四间，葺整圣容，彩色晃耀，并总新鲜。幸有住持苾刍，俗姓刘氏，法讳文行，乃邢州巨鹿县清化乡东大留村人氏。祖父深信，著《释门庆舍法胤》，每厌俗荣，自誓落发，遂送到沃州龙兴寺南法院，是李菩萨为师。受具之后，尝于《法华》探穷经旨。《法华》在手，宿命潜悟，不祈讲唱。适玩他游至北天宫村，会遇同缁，俗姓吕氏，法讳义悦，发言□会，药石相等。遂于大定七年十月十二日，于本州僧正司出给公据，坚请同以焚洒作净住持，莫不定惠为质，戒忍刚柔。签莛之光辉，作栴檀之围绕。忝以鄙庸见拙，识鉴解讹，考不容其根照，今岂搜其□□，粗依典籍，用示荒芜。乃说偈曰：佛真净境，超言意外。或注或隆，能小能大。洒润五乘，出没三界。无上人间，处处在在。古刻石像，显化通真。神灵护佑，圣德坚贞。弧踪不泯，箭迹仍存。信生普济，□□通津。宝塔斯崇，信首咸稽。古圣家风，先王帝力。舍力辉辉，金刚济济。水不能漂，□□□髓。当今特赐，额号普明。帝祚坚久，圣寿长升。重楼晃晃，凤阁轰轰。金枝玉叶，永得安宁。黄与棉施，宿种善芽。妙弁尘累，断绝纤瑕。□蕴实行，外相同家。验敷种姓，决定无差。虚寂法宇，释子参依。宣扬讲唱，谈播光辉。淡泊无垢，□湛空微。无上堪仗，誓愿同归。"① 记述了此地佛教之兴衰历程，以及屋舍之沿革。偈文称颂了佛法无边、石像通灵以及于当地的护佑作用等。

就庙宇、祠堂等记文来说，主要介绍修建时间、人物事迹、历史沿革等，其中不乏鲜活之文辞、有趣之旧事，杂采传说，述论结合，颇具文学价值。

如《扁鹊庙记》，文曰："扁鹊，渤海鄭人，不常厥居。今有祠，置龙冈之西，号曰神应王。其山亦以鹊为号，殆赵简子赐田之所在也。简子疾，三日不知人，扁鹊视之曰：血脉治也。二日半而寤，赐扁鹊田四万亩。赵人为立庙，世祀焉。则庙在南宫者，盖亦有年矣。县中医流为主其祀。先是，药局高济以旧构卑陋，欲更之，屈于物力。至元时，其孙天明始成厥志，乃别营正殿，展湫隘为宏敞，易板堂为转角，壮丽静深，始可拟大邦。君之居既讫工，请予记其事。窃为扁鹊初受桑君之禁，方视病，尽见五脏之症结，医学渊源，孰精于此？饮上池水三十日，知物之言，特假之以神其技耳，故所著之书，与《内经》埒而并传。诚为医家百世之师，尸祝而庙食之宜也。夫世之淫祠，大抵多以徼福求利为事，此独为怀贤报本，固自不同。倘能取其遗编，读而玩之，以至于得其心法之传，使病者皆有所赖，则神之受祭，益当吐之。世之知言，以医为人之司命，在昔之时，神尝令死者复生矣。今或使耆寿之人就夭折而漫不呵护，岂吾人崇奉之意？亦非神之所施于天下后世也。"② 写扁鹊因高超之医术而受推崇，赵人为其建庙，亦成为后世当地医流祭祀之所。庙宇之功用非为"徼福求利"，而在"怀贤报本"，既为病者提供精神寄托之所，又为寿者提供崇神拜医之地。

再如《刘侯祠堂记》，文曰："成化戊戌，畿内大雨水，清浊二漳溢，真定之南宫适当其冲。城外旧有堤，高坚可恃，以岁久无怀襄灾，且有司不戒，而民亦慢视之。畚锸者往焉，陶埴者往焉，日以颓缺，而交午为车马道，至是遂仓卒无以御奔流。水如建瓴，由南门入，直抵北城下，为所障，不得去。复折而南，官舍、民居、神祠、儒校，一洗而

① 民国《南宫县志》卷二十三，《中国地方志集成·河北府县志辑》第69册，第191～192页。
② 民国《南宫县志》卷二十三，《中国地方志集成·河北府县志辑》第69册，第194页。

空之。幸水以昼至，民尽乘高呼噪，然不能救也。既数日，稍露洲渚，败瓦断株，鳞次水际，其激射处皆成深渊，漭渺极目，殆类湖泺，人始不奠居矣。于时郡守余公瓒进前，令李君麟与之协谋，且谘于众，决卜迁县治于东南三里而远，立表正方，察泉观土，相阴阳，审向背，巨细之物，皆李君受成算于余公而兴置焉。庚子之秋，首事城垣，以丈尺计地，以里社计工，作止有常，劝督有法，仅十有七日而城立，广袤九里有奇。见者闻者，咸服余公之经画，而称李君之劳勣。未几，皆以事去。继领县事者，刘侯镒也。侯既视篆，循行四周，殚心竭虑，夙夜不怠。期竣厥功，乃仿余公之旧规，出新意，凡民之欲占居新城者，酌其远近喧寂，长短广隘，俾出价各有差。用是取材于山，鸠工于市，瓦石丹垩，米盐麻枲，以类而聚。先之庙学，崇文教也；次之坛壝，重祀典也。公署县治，俱列以等；仓庾闤阓，俱断以制。种木表道，疏渠酾水，门冠楼橹，墙周池壍，祝禧有寓，安济有坊，法所当为者，举之无遗。青白纤亘，金碧炳焕，率不爽轨则，宏深伟丽，甲于一郡。居者忭舞，过者歌诵，而侯之绩著矣。侯去既久，民念之不忘。义官齐仁美、耆宿刘浩辈相与议曰：昔吾侪之遭水也，惟沦垫是惧，兢兢焉旦暮不自保，微二三君子，人其鱼矣。虽倡之以余，辅之以李，而卒底于成者，刘侯也。失今不图，老者日往，壮者日老，则侯御灾捍患之勤，不其泯欤？宜卜地于县治之东，创祠塑像，时奉香火，以系无穷之思，是不可专也。遂相率上状于州、于府、于部，使者皆报曰可。侯字世玉，家汝宁之罗山，以春秋冠河南乡试，自邹平改知南宫，擢守六安，进四品阶，致仕而卒。其善政尚多，兹特著其所以祠者。侯子淮登丁未进士，任监察御史，为时显用，食报固未艾也。新令申君高请予记其本末，镵之石而树之祠左。"[1] 成化年间，畿内发大水，官舍、民居、神祠、儒校，一洗而空，百姓乘高呼噪，而不能救也。数日后，稍露洲渚，败瓦断株，百姓难以安居，郡守余公、李公协谋迁县治于东南三里远，而后不久纷纷离任。唯有刘侯继续迁县之事业，循行四周，殚精竭虑，种木表道，疏渠酾水，令百姓安居乐业。记文叙事翔实，曲尽原委，既歌颂了刘侯之功绩，又展示了

---

[1]　民国《南宫县志》卷二十三，《中国地方志集成·河北府县志辑》第 69 册，第 198～199 页。

迁县之宏业。

墓铭、墓表、墓志一类，以工整的骈文为主，旨在赞赏人物之品行、操守、功业，个别亦寄寓一定的主观情感。

如《白恭敏公墓铭》，文曰："哲人之生，夫岂偶然！实惟先世，积庆熙延。南宫善地，岂无才贤！科目寥寥，殆将百年。挺拔自公，振后光前。位隆八座，功著三边。雄才卓识，秉之自天。运筹决胜，动中机先。简在帝心，委任益专。彼苍弗愸，胡夺之遄。其身虽亡，其名永传。吁嗟恭敏，复何憾焉。南宫之山，逶迤蜿蜒。卜葬有铭，垂于绵绵。"① 此文盛赞了白恭敏之贤才与卓识，文辞宏富，末有真情流露。

再如《诰封何夫人墓铭》，文曰："惟俭与勤，妇德之良。慈而能训，母道弥彰。命服煌煌，子孙蕃昌。没后恩荣，久而愈光。勒名贞石，以永厥藏。"② 何夫人为白恭敏之母，铭文颂其俭、勤、慈等妇德，褒其贞节与母道，表现出对墓主的崇敬瞻仰之情。

还如《诰封孟夫人墓铭》，文曰："女德之善，其归曰正。正施于内，家由以盛。於惟夫人，女德克修。一正之施，既洽且周。夫光于前，子显于后。继继承承，明验可究。郁郁崇丘，启而并藏。刻铭贞石，百世辉光。"③ 孟夫人为白恭敏之妻，铭文亦是歌颂妇德文字。上述铭文均自万历志录出，有铭无序，或有序而万历志未录，抑或原文无序，难以得知。

此外，还有《诰赠郭夫人墓铭》，文曰："夫人之行，端静鲜伦。钟美茂族，媲德名门。遭时艰危，孝养弗怠。后际平宁，惟子是诲。身没子贵，勋业昭宣。显扬斯在，实符训言。国典追褒，宠命稠叠。鸾诰龙章，耀煌泉室。矧兹后裔，其蕃其昌。匪积者厚，曷流之长。孝子哀思，弥久弥切。焯德有铭，刻示无极。"④《诰封工部尚书白公墓铭》，明成化二年翰林学士刘定之撰，文曰："岩岩古根，蟠于厚地。霜雪所侵，不摧正气。维兹白公，其德孔类。德则伊何，曰孝与友。仰奉二亲，不惮艰久。自险即夷，承颜顺志。旁念同胞，则有予季。扶其危难，安乐相慰。公之孝

---

① 民国《南宫县志》卷二十三，《中国地方志集成·河北府县志辑》第69册，第196页。
② 民国《南宫县志》卷二十三，《中国地方志集成·河北府县志辑》第69册，第195页。
③ 民国《南宫县志》卷二十三，《中国地方志集成·河北府县志辑》第69册，第196页。
④ 民国《南宫县志》卷二十三，《中国地方志集成·河北府县志辑》第69册，第195页。

友，允克若兹。是生良嗣，以际盛时。如彼参天，巨干百围。材之所用，
文武兼资。入握卿章，出秉将麾。以封于公，禄进位跻。御史尚书，雪鬓
霜髭，九龄少三，邻于期颐。从仙者游，乐复奚疑。南宫之野，西河之
兆，妥神泉室，不幽孔曜。裂土待封，祭公于庙。按，此为白恭敏之父友
谅。"① 皆为白氏一族之墓铭。

四　民国《沙河县志》

卷十"文献志下"设"金石"一门，从汉代延至明代。数量如表 5 -
4 所示。

表 5 - 4　民国《沙河县志》"金石"一览

类别	朝代				
	汉代	唐代	宋代	元代	明代
碑	1	3	4	4	8
墓志		1			
记		1	2	1	2
题名			1		
小计	1	5	7	5	10
总计	28				

汉朝 1 件，有《漳河神坛碑》。

唐朝 5 件，有《漆泉寺碑》《新息令□□墓志》《赠邢州刺史宋玄抚神
道碑》《太尉尚书右丞相宋璟神道碑》《碑侧记》。

宋代 7 件，有《赠都官郎中张□墓碑》《封峦寺碑》《临平原书宋公神
道碑》《临平原书宋公神道碑后记》《大观圣作碑》《裴侨等题名》《重修
冶神庙记》。

元代 5 件，有《宣圣庙前廊记》《太师张文谦墓碑》《提举孔天铎墓
碑》《县尹颜仲德去思碑》《主簿李滋荣去思碑》。

明代 10 件，有《知县方豪去思碑》《知县刘碧去思碑》《沙河县修学
记》《沙河建贤像碑记》《知县任环祠堂碑》《知县毛国贤去思碑》《前邑

---

① 民国《南宫县志》卷二十三，《中国地方志集成·河北府县志辑》第 69 册，第 195 页。

侯祠堂碑》《知县杜旻遗爱碑》《善政实录碑》《知县左佩弦去思碑》。

就碑来看，有神道碑、神坛碑、祠堂碑、寺庙碑、去思碑等。其中较有价值的是宋璟的神道碑。

唐朝《太尉尚书右丞相宋璟神道碑》，有宋范致君《临平原书宋公碑后记》，文曰：“宋公神道碑独完好。碑去官道二里余，世罕知者，以故久不显于世。致君因谒墓下，始得之。邢为襄国旧都，邱冢累然，类皆湮灭于无闻，独公之墓高不逾丈，丰碑尚存，岂特忠义足以垂名于不朽世？亦以颜鲁公之贤，而此碑尤为可贵也。自衡之后，子孙无显宦于唐，今有隶编户者，犹收公官诰，置田墓侧，俾耕以守。诰为前政取去，莫知所在。”① 介绍了此碑之尺寸以及保存完好之状况，并认为这既与宋璟之忠义有关，又与颜真卿之所撰所书有关。

《金石录》对于宋璟及其子嗣生平之考证，亦有弥缝补缺之功用。文曰：“《唐书》：‘广平六子，曰昇、尚、浑、恕、华、衡。’今此碑言：‘公有七子，曰复、昇、尚、浑、恕、延、华、衡。’乃八子也。鲁公所撰《广平碑侧记》亦曰：‘公之第八子衡，谪官沙州。’盖广平实有八子。《唐书》阙复、延二人，而此碑鲁公误书‘八’字为‘七’尔。又碑云‘广平自吏部侍郎兼摄尚书左丞’，而史不载。后自楚州刺史历魏、冀、兖三州，兼河北按察史，迁幽州都督，复为魏州。而史但言历兖、冀、魏三州刺史，河北按察使，进幽州都督而已。史又载，广平为广州都督时，郡人为璟立遗爱颂，璟上疏辞让，有诏许停，而《碑》乃云燕公张说尝为《碑颂》。今燕公集中实有此文，岂已为文而未尝刻石欤？”② 参《太尉尚书右丞相宋璟神道碑》中的“八子说”，对于《唐书》所载的“六子说”提出了质疑。又弥补了史书所缺的宋璟“吏部侍郎兼摄尚书左丞”之仕宦经历，还增加了张说曾为其作《碑颂》之事。可见此碑颇具史料价值，对于研究宋璟有增补之意义。

《弇州山人稿》文曰：“余始有碑侧记，又后一岁，乃得碑文，颇剥蚀，其行笔与记全异。碑辞内称公雅善戏谑，不常矜庄，凡所诙谐，人辄疏取。昔人见公赋梅花，以铁石心肠为怪，故不足怪也。非所望于萧传，

---

① 民国《沙河县志》卷十，《中国地方志集成·河北府县志辑》第 70 册，第 119 页。
② 民国《沙河县志》卷十，《中国地方志集成·河北府县志辑》第 70 册，第 119 页。

亦是一证。太史公读张文成事，而疑其伟然丈夫，乃如好女子，世固有不可晓者。"① 碑文载，宋璟雅善戏谑，不常矜庄，打破了对其固有之刻板印象。

明方豪《续宋文贞公神道碑记》文曰："余初至沙河，闻有唐相宋文贞公墓，墓有颜鲁公书碑，而未及谒，先取其碑文观之，中有缺文，字画丰肉，疑非颜书。乃约寮友以九日往谒，因求其故。前六日，豪自郡返，至食膳铺，墓在铺西二里，取道独先往焉。其碑果宋人范致君书，碑侧有述而不及拓，故凡得是碑者，概以颜书，不复辨也。徘徊瞻眺，则草棘之丛见一断碑，乃鲁公所书《神道碑铭》。碑未断时，高可丈许，广可四尺许，厚可尺许，记中所谓曳以百牛者，殆实录也。欲谋续之，而以上修下短为难，姑出其跗以归。至九日，乃与县丞李尚质，典史高雄，教谕杨传，训导敖廷杰、文明往践宿约，兼集群谋。谋者曰：'须于碑侧断口，穴其上下，续之以铁。'豪曰：'是碑四面皆书，侧而穴之，其文灭矣。盍穴其中？'冶者李宣曰：'须铁二百斤。'石者郭谦曰：'须四木秤，木须三丈许。'后二日，复至墓下，亲为营董。乃先立下截，出上截于土中，先起上断口，与下断口对置铁笋。明日帅四百人，百人各守一秤，击金号召，众咸劝踊，如蚁负粒。有顷而起，上下相续，分毫不爽。工讫，诸生载酒相庆，酌而酬之，分饷群力，各有喜色。豪观《记》中有曰：'雕镌既毕，树立斯崇，远近嗟称，今古荣观。'今断而复续，事半功倍，嗟称荣观当不殊。初思鲁公之书，今之所贵者《多宝塔》尔。以此较之，有四胜焉：彼演释因，此昭儒躅，一也；彼代岑书，此为自撰，二也；彼尚为早年之书，此已为晚年之书，三也；彼在名郡，拓之者众，屡经翻刻，已失其真，此乃陋邦，未经屡拓，点画如初，四也。识者谓豪非妄诞云。"② 此文记述了明方豪等人发现颜真卿所书之宋璟神道碑之过程，并描绘了较为原始的碑貌：高可丈许，广可四尺许，厚可尺许，碑四面皆书。

《金薤琳琅》文曰："右唐宋文贞公碑并碑侧记，皆颜鲁公撰并书。文贞公墓在直隶之沙河县，碑久埋没土中，余友方思道作县出之，以拓本见

---

① 民国《沙河县志》卷十，《中国地方志集成·河北府县志辑》第 70 册，第 119 页。
② 民国《沙河县志》卷十，《中国地方志集成·河北府县志辑》第 70 册，第 119 页。

示。"① 记载了县令方思道起出墓碑并将拓本示于作者。

《金薤琳琅》又曰:"《金石录》谓《碑》与新史不同者二事,又谓碑侧记载文贞逸事甚详,而新、旧史皆无之。予家藏鲁公文集中有此碑,因得比较,以补石本之缺。但其文时有小异,如,《集》本云'建一言而天下倚平',《碑》'一言'作'一阳';《集》本云'曾祖弘俊',《碑》作'弘峻';《集》本云'尝梦大鸟衔书吐公口中,公吞之',《碑》作'大鸟衔书吐公口中而咽之';《集》本云'欲优游自免',《碑》'自免'作'乡里';《集》本云'左右震竦',《碑》'左右'作'天后';《集》本云'敕使驰救之',《碑》'救'作'赦';《集》本云'与执法通同',《碑》作'与执政通问';《集》本云'玄宗将幸西蜀',《碑》作'中宗将幸西京';《集》本云'公盛气诘之',《碑》'气'作'色';《集》本云'东宫有大功,宗庙社稷主也,安得异议',《碑》作'春宫有大功,主安得异议'……其不同者又如此,此则赵之所未及也。"对于《集》本与《碑》本中的多处相异之处,进行了详细的说明。

《震川集》文曰:"右碑在今沙河县之东(应作西)。北康陵丁丑之年大水,方思道为沙河令,碑已断没,出之土中,镕二百斤铁贯而续之。今方公所为修复封树,皆无存矣。惟此碑屹立于风霜烈日之中,恐亦不能久也。欧阳文忠公谓鲁公真迹,今世在者,得其零落之余,尤足以为宝。今此碑剥蚀犹少,况以广平之重,使欧公得之,其为珍宝,当倍他书矣。"《庚子销夏记》文曰:"宋文贞碑,书法方整中带有虚和,视他书稍异,尤为可宝。予以崇祯己卯于役河南,亲至碑下,见石虽渐泐,然规画尚可抚摩,因拓一纸置舆中,共辰夕者经年。近霍少司马达拓赠此本,大不如二十年前者矣。"② 亦感叹碑文之渐渐消失殆尽,令人唏嘘不已。

可见,此碑文对于宋璟之研究甚有裨益。

就墓志、墓表、墓铭来看,重在记述墓主在沙河之事迹,考证其姓氏、名字、仕宦等。

如唐朝《新息令□□墓志》,《潜研堂金石文跋尾》曰:"右新息令某

---

① 民国《沙河县志》卷十,《中国地方志集成·河北府县志辑》第70册,第119页。
② 民国《沙河县志》卷十,《中国地方志集成·河北府县志辑》第70册,第119~120页。

君墓志，今在沙河县。无撰书人姓名，题目及首二行并磨泐，故失其姓氏、名字。其文叙述先代，有云‘飞钳辨士，威六国而腾英；握节忠臣，□□□□□□’，疑其姓苏也。君以文明元年四月廿五日终，夫人张氏以文明元年五月廿四日终，即以光宅元年岁次甲申十一月二日，合窆于嘉泰乡之平原。考之史，是年正月，中宗改元嗣圣，二月被废，立睿宗，改元文明，九月，改元光宅，则新息君实未逾年而葬，故云即也。《唐书·地理志》：‘新息县，武德四年置息州，贞观元年，州废，以县属蔡州，史无隶郑州之文。’此志云：‘弘道元年，加君郑州新息县令。’疑当时必有改隶之事，而史失载尔。其云‘地极膏肿’者，‘膏腴’之误也。书极为櫄，后魏石刻往往有之。”[①] 墓主为该县县令，就墓志所述，疑其姓苏。并参史书，考证其实未逾年而葬。又指出碑文之讹误处。

此外序文、跋文、记文等亦有关于修学、廊宇、碑刻等记载，同样具有一定价值。

五　民国《威县志》

卷十八、十九为“金石志”，其前有序曰：“金石一种，与史书相表里，大都记载往事，兼以表彰前徽。《四库全书》依宋志例，金石附史部目录类，不依隋、唐志例，附经部小学类，不诬也。是以金石往往足正史之讹而补史之缺。然自有金石以来，钻研者代不乏人，如欧阳修《集古录》、薛尚功《钟鼎款识》，是则有类考古学；潘昂霄《金石例》、刘宝楠《汉石例》，是则有类文法学；黄伯思《法帖刊误》、曾宏父《石刻补叙》，是则有类书品学。数者，皆专家之业，与金石本属史家之旨稍殊。元明以后，方志中多载金石。方志归史部，金石亦归史部，自不得拘守金石专家之说。兹但取于本境人及事及地理有关系者，酌取而记录之。余则只志其标题与撰者姓氏及年月，以求不违史法，例不得不稍宽。若显与金石体例相远者，亦碍难登录焉。所惜者，兵燹风霜，剥蚀残缺，往往杂诸荒烟蔓草中，而末由摭拾采访，不无遗漏尔。”[②] 指出其收录标准及录入方法，即取与本境人及事及地理有关系者录之，余则只志其标题与撰者姓氏及年

① 民国《沙河县志》卷十，《中国地方志集成·河北府县志辑》第70册，第118页。
② 民国《威县志》卷十八，《中国地方志集成·河北府县志辑》第70册，第487页。

月。具体数量如表 5-5 所示。

表 5-5　民国《威县志》"金石"类一览

类别	朝代						
	唐	宋	金	元	明	清	民国
鼎					2		
坊					28		
碑	1	1		3	10	17	6
颂							1
石刻、刻石						1	
浮图					1		
铭					2	1	
墓志					1		
记		2	1	4	37	46	6
表						28	18
序						2	
其他					1	4	
小计	1	3	1	7	82	99	31
总计	224						

就表 5-5 统计来看，以表、记、碑、坊居多。碑类涉及庙宇、道观、神道、行宫等，有《宗城令卫知全德政碑》《大观圣作之碑》《齐圣广祐王庙之碑》《加封孔子制诰碑》《翰林承旨刘赓神道碑》《学校格式碑》《特赐无极观碑》《龙舒净土文碑》《董氏制诰碑》《王君制诰碑》《重修太山行宫碑》等。记类涉及寺院、殿宇、祠堂等，有《新宗城县三清殿记》《大名府宗城县新修庙学记》《洺州宗城县新修宣圣庙记》《加号大成之记》《田侯去思碑记》《威州重修庙学记》《威州重修公廨记》《重修文殊寺记》《威县重修庙学记》《重修三官庙碑记》《重修城池公署记》《重修龙王庙碑记》《名宦祠碑记》《乡贤祠碑记》《威县重修城隍庙碑记》等。表类以墓表为主，有《明故处士王公孺人李氏墓表》《田如龙墓表》《清太学生魏君墓表》《例赠文林郎太学生毓东徐君墓表》《从九品衔有光李君墓表》《鸿胪寺序班忠武保保正李府君墓表》《诰封修职郎选拔生张府君墓表》《太学生魏君墓表》

《例赠奉政大夫太学生傅君墓表》《皇清例封奉政大夫威邑王鸣珂先生墓表》《例授奉直大夫南亭徐君墓表》。坊类涉及较广，有《作人坊》《云路坊》《鲲化天池坊》《三世登云坊》《鸣阳坊》《大卿坊》《翰苑坊》《柱史坊》《擢秀坊》《京尹坊》《折桂坊》《拔秀坊》《宾贤坊》《大谏议坊》《盛世循良坊》《中丞坊》《三世尚书坊》《父子太史坊》《天香高折坊》《敕建贞节坊》等。

就墓表来说，其文主要是介绍墓主之出身，追述其生前之旧事，褒扬其品行功绩，撰文者多对其了解较深，情感较为浓厚，读来情深而意长。

如《安光生先生墓表》，文曰："赞自髫龀趋庭，即闻先君子廷玖公屈指威邑贤士，如王侪鸥、杜瓜里、渔台安淡斋及辉生之胞弟光生先生。侪鸥博学善书，不交时贵，城居数十年，足迹不至公庭。县令甲为某制寿屏，倩书不可，邑之隐君子也。瓜里布衣能诗，饮酒浩歌，著书自娱，不为举子业。尝道装杖头，挂壶瓢，遨游燕赵，有陶靖节之遗风。淡斋则理学名宿，以孝弟敬让为宗，修身治家，著有《质疑》《辨惑》等集。居成寐庵，与光生西清斋密迩。尝相切磨，而与侪鸥绵密，瓜里皆通缟纻焉。光生先生幼聪敏，十二能文，十八补诸生，五十有六成岁进士。事兄如父，爱侄犹子，遵其父乔瞻公遗命，同兄爨五十余年，无片言龃龉者。每花晨月夕，随兄登蒙泉楼，赏奇析疑，联诗和歌，子弟烹茶侍侧。有客戾止，则谈古今、究天人，怡怡切思，乐而忘倦。学富才雄，为文摇笔如飞。而且善诱后学，游其门者，率多成名士。若李子愍初、王子子常、高子沌熙、魏子兴可、王子居敬、张子兴周、赵子盈之及其族孙淳如、胞侄晓，皆彬彬选也。赞生也晚，不获执鞭从游。迄今环顾吾邑，回念先君子之言，不禁涕泗沾襟，感慨系之矣。乃晓表章其祖父与叔之德行，咸刻石以示后昆，则吾邑诸君子不共垂不休哉。考汉以前无安姓者，自安息王入质太子，遂以为氏始。今先生子侄诸孙，皆力学有为，不肯随俗波靡。传所谓公侯之子孙必复其始者，不在是与？先生讳蕴璞，生于崇祯十四年，卒于康熙四十一年。元配张、继配刘，俱逝。再娶廪生马见光之女，生子三。长冕；次易，邑庠生；三晟。女一。孙十、研、琳、碱、砼、冕出；珍、庠生砀，易出。"① 墓主自幼聪慧，然登科较晚，为人恪守儒家之忠孝礼义，与家人

---

① 民国《威县志》卷十九，《中国地方志集成·河北府县志辑》第 70 册，第 509 页。

和睦友爱。其性情自然，联诗和歌，为文摇笔如飞。撰者对墓主知之甚深，所叙之事皆为生活琐碎，所言亦为寻常语，情深而意长，令人读来感慨颇多。

再如，《乔瞻安太翁墓表》文曰："乔瞻安太翁，讳寅，吾从姊丈晓之大父也。祖居山西平阳府洪洞县，明永乐间迁于威县北之渔台，世以忠厚传。翁孝慈仁让，品式金玉，精歧黄术，尝破产购药以活人。能歌，时击鼓拍板，度曲自娱。延师训子，务令作通儒，虽卖田以供不惜也。初，翁生而殷富，后值明季土寇猖炽，征役无厌，产渐落，而教子攻医，浩然不辍。生于万历四十八年七月十七日，卒于顺治十八年正月二十二日，享年四十有三。元配刘氏，鸿胪寺序班芳远公之女，生二女，长蕴瑜，次蕴璞。岁贡生，皆以文学名于时。继配王氏，武举吉人公女，生女一。"① 撰者与墓主有姻亲关系，对其知之甚详。在其笔下，墓主慈厚温和，又曾破产购药来救人，有大义之行。墓主生而殷富，然受征役之苦，渐而没落，其后人以文名世。

就记文来说，其文叙事详尽，行文骈散相糅，既具浩荡气势，又有曲折起伏之致。

如《重修学庙碑记》，文曰："粤稽文庙之始，创自汉建元中，立夫子庙于太学，至光武，命天下郡县皆立庙，历代相传，其殿宇、门庭、礼仪、俎豆，俱有成典。此非徒崇其名也，诚以道在天下，先夫子而圣者，非夫子无以明；后夫子而圣者，非夫子无以法。祖述宪章，仪范师表，历万世而莫外也。故道尊而教以明，亦庙立而人知仰，惟庙貌之森严，斯敬思之弥挚。威邑庙制在县治东南隅，宫墙殿庑屹如也，然风雨飘摇，湿卤剥削，倾圮大半，泮池与名宦、乡贤二祠且塌为平地矣。土甃短墙，半没荒草，肃敬之心，变为肃瑟。呜呼，是谁之咎耶！余于丙午岁来铎斯邑，谒庙之时，环视萧然，心为怆恻，学敝至此，是岂所以安神明而扬教化哉！爰与司训郑君，同谋于邑侯平原董公，卜日营修，但工费浩繁，力薄难胜。募诸绅士，仅得银若干。而择其颓圮尤甚者道德坊、泮池、戟门及名宦、乡贤数处而修之。至壬子，漳南许公再修南城奎楼，然而功未及半也。岁在癸丑，诏谕天下重修文庙，适茶阳张公奉命宰威。下车之始，慨

---

① 民国《威县志》卷十九，《中国地方志集成·河北府县志辑》第 70 册，第 510 页。

然以为己任，首捐俸百金以倡绅士，绅士亦无不欣然乐输者，募资千金有奇。乃命诸生监督经营咨度，庀材鸠工，经始于甲寅三月，落成于乙卯十月，自大成殿两庑及内外群墙并明伦堂两斋诸门，皆焕然更新焉。於戏！大道高深，至教洋溢。日星河岳，见云汉之昭回；樽桷几筵，实神灵之凭式。隆祀礼者，所以尊道统；崇殿宇者，所以肃观瞻也。诸生勉乎哉！至于风雨侵蚀，时有损坏，又不可不频加修葺也，是不能无望于后之君子焉。爰为记。"① 先论及文庙之起源及发展，而后详细地记述了学庙之重修与翻建，表现了当地对道统的推崇。

又如《老官寨义学记》，文曰："余以丙寅莅任洺水，甫下车，即博访邑之学校散见于城市四乡者，得名若干，区治之东南隅老官寨其一也。先是，老官寨有逃户地六十五亩，前县因其无主，归于城之义学，岁取其租息为学师修脯之资。久之，学师某因上诉赴都无资，典于村绅任之云，弗克赎之，云又格于公议，不敢私呈于官，愿以所典地为阖村学地。前县嘉其举，允其请，老官寨之有义学由此始。嗣是，村之岁延师馆谷皆取给于此，人各认数亩而耕之，计其入输之师，率为常。而为任后者乃隐然以为吾家物，而欲专主之。丁卯春，村众因与任议不和，各为师而互争其地，讼于官，余查此地虽仿于任，究非任姓有。前师与任之云私相典易均不合，但之云知其不可私据而仍公之，可谓善补其过，奈何后之人竟又违其意而背乎义也。余以此不直任，任不屈，闻于郡宪，余以前议上之，宪可其议，而更饬为善后计。先是，村中既有学地，曾构学舍数椽，日久风雨剥蚀，倾圮无存，近之馆者移就观音堂，陋不称体。村人咸欲重建之而未果，余思有学地而无讲学之区，不可。爰进村众而劝谕之。俾各量捐资斧，共成义举，其外村有愿附合者亦听。于是众踊跃从事，计本村所捐得若干金，外村附捐亦得若干金。遂鸠工材，度地宜，刻日兴工，不数日而成学舍三楹。周以墙垣，外段扃户，颜之曰'老官寨义学'，另选村之老成公直者董其事，而进本村及外村子弟课读其中。今而后，义学之规制备矣。而争端亦息，抑余犹有望焉。义以徙而曰崇，学以进而日上，循是以推。今之学地数十亩，异日独不可扩而充之乎？今之学舍仅数间，异日独不可恢而广之乎？任与阖村苟能同好弃恶，始终有成，则既有以养子弟之

① 民国《威县志》卷十九，《中国地方志集成·河北府县志辑》第70册，第510页。

中才，而更可以兴一里于仁让，其所以为善后计者，又岂仅如目前云云乎！余将乐得而风示之矣，既以命复郡宪，爰迹其事而为之记。"① 记述了"老官寨义学"的选址及其兴起，以及民众捐资建舍、合力办学，反映了当地对于子弟学养之重视。

其他碑类、坊类有价值者亦较多，真实地反映了威县之古迹、风俗、文化及其历史沿革。

六　民国《新河县志》

卷十五"故实考"下设"金石"之目，有序曰："金石一项，其大者足补史乘之漏，断石零墨亦可征遗事、表芳躅。郑樵《通志》独为一门，侪于二十略之例，其见独卓。今就其可考者列故实考，惟金石一门所该甚广，举凡金品、石刻以及古代器物均在应收之列，兹缕述于次。"② 其分为两大类：金品、石刻。

（一）金品（涉及铜像、钟鼎、古印、古钱物等）

关于铜像，文曰："铸像，县境内诸寺观铸像甚夥，如西流镇之福胜寺、杨庄之兴教寺、城内之保宁寺，所有铜像各十余尊。而故现村慈明庵尤多，精细工巧，为全邑冠。近数十年散佚净尽，存于今者，只保宁寺高丈余之宋代古佛而已。"③ 新河县境内铸像甚多，然在民国时，大都散佚净尽，只有保宁寺还存有高丈余之宋代古佛而已。

关于钟鼎，文曰："村镇庙宇率皆有钟鼎，铜制者尚鲜（如王府净业庵内铜钟），铁制者最多，且多铸于明代，无关艺术，故略。"④ 在材料上，铜制者较少，以铁制为主，且不具艺术价值。

另，康熙《新河县志》载，有人在社稷坛古丘之下发现了多件古印、古钱物，时百姓争趋掘之。民国时，仍有在田野乡间发现古钱币、古印、刀矢者。如若能发掘，其成绩定较为可观。

（二）石刻（涉及碑碣、坊额等）

关于碑碣，唐代有《堂阳令元□□德政碑》，志文曰："正书无书撰人

① 民国《威县志》卷十九，《中国地方志集成·河北府县志辑》第70册，第510~511页。
② 民国《新河县志》卷十五，《中国地方志集成·河北府县志辑》第71册，第429页。
③ 民国《新河县志》卷十五，《中国地方志集成·河北府县志辑》第71册，第429页。
④ 民国《新河县志》卷十五，《中国地方志集成·河北府县志辑》第71册，第429页。

姓名，开元十七年四月。"① 可知是当地百姓于开元十七年（729）四月为表彰官员所立。有《右卫亲军总管孔元墓表》，志文曰："至元二十年，翰林院侍讲学士邑人杨文郁撰。"② 孔元，新河人，至元十六年（1279）积官至宣武将军右卫亲军总管，十九年秋八月终于官，年六十三。有《创建庙学记》，志文曰："王构撰，温惠正书，杨文郁篆额。"③ 县宰阎思齐创建庙宇，王构撰文，介绍创建庙宇始末，温惠书写，杨文郁篆额，三年后又立碑。此外，还有《加封孔子制诰碑》《重修庙学记》《李良弼墓碑》等。

明清时，立碑处甚多，县志所载的有《卧碑》、《敬一箴碑》、《视听言动碑》、《心箴碑》、《圣谕碑》、《修文庙碑》（郭士文记）、《建儒学碑》（王构记）、《修城碑》（景旸记）、《修鼓楼碑》（李懋芳记）、《重修文庙碑》（杨杰记）、《魁星楼碑》（聂瀛记）、《县令题名碑》（林士芳记）、《重修文庙碑》（蔡懋昭记）、《重修明伦堂碑》（经世文记）、《城隍庙旧碑》、《重修城隍庙碑》（程试记）、《关帝庙碑》、《祠堂碑二》（蔡瑷记、聂瀛记）、《重修明伦堂碑》（及绍先记）、《重建魁星楼碑》、《重修文昌庙碑》、《立义学碑》、《重修察院碑》（以上四碑王汝翰记）、《圣全寺碑》（刘汀记）、《兴国寺碑》、《石佛寺碑》、《崇圣寺碑》、《永庆寺碑》、《慈明庵碑》、《三教堂碑》（周曰序记）、《重修县城碑》（糜瑄记，正德十年乙亥十月）、《教官记名碑》（沈转记）、《修县堤碑》（邢可久记）、《宋布衣故里碑》（王培记）、《周彬故里碑》（王培记）、《重修文庙碑》（吕宏绩记）、《张砖村建桥碑》（邢文焯记）、《重修城隍庙碑》。县志只列出碑目，未载详文。新河之碑，关涉戒石、圣训，以及城池、鼓楼、学庙、堤埝、寺观之兴建等诸多方面。通过这些碑文，可以考察古迹，探寻岁月，以为考世之鉴。

关于坊额，康熙《新河县志》载有《文林坊》（在儒学右）、《云路坊》（儒学前，久废）、《志思坊》（有关外）、《柱史坊》（为御史傅鼎立）、《登瀛坊》（为知州李洪立）、《御史坊》（为御史陈宽立）、《太仆坊》（为太仆寺卿陈宽立）、《世显坊》（为进士陈宽、举人陈微立）、《吏

① 民国《新河县志》卷十五，《中国地方志集成·河北府县志辑》第71册，第429页。
② 民国《新河县志》卷十五，《中国地方志集成·河北府县志辑》第71册，第429页。
③ 民国《新河县志》卷十五，《中国地方志集成·河北府县志辑》第71册，第429页。

科坊》（为吏科给事中邱俊立）、《大夫坊》（为府同知脱镐立）、《兄弟联捷坊》（为聂瀛、聂汀立）、《黄甲坊》（为参议聂瀛立）、《侍臣坊》（为知县聂仪立）、《恩荣坊》〔为主事程试立）、《温纶重褒坊》（为同知焦思读立）。然至民国时期，所存者亦去其半矣。

此外，还有石佛、石碾、人头幢、碑碣、仲翁、石狮、石人、粗瓷碗、古瓮及古钱币等等。

七　民国《清河县志》

卷十六为"金石志"，前有序曰："历代国各有史，尚已。然所以正史之讹、补史之阙者，端有赖于金石一种。故《四库全书》依《宋志》例，金石附史部目录类，而不依《唐志》例。诚以金石与史相为表里，非无谓也。虽然，例缘义起，时有变通，亦不必拘守旧例。兹之所录，惟即文之有关地理风化者，凡佛寺中铜像钟碣，与探访册所载名人墓表，择尤而取。其余则只志其标题及撰者姓名年月，亦限于篇幅，姑从割爱之意云。"[1] 指明其所录中，有关地理风化者等择优而取，其余则只志其标题及撰者姓名年月。具体数量如表 5 - 6 所示。

表 5 - 6　民国《清河县志》"金石"一览

朝代	隋	唐	宋	金	元	明	清
碑					1	7	23
墓表						1	82
墓志铭		2					36
铜像	2						1
石佛		1					
石刻							3
古印						1	
记			1	1	2	3	2
造钟						1	
香炉						1	

---

① 民国《清河县志》卷十六，《中国地方志集成·河北府县志辑》第 72 册，第 275 页。

续表

朝代	隋	唐	宋	金	元	明	清
石狮							1
赠文							1
墓石						1	1
表							1
其他							2
小计	2	3	1	1	3	15	153
总计	178						

就表 5 - 6 之统计数据来看，墓表、墓志铭、碑类较多。墓表，题目即指明人物身份、官衔等，有《例赠文林郎岁贡生范君墓表》《戊子科举人贾公墓表》《鸿胪寺序班文庠生范君墓表》《己丑科举人顾公墓表》《唐子健先生墓表》《壬子科武举安公墓表》《武庠生姜封翁墓表》《香河县教谕廪贡生杨东初先生墓表》《杨珍文先生墓表》等。墓志铭，与墓表相类，有《清太学生顾公君赐墓志铭》《文林郎邑庠生崔封翁墓志铭》《崔安邦先生墓志铭》《栾望远先生墓志铭》《范心溥先生墓志铭》《栾印心先生墓志铭》等。碑类关涉学宫、祠堂、寺庙等，有《元明善神道碑》《重修隆兴寺碑》《重修学宫碑》《秦公祠碑》《五公祠碑》《城隍庙碑》《改建秦公祠碑》《先农坛碑》《双忠祠碑》《郭母节孝碑》等。

墓志铭大都先介绍墓主姓名、籍贯以及官衔，而后以墓主之典型事例来烘托其忠义品行及平生功业，再述其兄弟、妻子等人概况，最后为之作铭。

如《给事中张君墓志铭》，韩愈撰文。文曰："张君名彻，字某，以进士累官至范阳府监察御史。长庆元年，今牛宰相为御史中丞，奏君名迹，中御史选，诏即以为御史。其府惜不敢留，遣之，而密奏：'幽州将父子继续，不廷选且久，今新收，臣又始至，孤怯，须强佐乃济。'发半道，有诏以君还之，仍迁殿中侍御史，加赐朱衣银鱼。至数日，军乱，怨其府从事，尽杀之，而囚其帅。且相约：'张御史长者，无侮辱轹蹙（原文为"戚"，不通）我事，毋庸杀。'置之帅所。居月余，闻有中贵人自京师至，君谓其帅：'公无负此土人。上使至，可因请见自辨，幸得脱免归。'即推门求出。守者以告其魁，魁与其徒皆骇，曰："必张御史，张御史忠义，必为其帅告此余人，不如迁至别馆。"即与众出君。君出门骂众曰：'汝何敢反！前日吴元济斩东市，昨日李师道斩于军中，同恶者父母妻子皆屠死，肉喂狗鼠鸱鸦，汝何敢反！汝何敢反！'行且骂。众畏恶其言，不忍闻，且虞生变，即击君以死。君抵死口不绝骂。众皆曰：'义士！义士！'或收葬之以俟。事闻，天子壮之，赠给事中。其友侯云长佐郓使（原文为"便"，不通），请于其帅马仆射，为之选于军中，得故与君相知张恭、李元实者，使以币请诸范阳，范阳人义而归之。以闻，诏所在给船舆，传归其家，赐钱物以葬。长庆四年四月，其妻子以君之丧葬于某州。君弟复，亦进士，佐汴宋，得疾，变易丧心，惊惑不常。君得间，即自视衣襦薄厚，节时其饮食，而匕箸进养之，禁其家无敢高语出声。医饵之药，其物多空青、雄黄诸奇怪物，剂钱至十数万。营治勤剧，皆自君手，不假之人。家贫，妻子常有饥色。祖某，父某。妻韩氏，礼部郎中某之孙，汴州开封尉某之女，于余为叔父孙女。君尝从予学，选于诸生，而嫁与之。孝顺祗修，群女效其所为。男若干人，曰某。女子曰某。铭曰：'呜呼彻也！世慕顾以行，子揭揭也。噫暗以为生，子独割也。为彼不清，作玉雪也。仁义以为兵，用不缺折也。知死不失名，得猛厉也。自申于暗明，莫之夺也。我铭以贞之，不肖者之咀也。'"① 展现了张彻之多面，并突出了忠义为主要一面。韩愈，大家之手笔也，铭文下笔凌厉，情韵相生，读之令人恻然。

碑文，不同类别有不同特点。就祠堂来说，文中一般先介绍概况，而后详细叙事，凸显碑主之平生功绩。

如《秦公祠碑》，吴宽撰文。文曰："舒城秦公以工部员外郎奉命守广平，清约自持，济以勤慎。每日未出，坐堂上，吏抱文书，以公事咨禀，必详审可否，莫得容私。争者立庭下，皆俯首心服，无一人称冤者。若死刑，尤缓其期，往往平反。或遭水旱灾，即具实以奏。徭役则视户口多寡贫富，定其等第，无弗均者。先时，里胥多隐占粮地，公遣人四出相视，得地二千四百八十余顷，悉给贫民耕种。由是赋税皆足，招抚流移至五千八百余人。又立养济院、漏泽园，尤重文教，人材始盛。自春秋以来圣贤

---

① 民国《清河县志》卷十六，《中国地方志集成·河北府县志辑》第 72 册，第 275～276 页。

墓悉加封护。公之善政，大略如此。秩满将去，民攀留者塞道，至不得行。公既擢江西参政，累迁至南京兵部尚书，参赞机务。其后宏治十四年，郡侯陈公钦至，其为政大率如公，民爱之，曰：'何我侯一似秦公耶？'侯因询旧政，父老犹能一一道之，其色愀然，有泣下者。公曰：'求文刻石，以慰尔之思，可乎？'皆曰：'幸甚！'侯述其事，来请予。予昔佐吏部，获与公为寮友，盖素知公，因为之记，而系之以诗：惟昔任人，莫善于汉。循良屡书，见于史传。其人如何，其政何书。赫赫无求，默默自足。不使斯民，一朝欢虞。史亦有言，不失之误。日计不足，岁计有余。如龚如黄，世岂终少。古训不忘，子民有道。民亲平易，政尚体要。率是而行，汉人克绍。曰我父母，曰我师保。去之遥遥，传之父老。燕山壮崎，壮哉神京。分画甸服，曰有广平。天子择守，惠此黎民。秦公昔来，父老前迎。我戒仆夫，六辔缓行。吾官虽尊，斯民勿惊。惟此大郡，吾治何能。不挠狱市，惟静惟清。治之逾年，政于何有。狱无赭衣，家有南亩。岂不徭役，赴者恐后。岂不征科，输者恐负。孰襫衣冠，孰取箕帚。里胥自敦，士风自厚。问何为然，曰有贤守。古之遗爱，民不忍忘。陈侯避舍，秦公在堂。勒石示远，永垂耿光。"[1] 记述碑主审案件、减徭役、励农耕、抚流民、重文教，因此深受百姓之爱戴。碑文文辞宏丽，典雅端庄，从碑主之功绩引而发之，盛赞此地"里胥自敦，士风自厚"之风化。

其他记文、赠文等，亦有一定价值。诸类文体均记述当地人物之事迹、功业，其性之刚直、忠义、博爱，均是当地风俗教化的产物，以此可管窥一地之人文精神及其面貌。

第二节　邯郸方志金石文献述论

邯郸的城邑，肇起于商殷。古本《竹书纪年》中，有商末殷纣王在邯郸建"离宫别馆"的记载，邯郸古城距今已有3000多年的历史。邯郸今辖丛台区、复兴区、邯山区、峰峰矿区、肥乡区、永年区、武安市、鸡泽县、邱县、曲周县、馆陶县、涉县、广平县、成安县、魏县、磁县、临漳

---

[1]　民国《清河县志》卷十六，《中国地方志集成·河北府县志辑》第72册，第278页。

县、大名县。另有冀南新区、邯郸经济技术开发区。

在邯郸所辖区、县，今有方志存世，并设"金石"一门者，有光绪《广平府志》、民国《大名县志》、民国《邯郸县志》、民国《续修馆陶县志》、民国《成安县志》、民国《武安县志》，共6种。

一 光绪《广平府志》

卷三十五、三十六设"金石略"。所录入的从周延至明，有230件，涉及的类别有钟、塔、碑、经幢、造像、墓志、题名等，具体数量如表5-7所示。

表5-7 光绪《广平府志》"金石"一览

类别	朝代														
	战国	汉	魏	晋	北魏	东魏	北齐	隋	唐	五代	宋	金	元	明	不详
钟											1	1			
塔									1						
碑		2	1	2	1	2	3	2	10	2	8	5	27		
经幢													1		
石刻、刻石							8		5		1	1	1		1
造像							1		1						
铭			1						3						
墓志		2			1		1	1	5				1		
记				1			5	7	62		3	6	14	1	
款													3		
题字、题名							1	2	6	1	1	1	1	2	
表													1		
钱币	4														
印					1								1		
石阙						2									
颂													1		
小计	4	4	2	3	3	4	19	12	93	3	14	14	51	3	1
总计	230														

就统计的数据来看，以记、碑、刻石、墓志、题字等较多，其中大多数都与佛教有关，特别是唐代，可见彼时佛法之兴盛。记文，涉及学记、造像记、禅院记、圣庙记等，有《重修普会禅院记》《新修宗城宣圣庙记》

《清河县移学碑记》《创建洺州鸡泽县文宣王庙学记》《右将军王羲之书重修广平府学记》《韩浪苟等造象记》《荡寇将军卢遵等造象记》《乌容女造像记》《令狐胜造像记》等。碑类，涉及庙碑、写经碑、神道碑、墓碑等，有《淳于长夏承碑》《太尉高翻碑》《唐邕写经碑》《达摩大师碑》《创建至圣文宣王庙碑》《投牒碑》《邑进士题名断碑》《灵惠齐圣广佑王庙碑》《翰林学士张之翰墓碑》《河南行省左丞元明善神道碑》等。石刻，涉及庙额、赋、诗、训等，有《大行禅师义方训石刻》《登丛台怀古赋石刻》《崔府君庙额石刻》《丛台题诗石刻》等。墓志，有《贝州刺史宋庆礼墓志》《广州都督府司马宋庆宾墓志》等。题字，大都与佛像、佛经有关，有《昭元沙门统定禅师造佛象题字》《摩诃般若波罗蜜佛题字》《石狮题字》等。

　　碑类，在介绍其形制外，又叙其所历经之变迁及基本概貌。如《淳于长夏承碑》，文曰："八分书，碑高八尺一寸，广三尺九寸，十三行，行三十字，后刻唐曜记四行正书，石在永年县署东紫山书院。篆额三行黑字'汉北海淳于长夏君碑'，文十四行，行二十七字，第十一行铭文另起。嘉庆中，翁方纲依无锡华氏本重摹，知府石飞熊分勒六石，今嵌府署东客厅西廊下。翁跋云，是碑宋元祐中洺州因治河出土，故其石在今广平府。岁久碑仆，明成化己亥前守秦民悦建爱古轩覆之，后为筑城工匠所毁。嘉靖乙巳前守唐曜重刻于讲院。成化本因下半泐蚀，字多失真，而嘉靖本因之舛讹滋甚，今以无锡华氏真赏斋旧藏古本，北平翁方纲重摹始还旧观，知广平府宿松石飞熊、知永年县代州郎锦麒同校，选工重勒，嘉庆十年乙丑春二月朔记。"[①] 详细地说明了其高、广、行数以及所在等。又叙述翁方纲考其沿革及旧址，并认为其今在广平府。接着写其历经的变迁，从倒塌、被爱古轩覆盖，到为工匠所毁，再到翁方纲以重摹还其旧观，又到地方官选工重勒，知此碑满载岁月的流逝以及世事的变幻。

　　记类，特别是学记，在记述其形制外，又多叙述记文书写之始末。如《右将军王羲之书重修广平府学记》，文曰："明颍川赵澄集字，大学士何如宠撰文，长洲邵莹摹勒并镌，凡八方共一碑，前四方记文衔名，每方三十二行，后四方题跋七则，篆隶行草各备。碑在府学戟门右。推

　　① 光绪《广平府志》卷三十五，《中国地方志集成·河北府县志辑》第 55 册，第 537 页。

官余忠宸识云，程公修学方新，忠宸始参郡幕，又数月落成，祭吉郡多士问道，其中谬委，司李主焉。寻程公以艰夺廪饩，故在予督笔砚，罔敢懈。且于舍南更构数百椽居，焚修者广，公志也多，士素佩公色笑而又有修学之绩，不可谖走，求相国何公，言聘颍川赵生澄、长洲邵生莹构，故刘大司徒家宋拓右军诸本，集之上石。"① 详细地介绍了该碑之书写规制，即"凡八方共一碑，前四方记文衔名，每方三十二行，后四方题跋七则，篆隶行草各备"，在书写过程中，反复求教于大方之家，又拓王羲之诸本，最后集于石上，就其形成过程，足可见立碑者、撰写者等对其重视程度。

二 民国《大名县志》

卷二十一有"金石"类，从战国延至清代，历时较长。共记载有 84 件，涉及碑、铜像、铁像、经幢等多种类别，具体如表 5-8 所示。

表 5-8 民国《大名县志》"金石"一览

类别	朝代									
	战国	晋	南北朝	隋	唐	宋	元	明	清	不详
碑		1	1	1	23	3	7	9	2	
石刻					1	2	1		5	
款							1			
题字					1					
墓志					1		2			
墓表							1			
记	1			1		4				1
铜像								4		3
铁像										1
经幢					2					
铁鞭					1					

---

① 光绪《广平府志》卷三十五，《中国地方志集成·河北府县志辑》第 55 册，第 538～539 页。

类别	朝代									
	战国	晋	南北朝	隋	唐	宋	元	明	清	不详
石狮子										1
石坊										1
钟								1		
其他										1
小计	1	1	1	2	29	9	12	14	7	8
总计	84									

　　就所统计数据来看，碑类最多，其他石刻、铜像、记等亦较多。碑类涉及德政、祠堂、神道、寺院、墓冢等，有《魏郡太守苗晋卿德政碑》《善达法师碑》《魏州刺史狄仁杰生祠碑》《魏博节度使田绪神道碑》《赠驾部员外郎石知谦墓碑》《宋刘安世故里碑》《大名路都达鲁花赤昔里益立山神道碑》《武义将军梁桢神道碑》《朝列大夫张积墓碑》《北魏圣旨寺碑》《开元寺新建三门楼碑》《观音寺碑》等。铜像，主要为佛像，有《铜布袋和尚像》《铜疙瘩佛像》《铜关壮缪像》《铜释迦佛像》《铜天齐泰山三官像》《大小铜铁佛像》。石刻，包括草书、佛经、恕歌等多种，有《朱子太极书石刻》《赵孟頫金刚经石刻》《蔡汝贤训恕歌石刻》《张元忭晚香堂赋石刻》《周邦彬碑记石刻》《方元焕行草书石刻》《方观承晚香堂诗草书石刻》等。

　　就碑文来说，志书内容涉及之面较广，或用以考证人物生平，或用以管窥风俗礼制，均有一定的参考价值。

　　如《魏州刺史狄仁杰生祠碑》，文曰："宋郑樵《金石略》：张庭珪分书，在北京。《明一统志》：狄梁公祠，在府城南城外。唐梁公狄仁杰尝为魏州刺史，有异政，民为生祠。旧有双碑，一李邕文，张处继书，开元中立。陶梁《大名郡斋记事诗》注：城南有唐狄梁公祠，碑为李邕撰。今断。《京畿金石考》：李邕撰，张庭珪分书，开元十年十一月立。《畿辅碑目》：开元十年，李邕撰，张庭珪书，在大名府南三里。《通志》、诸家著录皆作张庭珪书，《明一统志》独作张处继书，疑误。"① 通过多种文献对

---

　　① 民国《大名县志》卷二十一，《中国地方志集成・河北府县志辑》第59册，第351页。

照，对碑文的撰者进行了考证。

再如《魏博节度使田绪神道碑》，文曰："《集古录跋尾》：田承嗣子绪碑，节度判官邱绛撰。案《唐书》列传，承嗣十一子，维、朝、华、绎、纶、绾、绪、绘、纯、绅、缙，而绪次当第七。此二碑皆以绪为第六子，而无绾。自绪而下，有绘、纯、纷、缙，与史（原文为"吏"，不通，改）不同。碑为故吏（原文为"史"，不通，改）所作，盖史之谬。《通志》案《新唐书·田绪传》云：承嗣第六子。又无承嗣诸子次序。盖欧阳修修史时，拟此碑更正。又案《文苑英华》载此碑文云：以某年十月四日，葬我公魏州贵乡县金隄乡吴河原，迩先太傅之茔。此承嗣及绪墓皆在魏州之证也。史载官位与碑同，惟尚书左仆射碑文作右。又碑云：子三人，长曰孝和，少曰季直。季安则次子也。而旧书云季安最幼，新书传云少子季安嗣，皆与碑异。邱绛后为季安生瘗死，见季安传。"① 对史书关于其子嗣之记载，进行了驳论，具有考证价值。

就铜像来说，志书中不仅介绍其所在、规制、概貌，还较为细腻地描绘其神态，记述其经历的变迁等。

如《铜布袋和尚像》，文曰："在普照寺佛殿内。顺治戊戌铸，高四尺余，像肥胖，身裁偎胲（腰），盘膝侧足坐，蹙额皤腹，笑容可掬，俗曰布袋和尚。"② 在介绍其形制后，又谓之"肥胖，身裁偎胲（腰），盘膝侧足坐，蹙额皤腹，笑容可掬"③，形象很鲜活。

再如《铜疙瘩佛像》，文曰："在县署西公园内北首土堆前。高四尺余，其像顶皆疙瘩，故称疙瘩佛。"又在几段材料后附按语："以上三铜像，皆民国十二年丁春膏县长移自城外，置诸公园，以供游人瞻玩者。后佛像仍送回西关，铜和尚、铜观音皆送普照寺。"④ 在介绍其所在、形制，述其名称之由来后，又有按语指明其被搬迁之始末。

又如《铜关壮缪像》，文曰："在南瓮城关庙中，坐像庄严，高三尺余。民国十八年废除神祠，将铜像曳之台下，面向地而仆，今已扶起，仍

① 民国《大名县志》卷二十一，《中国地方志集成·河北府县志辑》第 59 册，第 352 页。
② 民国《大名县志》卷二十一，《中国地方志集成·河北府县志辑》第 59 册，第 346 页。
③ 民国《大名县志》卷二十一，《中国地方志集成·河北府县志辑》第 59 册，第 346 页。
④ 民国《大名县志》卷二十一，《中国地方志集成·河北府县志辑》第 59 册，第 346 页。

未上台。"① 除了介绍其所在、形制，还谓其"坐像庄严"，且经历了倒地、扶起等变化。

就石刻来说，志书中除介绍其所在、由来外，有的还在一定程度上还原了其背景。

如《方观承晚香堂诗草书石刻》，文曰："苍劲绝伦，嵌在晚香堂后壁东间。方为乾隆时直隶总督，大魏受水，亲身履勘，在府居住多日，卒并两县为一，故有晚香堂诗题石。"② 介绍其所在以及由来，更品鉴其"苍劲绝伦"。

再如《方元焕行草书石刻》，文曰："在今县署东晚香堂前东厦下。石凡九，长四尺有余，宽尺有半，均嵌在壁上，笔力最为夭矫。按：方元焕，不详里居。清康熙五年浙江开化进士有方元启者，为南乐知县，或系其昆仲欤？"③ 亦是在介绍其基本概况后，还品评其书法"最为夭矫"。

又如《赵孟頫金刚经石刻》，文曰："昔在本城北街成文穆文公祠，今为西街刘姓得之，屡行拓印。案赵自题云：至大四年，岁在辛亥，二月二十七日，奉佛教弟子翰林侍读学士、中顺大夫、知制诰、同修国史赵孟頫手书《金刚般若波罗密经》，奉施本师中峰和尚转读，荐亡男赵由亮离一切相，早证菩提，伏惟三宝证知。孟頫谨题。"④ 介绍其流转之过程，并有按语解释其创作时间、由来以及彼时之情形，特别是"赵孟頫手书《金刚般若波罗密经》，奉施本师中峰和尚转读"⑤，以灵动之手法再现了石刻背景。

此外，墓志、经幢、石狮子、石坊之介绍文字亦有可取之处。

三　民国《邯郸县志》

卷十五为"金石"类。文曰："物质进化，各国每发掘古物而穷搜之，由石器以递变为铜器、铁器，乃益进于文明。此考古之学，吾国夙未殚心以视他国，则瞠乎后矣。然孔鼎汤盘，述作既垂诸载籍；晋砖汉瓦，摹拓

---

① 民国《大名县志》卷二十一，《中国地方志集成·河北府县志辑》第 59 册，第 346 页。
② 民国《大名县志》卷二十一，《中国地方志集成·河北府县志辑》第 59 册，第 347 页。
③ 民国《大名县志》卷二十一，《中国地方志集成·河北府县志辑》第 59 册，第 347 页。
④ 民国《大名县志》卷二十一，《中国地方志集成·河北府县志辑》第 59 册，第 347 页。
⑤ 民国《大名县志》卷二十一，《中国地方志集成·河北府县志辑》第 59 册，第 347 页。

亦汇以成编。其他岣嵝之碑，岐阳之鼓，历代之钟鼎、彝器、图书、石刻，未尝不珍护而宝藏之，嗜古之心又孰非文学之一助哉。吾邯地处荒僻，可采者甚属寥寥，姑就耳目所闻见者博考而广搜焉，虽井蛙醯鸡未免囿于拘墟之陋，而小物不遗等诸竹头木屑或未尽可废耳。志金石。"① 指明其就所闻见者博考而广搜以录之，具体数量如表 5-9 所示。

表 5-9 民国《邯郸县志》"金石"一栏

类别	朝代							
	战国	唐	五代十国	元	明	清	民国	不详
足布	2							
首布	1							
刀	1							
志		2						
词		1						
碑		2		1	1	4	4	
石刻		2			1	1	3	
铭		1						
字								1
像								2
其他	1		1			1		1
小计	5	8	1	1	2	6	7	4
总计	34							

就统计数据来看，以碑、石刻较多，且有其他县志未发现的足布、首布等。碑类，有《月爱寺碑》《洺州司马庞承宗碑》《邯郸主簿苗泽碑》《清高宗御碑》《丛台集序碑》《重修丛台记碑》《义田碑》《宾兴碑》等。石刻，有《大行禅师义方训石刻》《登丛台怀古赋石刻》《画梅石刻》《城垣八大字石刻》《画兰石刻》《苗圃记石刻》等。足布有《甘丹大尖足布》等，首布有《甘丹大空首布》等。

就碑文来说，志中大多记碑之所在、立碑时间、撰书者姓名，以及当

---

① 民国《邯郸县志》卷十五，《中国地方志集成·河北府县志辑》第 60 册，第 629 页。

地之历史典故与文化传说，彰显了这座三千年古城之魅力。

如《重修丛台记碑》，文曰："在丛台城上，丛台集序碑右偏东向。民国二十一年，陆军第八十四师师长定边高桂滋撰并书。昔赵武灵王变胡服，习骑射，后之人每加訾议。然当其时国势积弱，外有强秦眈逐，时虞吞并，思欲奋发图强，一扫国人萎靡之习，其尚武精神，有足为军人取法者。读史至此，尝心慕之。去年秋，奉命戍邯，置军幕于丛台，相传即赵武灵王所筑。台址据城垣之上，颇高敞，紫山峙其西，滏河潆其东，林木葱茏，掩映附郭，登临凭眺，弥动遐思。以前之建筑物，年远无可考。民国十二年，胡故将军笠僧、孙故军长禹行及侯官何叙甫先生等提倡修葺。时予方典兵一营，屯驻近郊，深赞其行，而力未逮。故今所存者，仅武灵旧馆及其上下一二亭榭而已。因恐久而颓圮，治军之暇，设计重修，督同官兵，分任劳役，将武灵旧馆改建一新。于其前筑亭一，颜曰'回澜亭'。余则或施丹垩，或莳花木，并于台麓之西，建平房数十椽，庇地方之守护者。部曲勤劳襄事，不数月而告蕆。夫丛台一当日游憩之地耳，以武灵自强御侮之精神，于历史上特放异彩，故此台得所寄托，阅一千余年而岿然尚存。今者国难严重，与赵无殊，我思古人实获我心，保存其遗迹以表彰之，俾游览者知所取鉴，勿徒泛泛凭吊，则余之所愿也。是为记。"① 除了介绍其所在、撰书者姓名，更追述了战国时赵武灵王"胡服骑射"之改革精神，有较厚重的文史内涵，这对于当地文旅资源的开发以及文化之传承等都具有重要的价值。

又如《王氏半园记碑》，文曰："在城东门外半里许，邑人王琴堂撰书，民国四年立。《半园记文》：出城东门半里许，有土山曰'邯山'。山之东有废地五六亩，相传以为故明张氏亭园，不知几易主矣。表弟文山购得之，铲除荒秽，辟为园，中凿长方池，植莲养鱼。池西岸建半间小棚，曰'可鱼轩'。其东北隅建小亭，曰'向梧亭'，以亭前植有双梧桐，记实也。园东南隅有土堆旧窑，势高耸，因以为山，曰'小邯山'，以西与邯山对峙也。园中无奇花异木，然寻常榆、柳、桃、杏、草、花之属略备，而尤以瓜蔬为最夥，颇饶野趣。今夏余屡游其中，文山向余请曰：'吾邯向无园林之胜，吾创是园，虽借以为后半世节劳游息之所，而吾乡之父老

---

① 民国《邯郸县志》卷十五，《中国地方志集成·河北府县志辑》第 60 册，第 631～632 页。

子弟，皆可随意游览，纳凉休憩，莫或禁也。则是园半为吾有，半与众共，子舆氏独乐众乐之义，又何在园之广狭哉！曷亦锡以佳名？'余曰：'是即名半园可矣。'遂记之。"① 如游记一般，采用空间顺序记述此园之址，以及园中之胜景。其中可鱼轩、向梧亭、小邯山等皆为随意游览、纳凉休憩之佳处，文风闲适恬然，有引人入胜之意。

就石刻来说，有的承载了邯郸之古迹及其历史概貌，有的则具有一定的文学、绘画价值。

如《丛台题诗石刻》，文曰："邯郸有丛台，世传赵武灵王所筑，岁己酉，余分符作邯郸宰，观丛台倾圮殊甚，不堪俯仰。偶览邑志，知丛台本在城东北，明嘉靖丙午，前尹董威修城，并及丛台内铲出金人诗二石。余时有修理志，越三载，始鸠工，尽起其敝者而新之，诗歌之在石者，仍与砌之壁上。"② 追述了丛台之筑造时间，以及其所见证的城池倾圮、重建等过程。

再如，《城垣八大字石刻》，文曰："在丛台下城垣。民国十二年国民第二军军长关中胡景翼书，字大径尺。文曰：'滏流东渐，紫气西来。'分刻八石，嵌砌城垣，字仿六朝，虽非古物，而峰棱整洁，颇觉古气郁盘。"③ 在介绍其位置、书者之外，还录入了石刻内容，具有一定的书法价值。

又如《画梅石刻》，文曰："在丛台壁上。民国十二年，清进士邑人王琴堂绘，并题五古诗一首：'扫笔写梅花，植根丛台上。生成冰雪姿，不借春阴养。羞争群卉艳，肯结竹松党。武灵既有台，廉蔺亦留巷。英名各千秋，余韵犹梅放。仙禽去不还，明月夜来访。虽无邯郸梦，而有罗浮想。清香耐岁寒，萧然绝尘壤。'"④ 诗歌在歌颂梅花品格之余，还引用了邯郸赵武灵王筑造丛台、廉颇蔺相如回车巷等历史传说，具有较为浓厚的文化、艺术气息。

就足布、首布来说，其上承载了邯郸的文化遗产，对于考古以及文脉之传承，均具有一定的价值。如《甘丹大空首布》，文曰："甘丹即邯郸，兹二字在右之上背，亦作三直文，与面同。布之大，倍于常，而轻薄如

① 民国《邯郸县志》卷十五，《中国地方志集成·河北府县志辑》第 60 册，第 633 页。
② 民国《邯郸县志》卷十五，《中国地方志集成·河北府县志辑》第 60 册，第 630 页。
③ 民国《邯郸县志》卷十五，《中国地方志集成·河北府县志辑》第 60 册，第 631 页。
④ 民国《邯郸县志》卷十五，《中国地方志集成·河北府县志辑》第 60 册，第 631 页。

叶，乃空首布之奇品。与《尖足甘丹布》应是一处物。（古泉汇）此布高周尺四寸，宽二寸三分有奇，上下皆丰，中稍洼，侈肩尖足，四周有廓，居中三箸，字右箸之，右顺书□□，二字极小。首高二寸三分，宽七分有弱，上丰下锐，平面无廓。"① 解释了"甘丹"之意，现今邯郸人亦常采用"甘丹"二字来指代邯郸，显示了这座古城的内蕴。此外又介绍了此甘丹布的形制，可一窥古人之生活面貌。

邯郸作为一座三千年的古城，有丰富的文化遗产与众多的文化脉系，对其给予保护与传承，既可彰显其厚重的文化内涵，又可推动其文旅事业的纵深发展。

四　民国《续修馆陶县志》

卷十为"艺文志"，下设"金石类"。主要分为两大类：金、石。前者只录有《圆觉寺钟款》，并注明："在县东路儿庄。"② 后者录有唐《马恒郝氏二夫人墓志铭》，注曰"文宗开成六年"③；《元刘君先茔碑》，注曰"至大元年"④。整体来说，收录较少，难以窥其全貌。

五　民国《成安县志》

卷十四为"金石"类，前有序文曰："金石文字，曰象，近于图；曰志、曰记，近于史；曰箴、曰铭、曰颂，近于经；曰表、曰题、曰书、曰款识，近于子、集。故金石一种，除陶铸性情、标扬功德外，足以补图与经、史、子、集之缺，而相为表里，非徒办蝌蚪、篆、隶、分楷、行、草之文，供考古者摩挲摩玩已也。区区黑子如成者，所存金石能有几何？况又经历年兵匪焚掠，风霜蚀剥，残缺毁灭，自隐于荆棘灰烬中，而莫由采访者哉！虽然，不可废也，谨就今之所见与昔之所闻者，旁征曲引而载于书，勿令与漠漠漳沙永沈没而不出也，则又幸也。志金石。"⑤ 在感慨金石惨遭毁灭之余，亦就其所见所闻者，录于此。具体数量

---

① 民国《邯郸县志》卷十五，《中国地方志集成·河北府县志辑》第 60 册，第 629 页。
② 民国《续修馆陶县志》卷十，《中国地方志集成·河北府县志辑》第 62 册，第 493 页。
③ 民国《续修馆陶县志》卷十，《中国地方志集成·河北府县志辑》第 62 册，第 493 页。
④ 民国《续修馆陶县志》卷十，《中国地方志集成·河北府县志辑》第 62 册，第 493 页。
⑤ 民国《成安县志》卷十四，《中国地方志集成·河北府县志辑》第 63 册，第 193 页。

如表 5 - 10 所示。

表 5 - 10　民国《成安县志》"金石"一览

类别	朝代						
	唐代	金代	元代	明代	清代	民国	不详
铜像							1
铁像						1	1
铭	1						
碑			2	4		2	
记			8	2		2	
墓表					5	9	
序					1		
其他		1	1				
小计	1	1	3	12	8	14	2
总计	41						

就统计的数据来看，以碑、记、墓表为主。碑类有《邑侯王公去思碑》《邑侯马公去思碑》《儒学教谕晋州韩先生去思碑》《邑侯桂公去思碑》《邑侯许公堕泪碑》《簿尉刘公去思碑》等。墓表类有《王公祝三先生墓表》《清邑庠武生化南李公墓表》《清增广生王公式之墓表》《清贡生体仁逯公墓表》《清中宪大夫刘公墓表》《李希仕先生墓表》《清贡生乐天张公墓表》《于仲仁先生墓表》等。记类有《王维翰先生碑记》《左世琦碑记》《重修庙学记》《改建帝庙记》《重立成安君祠记》《重修乡贤祠名记》《重立知县题名记》《改建学宫记》等。

碑文中，去思、堕泪等类，在介绍人物之事迹及功业时，多寄寓浓厚的情感，读来真切感人。

如《儒学教谕晋州韩先生去思碑》，文曰："今之博士率皤皤黄发，视芹官犹搜裘也，为之弟子员者亦赘疣视之，于其去也，酿金一觞，挈撖一饯，袂才分而姓名已茫然矣。独吾邑韩博士之去，诸弟子员若有不能为情之甚者，于是伐石为碑，征余文以志厥思。余曰：'余固觉韩先生之异，亦何感之神也？'佥曰：'诸生事先生年余，不知其异也，第觉庄生所称虚往实归，怒适而废返者，于先生有焉。先生去诸生数月，诸生真恤焉，若有忘也，若无与乐，是泮水也，是何人者也？子大夫其定先生之品，垂之不朽，以慰诸生之悬悬。'余曰：'先生儒者，姑无他称，而不闻孟氏之论柳下乎？不辞小官，必以其道遗佚不怨，然后可以宽鄙敦薄，为百世师。今先生望俨即温，资深取逢，居然大受之器，而浮沉毡铎，可谓辞小官乎？意所不可临，以上官之势不能夺，不可谓不以道也。年余博士辄摈王门，谁为此祸？人知其冤。'先生曰：'命也，其如命何？怨耶？非耶？'余至鄙薄（原文作"簿"），每对先生，便有水流云在之意，觉天地之大，而出门之无有碍也。祖先生于西郊，见与某氏之子由，由握别，无异乎昔，又未尝不笑怒蛙之为浅矣。誓与先生共守此以直之训也，先生真无愧于柳下乎！诸友既亲炙之，恶能已于去思哉？嗟乎！人情之伪，至今已极。何武之思，不俟夫弛肩之日；羊祜之泪，偏堕于炙手之时。去思一事，遂成笑柄。余虽不敏，向尝羞撰其文，独于韩先生，则惟恐其文不自己出也。先生讳守让，字扐之，号纯斋。"① 碑文先撰碑之由来，即碑主离去，诸弟子员不能忘怀，故而伐石为碑。碑文以对话体结构全篇，先是通过撰者与众人之对话，道出碑主神异之处，以定其品。又通过撰者与碑主之对话，来呈现其豁达之心胸，以及境界之高远。文章多用语气词，如"嗟乎！""如命何？""怨耶？""非耶？"来增加情感力量，使读者为之动容。

墓表类，除述墓主之名号、家世、地位等基本信息外，侧重于称赞、歌颂其秉性与品行，文辞整饬典雅，情感色彩浓厚。

如《清贡生锡九逯公墓表》，文曰："公讳范，字锡九，姓逯氏，成安人也。祖讳緅，父讳宗佃。自乡贤公讳韬以来，世为邑之望族。公性恬静，淡于荣利，为学务实践。治家严，户庭内外必整洁。事亲孝，先意承志，孺慕终身。亲殁哀毁，葬如礼，四方观者多取则化于乡。幼颖异，稍长知刻苦，溽暑祁寒读不辍。弱冠补诸生，因亲老弃举业，操家政，位不副德，时论惜之。葬亲后，绝意仕进，以琴书松菊自娱，慕陶靖节之为人。精鉴藏，所收书画甲畿南，赏鉴家多推许。持身谨严，足不履市，居第距县署仅数武，一生不通干谒，尤为人所难能。公生于嘉庆戊寅十二月六日辰时，卒于光绪辛巳九月十七日酉时，春秋六十有四。元配任，继配赵，又继钱，继刘，继李。赵、刘尤识大体，守遗业，理诸务，一以公为

---

① 民国《成安县志》卷十四，《中国地方志集成·河北府县志辑》第 63 册，第 202 页。

法，当时称贤淑焉。子一，女一。女适徐村李氏。子艮峰，李氏出，受业于余，有父风。盖公之贻谋远，故流泽长也。丁巳正月，欲立石表墓，以彰懿德，求文于余。余重违其请，爰就所闻之者缕述之，著于石，俾景仰芳徽、征文考义者，得悉公之素行，或亦表幽阐微之一助云。"① 墓主出身该县之望族，性格恬静，为学务实，治家较严，事亲至孝，乃传统之儒士。年幼聪颖而刻苦，弱冠补诸生，后绝意仕进，以琴书松菊自娱，又多收书画古玩，为人推许。妻室颇具懿德，儿女亦有父风。撰者展现了一个书香世家的概貌。

关于记文，有学记、祠记等，亦在一定程度上反映了该地之庠序与教化情况。

如《重修庙学记》，文曰："成安儒学自创建以及修葺，各有碑记，贵养士，重劳民也。然规制简陋，成化丙辰，郡守秦公民悦、县令张公云、韩君温柘而新之，巍然称壮丽矣。国子监丞林公大猷尝纪其事，嗣是而补塞者戈戈焉弗论也。戊辰冬，予自留台徒守兹郡，时昆源王君以甲榜进仕为邑令，首崇教学，政理维新，邑人欢然爱戴。越明年夏，潦水大作，郡中咸苦垫溺，而邑学坏甚，讲习无所。君愀然以修葺为任，遂捐俸金若干两，米麦若干石，以倡僚众。主簿、学官及乡士夫、义民各输有差，总四百余金财用。既裕，乃鸠工募役，督修则主簿王瑶，而会计出纳一钱无爽则封君蔡也。自文庙、两庑、棂星等门，以及明伦堂、斋廊、号舍，皆扩陋以宏，易圮以坚，葺敧以正，饰以丹采，焕然夺目。计三月而告成，俎豆崇严，弦诵聿起。且财出于劝输，费而不伤；役取于招募，劳而不怨。于是王君赍状请余记。余谓典学育材，守令责也。邑有贤令守，可借以寡过。余固于王君爱莫助之，然不能无言为多士勖，以广作新之意。夫邑，赵地也。古所谓慷慨悲歌、节义激烈者，今非其俗耶？国家教养二百余年，乃兹邑以文献称，英贤辈出，科第相望，官游者皆赫赫有声。故抗疏犯颜者，忠也；立身扬名者，孝也；秉宪观风者，节也；宣猷御侮者，义也。是皆风土之所产，而教养之所成。其勋业位望，将有名当世而轶古先者，在多士亦可以观感而兴矣。否则，文艺以陋其习，温饱以卑其志，岂作新者所望于二三子哉？噫！閟宫修而泮水颂，言游宰而武城歌，文翁守

---

① 民国《成安县志》卷十四，《中国地方志集成·河北府县志辑》第63册，第204页。

而蜀郡兴，古灵令而仙居化，吾固知多士之必有成也。谓非王君有大造于兹邑，可乎？异日观士风以征宦绩，则叨守兹郡者，亦可借以寡过否耶？因刊之序舍，以为多士勖。王君名琢玉，字文修，昆源其别号也。山东莘县人，登罗万化榜进士。政绩循良，未易指数，修学其大端云。蔡封君名绍先，荐明经，任长葛令。以子可教可贤，贵封户部郎中。倡义劝劳，邑之陈太丘也。宜并识之，余悉载于碑阴。"① 开篇即谓"成安儒学自创建以及修茸，各有碑记，贵养士，重劳民也"，奠定基调。而后述邑令王琢玉首崇教学，政理维新，百姓更是捐资奉金以建庙学，并进一步分析论述该地多慷慨悲歌、节义激烈者，又多出英贤、官游者，实"皆风土之所产，而教养之所成"。可见，该地对教学及其化育之功甚为重视。

六　民国《武安县志》

卷十三为"金石志"，自东魏至民国，所录入的有 130 件，涉及的类别有碑、经、记、刻石、铭、造像等。具体数量如表 5 - 11 所示。

表 5 - 11　民国《武安县志》"金石"一览

类别	朝代									
	东魏	北齐	隋	唐	宋	金	元	明	清	民国
碑	1			2	2	2	3	7	5	2
经		6								
记		1		1		1	5	20	14	1
刻石		6		1				9	2	
铭			2	2	1					1
造像			2	4						
题名、题字				4	1					
经幢					3		2			
诗						1	1	1		
颂									1	
赋									1	

① 民国《成安县志》卷十四，《中国地方志集成·河北府县志辑》第 63 册，第 197 ~ 198 页。

续表

类别	朝代									
	东魏	北齐	隋	唐	宋	金	元	明	清	民国
表								2	2	
志					1				1	
序								1	1	
牒					2	2				
合计	1	13	4	14	10	6	11	42	25	4
总计	130									

就统计的数据来看，以碑、记、刻石、造像居多，牒、经幢类亦有价值。碑类有《龙山寺比丘道瑱造像碑》《瑞云庵庙产界碑》《重修寿圣寺碑》《圣旨兴学举校碑》《圣旨碑》《崔府君墓碑》《赠特进光禄大夫柱国汤阴伯谥忠襄郭公神道碑》《儒学新建道义门碑》等。记类有《晋昌郡公唐邕写经记》《重修长寿寺碑记》《重修普光院记》《重修武安县柏树里玉峰山大宝禅寺碑记》《重修瑞云庵碑记》《紫金山竹林寺建立碑记》。刻石类有《十二部经名刻石》《十二佛号刻石》《天宁寺造像佛龛经刻石》《洪武诏敕石刻》《嘉靖御注宋儒范氏心箴石刻》《嘉靖御注程颐四箴石刻》等。造像类有《李君巧言造像》《大理卿郎楚路敬淳造像》《蒋王内人安太清造像》等。牒类有《敕赐福祥寺牒》《敕赐显应庙牒》等。经幢类有《昭义县镇遏使卫蕴造陀罗尼经幢》《僧惠深等造陀罗尼经幢》等。

就碑来说，有造像碑、界碑、神道碑、义门碑、墓碑等类，在介绍其形制、功用外，亦有考证内容。

如《瑞云庵庙产界碑》，文曰："惟大宋国山东河北道磁州武安县崇孝乡营井管三门保□妇戍村，有辽东山神堂峪，有□大医先王庙□所，西至大雄山，东至桃园，西至河，南至赵老峪，北至猴洞，山分水岭，四至为定，在内土木相连，尽属庙地。熙宁二年七月十五日记瑞云庵，主持人为□。右碑高一尺五，宽六寸，四面刻，存活水村东，大雄山麓瑞云庵石佛殿，为香炉所压，尘垢几不可见，泐四字，碑殊无可珍，特所志道州县乡管保村等，犹可见北宋乡政制度之划分。惟考宋磁州隶河北路，此冠以山东河北道，乃记者不习当时职方，率意书之之故。"① 以山、河、峪、洞为界，有较为明确的划分。最后考宋磁州隶河北路，此冠以山东河北道，实不恰当，盖以记者不习当时职方而率意书之之故。

就记来说，有碑记、写经记等类，在介绍其形制、所在外，亦多品鉴其书法。

如《晋昌郡公唐邕写经记》，文曰："右摩崖一方，分书，寸半字。高五尺，宽三尺，记二十行，行三十四字，在响堂南堂石窟外。已毁十余字，笔法遒古，气魄浑厚。响堂摩崖，成于武平三年五月，此记断在五月后。邕在文宣之世，以善书能文，为时所重，故相都近邑，勒经造像，多出邕手，唐王峻响堂二处，规模伟大，观者叹为鬼斧神功。北齐摩崖之为世所珍，宜矣。"② 就刻石来说，文字简练，主要介绍其形制、概貌以及所刻之地。又品鉴其书法，认为其字"笔法遒古，气魄浑厚"。

如《十二部经名刻石》，文曰："右摩崖一方，分书，无年月，二寸半字，刻于三佛名之下，在响堂南堂左小洞佛龛顶。"③ 形制较小，分书，无年月，刻于响堂南堂左小洞佛龛顶。

再如《十二佛号刻石》，文曰："右分书，无年月，寸半字，刻于响堂南堂石窟圈门外石柱上。"④ 形制较小，分书，无年月，刻于响堂南堂石窟圈门外石柱上。

就牒来说，在介绍其形制外，亦考辨其由来，并在一定程度上反映了时代之面貌以及百姓之思想。

如《敕赐寿圣寺牒》，文曰："大字，正书，小字行书，治平四年十一月，在县西六十里阳邑镇寿圣寺内。考僧道给牒，始于唐代。宋初遇灾歉，则鬻祠部僧道度牒以助赈，兼鬻及师号及寺观名额。元丰时令度牒每道钱三十千，绍熙中至八百千，当时以此为国家岁入大宗。金时，僧道亦有度牒之事，惟宋牒多正书，或小字行书，金牒则均大字行书，而变行书为正书焉。"⑤ 其形制较小，僧道之度牒约产生于唐代。宋初遇灾时，则买

---

① 民国《武安县志》卷十三，《中国地方志集成·河北府县志辑》第 64 册，第 317 页。
② 民国《武安县志》卷十三，《中国地方志集成·河北府县志辑》第 64 册，第 311~312 页。
③ 民国《武安县志》卷十三，《中国地方志集成·河北府县志辑》第 64 册，第 312 页。
④ 民国《武安县志》卷十三，《中国地方志集成·河北府县志辑》第 64 册，第 312 页。
⑤ 民国《武安县志》卷十三，《中国地方志集成·河北府县志辑》第 64 册，第 318 页。

卖僧道度牒以助赈，元丰至绍熙年间以此为岁入大宗。宋牒多正书或小字行书，金牒则多大字行书，变行书为正书。

再如《惠果寺牒》，文曰："正书。建炎二年夏季，在桃园惠果寺。按建炎为宋高宗年号，时宋已南渡，大河南北悉为金地。《河朔访古随笔》云：'河朔区域，南宋仅此一石。'岂当时该邑未隶金人，抑遗民故书义熙甲子欤？"① 从按语来看，此牒为河朔区域南宋仅存之石，较为宝贵。

就幢来说，志中大都以较为平实的文风，介绍其形制、体貌等。

如《僧悳深等造陀罗尼经幢》，文曰："右幢二级，八面刻，面八行，行六十字，沙门绍英正书。乾德三年九月，在常乐寺大殿前，与卫造幢分立东西，风雨侵蚀，文已不可睹。"② 介绍其规格、书者外，又言因时代更迭而难以辨其文。

再如《邵义县镇遏使卫蕴造陀罗尼经幢》，文曰："右经幢三级，八面刻，面八行，先经后题名。建隆三年二月，正书。文渺不可读，惟字体甚端秀韶美。在鼓山麓常乐寺大殿前西。按，经幢为多面柱体，或四面，或六面，或八面，形类塔，为佛教建筑之一，宋时始流行，元时造者甚众，元以后渐废。"③ 以简练的文字介绍其体、面、形，又谓其"字体甚端秀韶美"。最后又有按语，介绍经幢是宋元时佛教兴盛的产物，其后渐废。

整体来看，邢台、邯郸二地作为曾经的政治重镇与历史文化名城，保存有丰富的金石品类，涉及庙宇、祠堂、长廊、墓冢、道观、行宫等诸多场所，包含碑、记、铭、诗、赋、志、表等各种文体。有的因时代变迁，破损严重，难辨文字；有的珍藏、保存得当，形貌完好，体例齐全。无论何者，都真实地反映了当地历史之变迁与文化之风貌，故对其进行全面整理，以及做出进一步的考证与研究，是十分有必要的。

---

① 民国《武安县志》卷十三，《中国地方志集成·河北府县志辑》第 64 册，第 318 页。
② 民国《武安县志》卷十三，《中国地方志集成·河北府县志辑》第 64 册，第 317 页。
③ 民国《武安县志》卷十三，《中国地方志集成·河北府县志辑》第 64 册，第 317 页。

第六章
衡水方志金石文献研究

第一节　衡水方志金石文献概述

河北平原东部的衡水，古处齐赵之交、"漳水横流"之地，地貌完全为一马平川的平原，据著名历史地理学者史念海先生的研究，这一地区的经济在"南北较长，而东西狭窄"的太行山东麓平原发展较晚①，然其在汉唐间文化之发达却颇为引人瞩目。

这里既涌现出若干彪炳中国文化史的学者、文士，如西汉大儒董仲舒（广川人，今属景县），西晋文坛"三张"张载、张协、张亢（武邑人②），北朝至隋唐的著名儒学家熊安生（阜城人）、刘焯（信都昌亭人，今武邑）、孔颖达（冀州衡水人，今桃城区），初唐诗人李百药（安平人），盛唐著名诗人高适（渤海蓨县人，今景县）等，又是中古史上若干北方世家大族的聚居之地，如世居东武城（今故城县东南）的清河崔氏、张氏，世居安平的博陵崔氏，世居蓨县（今景县）的渤海高氏、封氏，这五个家族皆在毛汉光《中国中古社会史论》所举的六十家"中古社会最重要的士族"之列，其中武城崔、安平崔、渤海高三家且跻身"自魏晋以迄唐末，延绵不绝一直维

---

① 史念海《战国至唐初太行山东经济地区的发展》："它（太行山东麓平原）的经济地区的发展却是由西向东，经历着几个阶段。远在战国秦汉时期，太行山的东麓就比渤海湾的西岸为繁荣。由汉魏之间起，平原的中部也得到更多的发展。直至隋和唐初，东部地区才有了广泛的促进。"见《北京师范大学学报》（社会科学）1962 年第 3 期。

② 同治《深州风土记》"安平张氏"条："《晋书》称张载安平人，而李善《文选注》引臧荣绪《晋书》则以载为武邑人，是时武邑属安平国，《晋书》所云安平乃郡国非县邑也。"见同治《深州风土记》记十二，《中国地方志集成·河北府县志辑》第 52 册，第 276 页。

持强盛"的"十姓十三家","任官五品以上者在一百九十九人以下,一百一十八人以上",俱为中古史上最煊赫的顶级士族①。在并不算广阔的地域范围内,竟孕育出如此众多的士族豪门,这是一个极不寻常的文化现象,这种现象在河北古代文化版图上举足轻重,在全国也不多见。

然而,世居衡水各地的中古士族与"赵郡李""范阳卢"等其他著名河北中古士族一样,多于唐代三百年间逐渐完成向两京(长安、洛阳)乃至南方的迁徙,宋、金以后衡水境内很少出现具有全国影响力的文化人物,其文化地位在河北已无优势。从衡水境内发现和出土的金石文物看,北朝至隋唐的士族墓志(景县高氏墓群、封氏墓群都有出土),多少可以标志和揭示这一地区中古时期的辉煌,然而,大多纂修于明清时期的旧方志,对于大放异彩的衡水中古文化史却鲜能提供更多有价值的史料,各地方志虽普遍在"人物志"部分列出本地历代名人并有所介绍,但内容多取自人所共见的正史及前贤文集。因此,整体而言,衡水方志中的金石文献与他处的同类著作一样,绝大部分内容为修建文庙、学校、桥梁、寺观等的建造志,为了彰明制度、流芳青史而作文;再就是墓志铭、名贤名宦的祠堂记之类,主要是记载某人一生的德行、事迹。

今天的衡水市,下辖2区(桃城区、冀州区)、8县(枣强县、武邑县、武强县、饶阳县、安平县、故城县、景县、阜城县)、1个县级市(深州市),明、清时全境在直隶治下。

明代,衡水各地分属于真定、河间两府管辖,其中,冀州(领枣强县、武邑县)、深州(领衡水县)、安平县、饶阳县、武强县属真定府,景州(领故城县)、阜城属河间府。清代,从雍正二年(1724)开始调整行政区划体系,整体上缩小了府一级行政区的范围,削弱了府的行政权力,同时提高州作为二级行政区的政治地位,在今衡水市域内的枣强县、武邑县、衡水县属冀州,武强县、饶阳县、安平县属深州,深、冀二州均不再归正定府(真定府因避讳世宗皇帝胤禛名讳,改称正定府)管辖,而是上升为直隶于省的直隶州;景州则降为散州,不再领县,与故城县、阜城县同属河间府管辖。

据《河北历代地方志总目》,明清至民国期间的旧地方志,除部分原书已佚、仅存书目的著作外,现在国内外各大图书馆可以查到的属衡水地

---

① 毛汉光:《中国中古社会史论》,上海书店出版社,2002,第59~60页。

区的方志主要有：康熙《衡水县志》（萧鸣凤修，孙可宪纂）、乾隆《衡水县志》（陶淑纂修）、民国《衡水县乡土志》（刘耀卿编）；万历《重修安平县志》（王沂修，王三余纂）、康熙《安平县志》（陈宗石纂修）、民国《安平县志稿》（张培纪修，赵荣章纂）；万历《饶阳县志》（翟耀修，石经世纂）、顺治《饶阳县后志》（刘世祚修，田敬宗等纂）、乾隆《饶阳县志》（单作哲纂修）；康熙《深州志》（李天培修，段文华纂）、雍正《直隶深州志》（徐绶纂修）、乾隆《直隶深州总志》（伊侃修，邹云城纂）、道光《深州直隶州志》（张范东修，李广滋纂）、同治《深州风土记》（吴汝纶纂）；康熙《重修武强县志》（李道光修，贾振裘纂）、康熙《武强县新志》（冼国干修，张星法纂）、道光《武强县志重修》（翟慎行修，翟慎曲纂）；康熙《武邑县志》（许维梃修，束图南纂）、同治《武邑县志》（彭美修，龙文彬纂）；康熙《重修阜志》（曹邦修，多弘馨纂）、雍正《阜城县志》（陆福宜修，多时珍纂）；隆庆《景州志》（罗许修，徐大佑纂）、康熙《景州志》（张一魁纂修，张鸣珂续纂）、乾隆《景州志》（屈成霖修）、民国《景县志》（耿兆栋、董大年修，张汝漪纂）；嘉靖《冀州志》（张景达修，张玺纂）、康熙《冀州志》（李显忠修，耿德曙，陈淳纂）、乾隆《冀州志》（范清旷纂修）、民国《冀县志》（王树楠纂修）；万历《枣强县志》（王鹤龄修，陶万象纂）、乾隆《枣强县志》（单作哲纂修）、嘉庆《枣强县志》（任衔惠修，杨元锡纂）、同治《枣强县志补正》（方宗诚纂修）、民国《枣强县志料》（宋兆升修，张宗载、齐文焕纂）；万历《故城县志》（周世选、夏维藩纂修，李元忠增修，沈元昌等增纂）、康熙《故城县志》（吴友闻修、柴应辰纂）、雍正《故城县志》（蔡维义修，秦永清纂）、光绪《续修故城县志》（丁灿修，王埕德纂，张焕续修，范翰文续纂）。

在以上自明代以降的衡水方志文献中，有的专门设有"金石志"或"碑记"以收录金石碑刻，如雍正《故城县志》于卷四、卷五"文翰"部分专设"碑记"，同治《深州风土记》卷十一设有"金石"，尤其后者按时代顺序分述深州及下属安平、饶阳、武强各地所存碑志，收录了大量碑刻原文，并对有关金石碑刻的时代、作者等做了大量细致的辨析考证工作，参考价值很高。

大多数衡水旧方志并不专设"金石志"，例如乾隆《景州志》、嘉庆

《枣强县志》、道光《武强县志重修》、民国《冀县志》等，金石碑刻文字主要收录在"艺文"或"志余"部分，有的在"寺庙志""营建志"等篇内零散收有少量碑志全文或简介。其中民国《冀县志》收录了大量金石碑刻，主要集中在卷五至卷八，该书各卷有序号而无标题，从内容看，卷五、卷六主要介绍县城内外的学宫、祠庙并附相关碑记，卷七、八相当于一般志书的"乡屯"或"屯社"部分，而在介绍村社区划时详细载录了分布于各村社的金石碑刻遗存，特别是收录了大量私家墓志文，这种方式很清晰地保留了碑刻分布和保存的地点信息，是非常有意义的。

另有少数比较简略的方志既不设"金石志"，亦无"艺文志"，对金石文献甚至本地文人的诗文收录很少甚或完全不收，如康熙《重修阜志》就是一种极简的版本，完全没有收录金石碑刻文章；同治《武邑县志》只在"营建志""学校志"等章节全文收录了几篇城池、祠庙等修建碑记，人物墓志则完全未予关注。

总体而言，衡水地方志中的金石文献以明清时期作品为主，数量可观，题材内容比较集中，最多的是修缮城池、祠庙、学校等建筑时所作碑记和人物的墓表、墓志铭，佛教造像、法器或出于私人收藏的钟鼎等，金石文物上的铭文文字则大多较为简短。另外，由于衡水全境在平原，山区地带的山崖、洞穴中比较常见的以宗教、记游等为目的的各类摩崖石刻、题诗在衡水方志中几乎完全阙如，这也算是衡水方志金石文献的一个特点。

衡水方志中这些以建筑碑记和人物墓志为主的大量碑刻文献，有些出自本地或客籍文学名家之手，其余也不乏文名不显的乡邦才士的碑志佳作，因此，有必要对其文学成就、文化精神以及多方面的历史文化价值予以关注和阐发。不过也应当看到，古代地方志的纂修者从传统儒家观念出发，收录文章碑铭首先看重其道德教化功用，正如光绪《续修故城县志》卷九"文翰"前的序言所云："文章在天地间如元气之流行，纲纪赖以植立，政教借以修明……敷陈之而记传，金石之而碑铭，下至一人之小善末德，壤地之短垄疏林，一经品题，千载不朽，谨据见存备录如左，志文翰。"① 从现代文学审美的眼光看地方志中的金石文献，其文学成就的差异

---

① 光绪《续修故城县志》卷九，《中国地方志集成·河北府县志辑》第 54 册，第 462 页。

较大，加之题材高度集中，内容重复较多，难免参差不齐，必须认真甄别品鉴，方能挑选出文学价值较高的佳作。

第二节　衡水方志金石文献的文学成就

一　名家之作

衡水方志中的金石文献，从时间上来看，最早的一批当属北朝墓志，当时包括衡水在内的河朔一带多有世家大族聚居，墓志中不乏名家之作，如民国《冀县志》注文中提到的《后魏冀州刺史封隆之碑》，封隆之为渤海蓨县封氏家族成员，墓志出自"北地三才"之一、北朝著名文学家邢邵之手；隋唐以迄北宋，亦不断有文学名家来河北任职，也留下一些金石文献作品，如嘉庆《枣强县志》收录的唐代皮日休《邯郸刘言史碑》（中唐诗人刘言史曾任枣强令，时人称"刘枣强"），同治《深州风土记》提到的黄庭坚为冀州鲁有开作《养正堂记》（正文已佚），民国《冀县志》所收"苏门六学士"之一的文学家张耒作《州守刘侯重修学校碑记》（张耒《柯山集》收此文，题为《冀州州学记》，较民国《冀县志》版多一序言），然此类篇章多由方志纂者从历代文章总集、作家别集中辑录而成，碑志类作品绝大部分也已被前人编纂的《魏晋南北朝墓志汇编》《唐代墓志汇编》等大型专书所收录。此外，因研究者对唐宋名家已有很多关注，本书不再予以单独考察，这里主要就衡水方志中所收录的金元以后的著名文学家和学者名流的金石类作品做一梳理介绍。由于衡水地近京畿，金元以后亦有不少位高权重又工于诗文的重臣名宦留下一些值得注意的优秀作品，一并在本节中择要加以叙录。

（一）金代名家作品

金代文学家在衡水方志中存有生平资料或作品的有冀州人路伯达、路铎父子。民国《冀县志》卷八"南庄"条下有对"金刑部侍郎路伯达墓""台谏路铎墓"的介绍，然两人生平基本抄录《金史》，仅据路铎碑文对路铎生平略有考证，均未录碑刻全文。

路伯达为金海陵王正隆五年（1160）进士，以文章学行出名，曾任吏部员外郎兼翰林修撰，累迁刑部侍郎、太常卿、安国军节度使等职，死后朝廷因其曾兴修家乡冀州学校，以其出使宋朝时所得金银返还其妻，其妻则用来购买信都、枣强田地供养学生。路伯达之子路铎的文学成就更高，《金史》本传称其"为文尚奇，诗篇温润精致，号《虚舟居士集》云"[1]，著有《虚舟居士集》，已佚。元好问《中州集》卷四收其诗 26 首。因曾任景州刺史，历代《景州志》亦存其小传。

民国《冀县志》收录路伯达《重修文庙并学碑记》，文中表现出的金代官员、士人修建庙学之热情，对儒学之虔心推崇，与明清时人心态并无二致。该文除详述新建文庙的设置、规模外，主要强调办学对移风易俗的作用，条理清晰，清通雅正，在数量众多的同类作品中属于思想性和可读性较好的一篇；其在推崇三代以上"欲植教化之本，疏道德之源者，莫先乎学而已"的儒家常谈（《礼记·学记》："君子如欲化民成俗，其必由学乎！"）之后，对后世舍本逐末的治理方式提出批评。

> 由汉而下系于吏治，其长民者但驱民于法令之中，竞以威严苛刻而取能名。间有崇儒术而导之者，反以为迂阔，其于疏源植本之意，不亦缪乎！
>
> …………
>
> 昔邹人孟轲凤丧其父，居近墓则为筑埋，近市则习卖鬻，而母患之，至三徙始邻学宫，乃戏陈俎豆揖让进退，竟称今世亚圣之才，而没谥上公；又釜阳民焦通，事亲礼阙，为从弟讼于州，刺史弗之罪，将至于学，见启中韩伯愈母杖不痛悲泣之像，后改过励行，卒为善士。以孟轲之大材，未近于学，不免习鄙事；以焦通之阙行，一游于庙，不害作新人，然则养士化民之道，悉由此而出矣。而况士有所养则英俊得，民有所化则刑罚弛，英俊得则启治平之路，刑罚弛则扇仁寿之风。而公所至皆兴学者，岂浅丈夫所能测哉！[2]

路氏对上古和汉以下现实的批评未必符合史实，然其崇教化，反对"驱民于法令""威严苛刻"的态度却闪烁着人本主义的光辉。后文通过举孟轲、焦通两个受环境感化革新向善的古代例子，证崇儒重道、化民成俗之可

① （元）脱脱等撰《金史》，第 2208 页。
② 民国《冀县志》卷五，《中国地方志集成·河北府县志辑》第 53 册，第 208 页。

能，强化了其经由"养士化民"实现治平的儒家治理观。

（二）元代名家作品

作品见于衡水方志所收金石文献的元代名家，首推元初大儒刘因和郝经，二人既是著名理学家，又都以诗文见长，且都曾长期生活于河北。

刘因（1249～1293），字梦吉，号静修，雄州容城（今河北省容城县）人，著有《静修先生文集》，《四库全书总目提要》谓其文"遒健排奡，迥在许衡之上，而醇正乃不减于衡"①。张纶《林泉随笔》则谓"其为文章，动循法度，舂容有余味"，其成功之作，"皆正大光明，较文士之笔气象不侔"②。今人则评价刘因为元代前期的理学家中文学成就最突出者，其创作"开创了元代理学家诗文创作的先河"③。刘因的家乡保定本与衡水北部数县相毗邻，且其本人曾寓居于安平④。同治《深州风土记》记十一中"金石"收刘因于至元二十三年（1286）所作《元武强尉孙公墓志铭》，文章记墓主临终所谓"以先世之泽生而有大幸四"，四大幸事在太平年代皆不过是不值一提的寻常事，而墓主谓之"大幸"，正反衬出金末战乱中一般民众所遭遇的巨大不幸。

> 戊申夏六月丁巳，武强尉孙君以疾卒，诫其子继贤等曰："吾以先世之泽生而有大幸四，若等念之勿忘：金崇庆末，河朔大乱，凡二十余年，数千里间，人民杀戮几尽，其存者以户口计，千百不一余，而吾与存焉，一也；其存者又多转徙南北，寒饥路隔，甚至髡钳黥灼于臧获间者皆是也，而吾未尝去坟墓且获尉乡县，二也；当扰攘时，侵凌逼夺，无复纪序，而吾四妹一弟，俾皆以礼昏嫁，若与世变不相与者，三也；平居非强宗，世乱受侵暴，宜耳，而吾乃为乡人所推，

---

① 《钦定四库全书总目》卷一百六十六《集部十九·别集类十九》，中华书局，1997，第1430页。

② 《钦定四库全书总目》卷一百六十六《集部十九·别集类十九》，第1430页。

③ 参见袁行霈主编《中国文学史》第3卷第六编第九章"元代诗文"，高等教育出版社，2014，第393～394页。

④ 同治《深州风土记》记十五"文学"引安平人、清康熙二十年举人吴玠《送安平学博黄仲香归东安序》："安平元时为刘静修先生流寓地，流风遗教犹有存者。"参见同治《深州风土记》，《中国地方志集成·河北府县志辑》第52册，第334页。而据康熙《安平县志》卷之七引《容城三贤集》云，流寓安平者实为刘因之父刘述。时值金末之乱，刘述奉亲北还，居安平七个月，其间刘因祖父母在安平去世。《中国地方志集成·河北府县志辑》第51册，第473页。

得挺身树栅，保千余家，凡族党姻戚，皆赖以安全，四也。"①

元代理学家大多不取宋儒那种"作文害道"的文艺观，从"国初"到"至元大德之间"，元代诗文作者辈出，其中有不少就是擅长诗文写作的著名理学家，除前述曾寓居安平的保定人刘因外，同为元大儒的许衡（1209～1281）、郝经（1223～1275）也都曾长期活动于河北。许衡28岁时迁于大名（今属河北邯郸）隐居，躬耕自食，据土讲学，直至46岁应召出仕；郝经则于金亡后迁居河北，20岁以后先后为元初名将贾辅、张柔延为宾客，于保定府设馆讲学，并阅读两家藏书，研习理学。郝经撰有《许郑总管赵侯述先碑铭》，相传原碑在冀州城外，民国时已佚，王树楠民国《冀县志》存其全文。

"乾坤震荡，宗社翻覆，去乎？就乎？骨肉离散，宛转决命，死乎？生乎？"② 每到易代之际，个人死生去就的选择往往成为考验、折磨古代士人尤其是官员内心的人生难题。大儒郝经为冀州赵氏所作的这篇碑铭，讲述了金亡之际赵氏兄弟在汴京（今河南开封，1214年金因受蒙古威胁，国都由燕迁汴）失守、金哀宗和末帝逃入蔡州（今河南汝南）后拼死保驾，最后一生一死、各得其所的特殊经历，在表彰墓主兄弟义烈慷慨的古燕赵遗风的同时，寄托了郝经本人对易代之际去就问题的思考。其文所述金朝君臣在蔡州的最后抵抗保存了生动的历史细节，对赵氏兄弟的死生抉择的描写悲壮感人。

> 大梁亡，天命去，金乘舆入蔡，侯与其兄从。时宗祧失守，将夷师熸，百司窜伏，至蔡者十一二，四郊皆垒，孤城弹丸，君臣誓死沥血以战。池战而没则登陴，陴堕而圮则栅巷，栅拔而烬则负户，短兵顿则张空拳，肉薄骨并，背裂齿碎，气数尽矣，于是君臣恸哭以自刃。侯之兄谓侯曰："吾荷国厚恩，叨玷仕籍十余年矣，义不偷生以自起秽。父祖俾我受学，非为禄养，为忠义耳，如或苟免，非惟负君，又负父祖。汝未服王命，有砣砣之勇，足以树立。国难不可不死，赵氏不可无后，吾死国，汝存赵氏后，九原无憾矣。"言卒而战

---

① 同治《深州风土记》记十一，《中国地方志集成·河北府县志辑》第52册，第163页。
② 民国《冀县志》卷八，《中国地方志集成·河北府县志辑》第53册，第248页。

以殁。侯号辗突围，遂适宋，宋人官之，非素志也，乃举族北归而仕国朝。倅二州，将千兵，封植松楸，粪除墟墓，任恤族宗，生聚子孙，蔼然之誉，称于当世。

在郝经眼里，赵氏兄弟"一则奉君以死如奔命之尚，一则冒难去国如投吴之员"，其义烈堪比春秋时期的伍尚、伍员兄弟，一去一留、一死一生的两种截然不同的选择，却正好圆满诠释了孔子的权变思想，故其文开篇劈空而来，从谈"权"引出赵氏事迹，从而以义理统摄墓主故事，全篇事、理、情交融。

> 孔子曰："可与立，未可与权。"权固处之难，去就死生之际，处之尤难……惟识之明而养之素，中有主而不惑乎？其外雍容泰定，不愤不挠，不夺乎志，不怼于义……叔世板荡，罕得其人，于赵侯一门见之。①

除以上介绍的名家作品外，衡水各地方志中还有一些碑刻作品出自成就较高的元代文学家之手。庆元鄞县（今属浙江）人袁桷（1266～1327）被视为开启元代诗文"盛世之音"的作家，《四库全书总目·清容居士集提要》云，当大德延祐间"文治极盛"之时，袁桷"再入集贤，八登翰苑，凡朝廷制册、勋臣碑版，多出其手，故其文章博硕伟丽，有盛世之音"，"蔚为承平雅颂之声"，"为虞（集）、杨（载）、范（椁）、揭（奚斯）等先路之导"。② 同治《深州风土记》记十一中"金石"收有袁桷延祐五年（1318）为深州武强县卢氏夫人所撰的《元赠柏乡县君卢君夫人墓志》。

稍早于袁桷的东平（今属山东）人王构（1245～1310）撰有《元饶阳新迁庙学记》《元提刑案（按）察使王公神道碑》，《元史》本传称王构"弱冠以词赋中选"，"凡祖宗谥册册文皆所撰定"③，其撰《元饶阳新迁庙学记》时自称"备员胄监"，可证其曾为国子监生，可补史缺。

另一位元后期诗文"盛世之音"的代表——文学家欧阳玄（1273？～

① 民国《冀县志》卷八，《中国地方志集成·河北府县志辑》第53册，第248页。
② 郭预衡主编《中国古代文学史》，上海古籍出版社，1998，第449页。
③ （明）宋濂等撰《元史》，中华书局，1976，第3855～3856页。

1357）应致仕乡居的"中议大夫、中山知府"王思聪所请，于至元二年
（1336）撰有《元安平王氏世德之碑》，其文叙王思聪转徙多地为官时"克
守且坚，发摘奸隐"的能臣风范，简洁明畅，文末一段铭文赞颂王氏致仕
后恬淡怡然的退隐生活，"晚脱轩冕，小憩田园。不奢不肆，薄菲自贤。
积而不聚，排难扶颠……"①，颇能显示这位晚年退居乡里的传统官绅的潇
洒风神。

（三）明代名家作品

衡水方志金石文献作者中所见的明代名家，值得关注者首推衡水本土
文学家马中锡。

马中锡（1446～1512），字天禄，号东田，故城人。成化十一年
（1475）进士，官至兵部侍郎、右都御史提督军务等职，曾因弹劾太监刘
瑾党人被捕下狱。正德七年（1512），因主张招抚刘六、刘七起义军，且
起义军过故城而不犯马宅，被弹劾为纵贼，屈死于狱中。《明史·艺文志》
记其有《东田集》6 卷，奏疏 3 卷；今《畿辅丛书》存有《东田文集》，
其中诗、文各 3 卷。衡水方志中收录马中锡碑志类文章不少，尤以各版本
的《故城县志》以及故城毗邻州县的历代《景州志》《枣强县志》中
为多。

马中锡作为一代名臣，刚直不阿，清廉公正，其一生进退出处和诗文
创作中都体现着其内心固守的儒家之道。明弘治十五年（1502），景州儒
学重建工程竣工，景州学正阎绣等人赴故城请马中锡撰写碑记，此时其已
由右副都御史、巡抚宣府任上因病辞归故里，乃慨然允作《重建儒学记》，
其文在叙述儒学重建过程及规模、设置后，阐明兴学意义，寄语景州士人
"瞻庙貌合思圣道之当崇，居黉序合思圣经之当肄"，警惕将使兴学的努力
失去意义的数种错误行为和心态："使或童习纷纭而见薙于台察，玩岁愒
月而自画于监贡，又或窃圣道以饰名，既登第则负其初心，假圣经以媒
禄，苟得志适资其奸伪，则斯学亦徒建耳。"② 如果说"童习纷纭"和
"玩岁愒月"还属于一般学生容易犯的错误，那么"窃圣道以饰名，既登
第则负其初心，假圣经以媒禄，苟得志适资其奸伪"则当是切中时弊、寓

---

① 同治《深州风土记》记十一，《中国地方志集成·河北府县志辑》第 52 册，第 173 页。
② 哈佛燕京图书馆藏《景州（河北）志六卷首一卷》卷之六续编《艺文》，乾隆十年刊本，
第 444～445 页。

意遥深的有感而发了。

《河北文学通史》指出，马中锡散文在内容上关注现实，尤其是当时已经威胁到明代存亡的宦官政治。① 嘉庆《枣强县志》收录的《徐公祠记》对明代厂卫制度之黑暗、斗争之激烈有所反映，可与《明史》相关记载共参。

《徐公祠记》文章不长，创作背景是浙江永康人、弘治进士徐赞于正德朝任枣强知县三年间"拒围人之薪蔬，赡流民之饘粥，兴学课农，弭盗平狱，邻讼来归，乡豪慑服"，去职后当地为其创建生祠，求邻县贤达马中锡为之作文以刻石纪念。作者在文中表示，自己深知官员获百姓建祠立像的殊遇当然是因"得民之心"，"否则民心一失，何像之偶？"② 但是他本人看重徐赞却另有原因。

> 当元凶扇虐之时，侦事者旁午于县，人罔不失措，君独毅然不为动。县复有其庶孽，怙势不已，君独示之以法，俾不犯，斯又人之所难而予所独有取焉者……予故为檃括之言。③

连京城六百里外一个小县城都布满宦官派出的特务，以致当地人心惶惶，这是后世读者所无法想象的历史细节，然而马中锡进士中第的成化年间和晚年被起用并被陷害致死的正德年间，正是明代宦官擅权、特务横行的年代。《明史》卷九十五《刑法志三》记载：

> 至宪宗时，尚铭领东厂，又别设西厂刺事，以汪直督之，所领缇骑倍东厂。自京师及天下，旁午侦事，虽王府不免。直中废复用，先后凡六年，冤死者相属，势远出卫上。……
>
> 正德元年……两厂争用事，遣逻卒刺事四方。……远州僻壤，见鲜衣怒马作京师语者，转相避匿。有司闻风，密行贿赂。于是无赖子乘机为奸，天下皆重足立。④

马中锡在《徐公祠记》中所述枣强的情况，正可视为"自京师及天

---

① 王长华主编《河北文学通史》，科学出版社，2010，第62~63页。
② 嘉庆《枣强县志》卷十八，《中国地方志集成·河北府县志辑》第51册，第216页。
③ 嘉庆《枣强县志》卷十八，《中国地方志集成·河北府县志辑》第51册，第216页。
④ （清）张廷玉等撰《明史》，中华书局，1974，第2331~2332页。

下，旁午侦事""两厂争用事，遣逻卒刺事四方。……远州僻壤，见鲜衣怒马作京师语者，转相避匿"等《明史》所记情形的具体实例。而正德年间徐赞不畏强暴，在枣强毅然依法惩办仗势作恶的元凶庶孽，正与马中锡本人成化年间两次上疏弹劾万贵妃之弟万通、上疏揭露太监汪直和梁方恶行，弘治五年（1492）调查处理南京守备太监蒋琮，正德元年（1506）重新起用巡抚辽东时惩处刘瑾心腹、辽东镇守太监朱秀等与权贵、宦官的斗争义举性质相同，两人可谓同气相求，惺惺相惜。

除以上寄托儒学思想和强烈关注现实的作品之外，还有《湖州知府马公志铭》《怀庆知府吕公志铭》，一为族兄马璁而撰，一为好友加姻亲吕恕而撰，朴实自然，情深意切，可以视为其人物记传和抒情散文的代表作品。

马中锡族兄马璁为明天顺八年（1464）进士，"在仕途，文章政绩勃勃在人耳目"①，中年因病辞归，弘治六年（1493）卒于故城。兄弟二人俱为家族荣耀，感情甚笃，而且因马璁年长马中锡不少，马中锡幼年曾师事马璁，可以说两人既有手足之情又有师生之分。马璁病逝后，马中锡为其作《湖州知府马公志铭》，感情沉痛，催人泪下。

墓志从"兄病予南，而葬予北"的人生遗憾写起。马璁病重至去世期间，时任大理寺右少卿的马中锡正受命南下查办南京守备太监蒋琮案，案件办完后马璁已去世五个月，未及安葬，马中锡又被任命为右副都御史，北上巡抚宣府。此时，他回想当年"居忧于家"时马璁对他说的话："他日子归来，当朝夕图天伦之乐。伯康寒燠饥饱之问，子瞻彭城夜雨之约，子其勉之。"而今"兄骨未寒，言犹在耳"②，当年的约定再无实现之可能，令人无限伤感。

其后，作者回忆其兄的生前言行，从居官时的不畏强暴、勇于任事，到退隐后的自奉节俭而慷慨对人，于二三琐事和简短的个性化语言中，将其兄的性格、风神逼真地展现出来，突破了一般碑志死气沉沉的格套，如写马璁虽贵为进士、知府，居乡期间却坚守直率坦易的平民作风，以及自奉节俭却能慷慨对人的善良本性和豪侠人格。

居乡常衣布帛，不数御文绣，卒值之者不知其尝为贵官……性尤

---

① 雍正《故城县志》卷十，《中国地方志集成·河北府县志辑》第54册，第519页。
② 雍正《故城县志》卷十，《中国地方志集成·河北府县志辑》第54册，第519页。

喜稼穑，挂冠后自力于农，不数年，遂至殷富。因笑谓妻子曰："积而不散，守钱虏耳。"乃捐粟数百，解以周邻党之急，春施秋敛，不取其息。偿已复贷，岁以为常。自是，宗党之间少复窘者。族兄某某、姊氏某某，皆老且贫，公月给粟帛楮锱至终身凡十数人，仍预为棺衾以需。乡人咸谓公俭约淡薄若吝啬成性者，而其急于周恤乃若此，颇为不情。公曰："吾节财省费，耻于自奉，正欲奉之于此中耳。何待吾之浅也！"

又如写马璁刚辞官居乡时心态、言语之质朴洒脱，有《世说新语》中的魏晋人物之风。

即弃官归。时先府君（按：指马中锡之父马伟，永乐举人，官至处州知府）尚存。公日率子弟侍左右，奉谈笑，西京两疏、东山二谢，人或以为况。公闻之笑曰："季父诚无愧先哲，顾璁何人，亦敢滥与两疏似矣！二谢以进为荣，璁父子以退为安，其迹其心，要自有不同者。君子曰是尚不肯拟谢玄，况庸庸乎？"①

吕恕是明代故城考出的第一个进士，与马中锡"金兰胶漆，毕世追随"后又结为通家之好。马中锡为其所撰的《怀庆知府吕公志铭》在情感上不如写给族兄马璁的墓志强烈、沉痛，然亦能成功刻画人物，不失为一篇生动的人物传记。而文中对吕恕"可不谓雄豪之士矣乎"的赞扬也体现出马中锡本人不同凡俗的胸襟和识见。

从吕恕、马伟、马璁到马中锡、孙绪、周世选等人，在乡则朴实恬淡、自由豪侠，在官则不畏强暴、正直敢言，这似已成为明代故城籍士人共同的操守和一脉相承的人文传统，这种传统在马中锡笔下的吕恕身上就表现得十分典型。

居家三十余年，日与乡间贤哲诗盟棋社取乐。性本强记，又嗜学，乃至手不释卷，故暮年挟召浩渺，深莫可测。识医经农册、稗官小说，下至星历卜筮之谈，俱成诵，无所滞爱。吟咏然不甚经意，以所学既富，时出警句，即进逼古人。尤喜汲引后进，垂髫幼稚稍可与

---

① 雍正《故城县志》卷十，《中国地方志集成·河北府县志辑》第 54 册，第 520 页。

言，即与日谈道理，终日不厌，人人自以为得所师。①

吕恕弃官退隐乡里，又于经书、文学皆无专攻，在闾里田园间优游卒岁，马中锡却从中看出了"雄豪"之气，其缘由首先在于"七岁零丁孤苦，无所于归"的吕恕完全靠自学成才，或许马中锡亦感佩吕氏身上所代表的传统士人"率其素履，独行所愿"的坦率和潇洒。

> 古人有言，内无贤父兄，外无严师友，而能有成者，鲜矣。观之公何如也？函丈薰陶，过庭诗礼，平生耳目未闻见。奋一经于茕独，博群籍于衰暮，若公者，可不谓雄豪之士矣乎？②

马中锡之后，衡水方志的明代金石文献中还颇有几位故城籍文学家的作品，如孙绪、宋诺、周世选等人之作，虽然在后世影响不如马中锡，但均各有成就，列名于谭正璧《中国文学家大辞典》，后文设专节予以介绍，此处从略。

明代文学家在衡水域内留有碑刻作品的还有"前七子"之一、曾师事马中锡的康海（1475～1540）。康氏字德涵，号对山、沜东渔父，西安府武功县（今属陕西）人，弘治十五年（1502）状元，曾任翰林院编修，著有诗文集《对山集》、散曲集《沜东乐府》、杂剧《中山狼》等。同治《武邑县志》存其正德二年（1507）作《重修武邑庙学碑记》一篇，时武邑知县成文（与康海为国子监同学且为同年进士）重修当地庙学，委武邑教谕、康海的陕西同乡杜云等人赴京求撰文纪念。其文称"武邑，圻内大县，去京邑如此其近也；其风俗惇朴，人行敏毅若如此，良也"，"武邑之士之风，予将拭目望之"。③ 他借重修庙学，对当地士人学子加以勉励。

晚明散文虽以抒写性灵、自由随心的小品文字最为后世激赏，然而适逢衰世，明政府危机重重，带有政治性质的文人团体相继崛起，东林党在前，复社、几社在后，他们都希望通过复兴文化传统来振衰起敝、挽救危亡，于是创作了大量融洽古今、指陈时弊的经世之文，著名文学家、东林党领袖赵南星的《饶阳近圣书院碑记》就是一篇很有代表性的作品。

---

① 雍正《故城县志》卷十，《中国地方志集成·河北府县志辑》第 54 册，第 521 页。
② 雍正《故城县志》卷十，《中国地方志集成·河北府县志辑》第 54 册，第 521 页。
③ 同治《武邑县志》卷四，《中国地方志集成·河北府县志辑》第 53 册，第 41 页。

赵南星（1550~1627），字梦白，高邑（今属河北石家庄）人。明万历二年（1574）进士，历任太常寺卿、左都御史、吏部尚书等职，以整齐天下为己任，与邹元标、顾宪成并称"东林三君"。《四库禁毁书丛刊》有《赵忠毅公文集》24卷，《畿辅丛书》收《味檗斋文集》15卷，有散曲集《芳茹园乐府》1卷，另有理学、史学著作若干。万历四十年，咸宁人万献策在饶阳重修近圣书院，赵南星应请为其撰碑记，批评"士大夫以讲学为姗笑"的衰世之象，指出正是士大夫不学无术造成了当时朝政的混乱。

> 余每叹今之世可谓极衰，何以征之？士大夫以讲学为姗笑，曰"古人未尝讲学"……或又曰"古人之言备矣，不必更言"，夫古人之言，今人一一行之则可也，而率咫之不行，又禁人勿言，不亦惑乎？……春秋时周大夫原伯鲁不说学，闵子马曰："周其乱乎！"……矧今之时，教士用人皆苟且益无所用学，是以臣纪士风皆坏，剿袭记诵可以取青紫……大乱之道也，今朝野皆然，此不学之故也。

万历初年张居正下令尽毁天下书院而饶阳"以僻邑独存"，经万氏重修后"邑士闻所未闻，骎骎兴起"。书院的废兴，正体现了截然不同的社会治理思路。张居正尽毁书院，其实只是认为没有思想、不能发声的愚民更容易治理，而在东林党人赵南星看来，"剿袭记诵可以取青紫"而不必讲真学问，正是造成"臣纪士风皆坏"的"大乱之道"，要想"国家生民有攸赖而天下可治"，就必须要求"士大夫不以讲学为姗笑而勤心从事焉"，因为讲学修身，是士大夫的本分，而且越是衰世，士大夫的讲学修身越是刻不容缓。

> 夫欲为良农者，必讲于谷造之宜；欲为良医者，必讲于针砭之术；欲为君子者，必讲于圣贤之学，内之以修身，外之以救世，无出于此者。书院之修，议者鲜不以为非此时之急务，修身救世，无时非急务者，此时为甚。①

---

① 《饶阳近圣书院碑记》，见赵南星撰《赵忠毅公诗文集》，《四库禁毁丛刊·集部》第68册，北京出版社，1998，第325~326页，题作《饶阳县重修近圣书院记》。另，同治《深州风土记》记十一"金石"仅收题名，无文，记八"名宦"中收其全文，与《四库禁毁丛刊》所录有出入，参见《中国地方志集成·河北府县志辑》第52册，第209、132~133页。

通过讲学来开启民智，培养人才，从根本上提高执政群体的素质，这既是儒家传承学问的根本方式，也是儒家政治思想的最宝贵的经验。《饶阳近圣书院碑记》中的主张是对这一光辉传统的确认和复归，亦是对张居正独裁擅政时期保守的愚民政策之拨乱反正。事实上，晚明诸团体中的有识之士对于末世士风的认识、批判和寻求"务为有用之学"的努力在方向上是一致的，"自世教衰，士子不通经术，但剿耳俗目，几幸弋获于有司。登明堂不能致君，长郡邑不知泽民，人材日下，吏治日偷，皆由于此。溥不度德、不量力，期与庶方多士共兴复古学，将使异日者务为有用，因名曰复社。"① 年代稍晚的陆世仪《复社纪略》中所记载的这段话，正与赵南星对现实问题的记述及其兴学致用的主张如出一辙，遥相呼应。

明末清初河北大儒刁包（1603～1669），字蒙吉，直隶祁州（今河北安国）人。明天启七年（1627）举人。李自成义军攻祁州时曾毁家纠众固守，清军入关后，他于城隅辟地建斋曰"潜室"，隐居不出。② 其著述多躬行心得之言，世谓其醇正胜过孙奇逢。同治《深州风土记》记十一下"金石"载录其《故明许州刺史张公墓志铭》，其文截取最能体现墓主人格风范的生平细节，夹叙夹议，是一篇比较成功的人物传记。墓主张应白及二子念祖、念圣俱擅诗文，当地人比之晋代安平"三张"（张载、张协、张亢），称为"后三张"，且张应白为当时远近闻名的藏书家，"远迩称畿南文献家，辄首博陵张公"，"孜孜以积书为事，若世人之积金积粟然"，刁包曾遣门人向其借书，借书事后不久，张应白病逝，家人委托颜习斋弟子、安平人杨计公向刁包求作墓志。后来，张念圣又曾随杨计公拜望刁包，作《同杨计公谒刁蒙吉先生》诗，有"携我同心人，登龙展私淑""洗耳聆铎音，谈经继白鹿"③ 等句，对刁包极为敬仰。

《故明许州刺史张公墓志铭》记墓主言行事迹，寥寥数语，人物声貌如见，而墓主张应白刚毅慷慨之人格风范亦不同凡俗，堪与作者文字相互生辉。

① （清）陆世仪撰《复社纪略》，《续修四库全书》第438册，上海古籍出版社，2002，第485页。
② 臧励龢等编《中国人名大辞典》，商务印书馆，1992，第9页。
③ 《晚晴簃诗汇》第27册，退耕堂刊本，中国书店，第159页。

　　（张公）年二十登万历丙午贤书，为滑县学官，学使马公所至，索劣生，公抗不奉命。马公怒曰："滑无劣，教官功邪？"对曰："曷敢尔？士弗若，于训有夏楚在，欲上闻，是绝其自新也。若求巨奸大憝，果无有。"马公嘿然。其刚毅类如此。

　　迁知南阳之镇平县，以教化为先，演六谕，作训诂，俾知书者朗诵之，愚夫闻而泣下，如陆象山之讲《鸿范》于上元也……遭天灾无麦禾，首捐谷五百石，延富人于庭，稽首为民请命，富人欣感，争竭藏以待发，全活以亿万计。擒治巨盗，当道比之渤海朝歌云。①

张应白在学使面前抗命不遵，对顶头上司威武不屈的另一面，是对学子的温柔回护；做知县后，教化百姓，天灾之际，在富人面前以退为进，全然不摆县太爷的架子，拳拳爱民之心是其内因。遗憾的是，这样一个正直爱民的好官最终因其正直爱民遭谗，告别仕途。

　　进刺许州，其治一如镇平。会司李憾公，媒蘗于巡道。崇祯四年，大计，遂解官归。先是，许有诸生丁际明，司李以私憾系际明于狱，数讽公置之法。公阳若不喻其意者，曰："濂溪誓不杀人媚人，吾敢得罪先贤乎？"②夫人亦曰："此关君名节，无官何伤！"理其冤而释之。司李由是憾公也。③

好在一个内心坦荡的君子，无论做不做官，无论在哪里，都可以生活得充实而有光辉。张应白解职回乡后，与士绅文友诗酒酬答，十分惬意，其诗酒生涯也为当时衡水士绅、文人间的风雅交游情况留下一个生动剪影。

　　公归以园圃自适，与饶阳路大理升、深州张鄗陵云凤、同县门工部洞开为"率真会"，饮酒赋诗，衣冠伟肃，鬓眉浩然，见者以为有

---

① 同治《深州风土记》记十一，《中国地方志集成·河北府县志辑》第52册，第215页。
② 《宋史》卷四百二十七《周敦颐传》："有囚法不当死，转运使王逵欲深治之。逵，酷悍吏也，众莫敢争，敦颐独与之辨，不听，乃委手版归，将弃官去，曰：'如此尚可仕乎！杀人以媚人，吾不为也。'逵悟，囚得免。"见（元）脱脱等撰《宋史》，中华书局，1977，第12711页。
③ 同治《深州风土记》记十一，《中国地方志集成·河北府县志辑》第52册，第215页。

洛下遗风。①

（四）清代名家作品

出现在衡水方志金石文献中的清代文化名家仍以学者大儒为主。由于地域接近，清代前期衡水东北部州县士人追随"颜李学派"的代表人物李塨者众多，李塨应这些弟子和追随者所请撰写过一些碑志。此外如著名学者仇兆鳌、钱大昕、王引之等也都有碑志作品收录于衡水各地的方志中；以文学名家者则主要是晚清桐城文派作家。由于桐城文派晚期名家、名居"曾门四大弟子"的张裕钊、吴汝纶曾长期在直隶任职、讲学，直隶成为北方桐城文派重镇，涌现出数量众多的优秀古文家。而河北中部的保定、衡水一带是桐城文派作家最主要的活动地和来源地，所以衡水方志金石文献中保留晚清桐城派古文家作品甚多，如曾任冀州知州、深州知州的吴汝纶，任枣强知县多年并在当地讲学的方宗诚，张、吴弟子后人中的佼佼者姚永朴、吴闿生、马其昶及河北籍桐城派代表作家贺涛、王树楠、赵衡等，都有作品散见于同治《深州风土记》、同治《枣强县志补正》、民国《冀县志》、民国《景县志》等志书中。下面对学者大儒的碑志撰述情况和优秀作品做简要介绍。

同治《深州风土记》记十五"文学"对深州下辖州县特别是安平士人追随颜元、李塨的情况记载较详，可谓"颜李学派"之衡水宗支图，为深入研究"颜李学派"保存了宝贵史料。

> 颜李之学，以坚苦力行为宗。州人从游者安平独多。有杨计公者，精西人算学，能击技，诸生也。
>
> 从颜习斋游者有赵卫公、启公兄弟也，皆以武勇闻，既从习斋游，又荐可默好学。默，字切言。习斋过安平，相从访问者，又有彭古愚、彭子谅、阎辉光之属。辉光教其徒揖立应对，朔望拜父母，习斋善之。可默既从习斋，习斋没，又与王杰期师事李刚主。
>
> 举人赵垂勋者，字伟业，亦服习斋之学，而师事刚主，刚主称其"一堂虞夏"。子举人赵瑞鸿，字渐逵，亦刚主门人。
>
> 其后又有王博古、弓御九、弓逊甫之属，皆从刚主游。

① 同治《深州风土记》记十一，《中国地方志集成·河北府县志辑》第52册，第215页。

　　杨静甫者，不知于计公何族属也，刚主尝问水学玉衡、恒升、龙尾三车法及测天法于静甫，盖亦通西学者。

　　刚主又尝纪弓靖庵之事略。靖庵，名恒矢，雍正四年举乡饮寿宾，刚主谓乡人严之如王彦方、陈仲弓也。靖庵有子曰巽，为诸生，能篆书，或曰巽即逊甫也。

　　刘琛者，字来献，尝于人家坐上一识习斋，后遂私淑之，以习斋礼乐射御书数之学教子，又仿习斋为斋戒牌，谓学莫先于礼，礼莫重于祭。春秋上辛祀先师，以习斋从祀，卒而李刚主铭其墓曰："斯人之逝兮，斯道之悲！"其痛惜如此。

　　自杨计公至刘琛，凡十六人，皆家安平，而深州亦有诸生国之桓，字公玉。公玉初名之元，避习斋名改。之桓初与衡水魏纯嘏从习斋问天文之学……之桓弟之蒲为浚县教谕，导游大伾，因与习斋论井田之法，习斋留之桓……之蒲，字男玉，顺治十七年举人，其为教大旨仿白鹿洞规，生平著述甚富。①

　　以上诸人，多为当地文化名流，彼此间亦有交往，如赵瑞鸿与弓靖庵之子弓巽、弓擎相交甚笃，弓擎之子弓肇文则受业于赵氏，弓靖庵卒后，赵为之撰《安平乡饮宾弓靖庵墓表》，称当地"吉凶讼狱，得靖庵一言，无不允服"②。杨计公与著名学者刁包有交游，前述刁包为安平张应白所撰墓志即为杨计公应张家之托向刁包求撰。李塨本人亦常为安平人士撰碑志，见于同治《深州风土记》者有《安平崔亮远墓志铭》《安平崔闻远墓志铭》《安平刘化吾墓表》《安平岳节妇墓表》等。

　　钱大昕（1728～1804），号竹汀居士，江苏嘉定（今属上海）人。清代史学家、文学家、教育家，"乾嘉学派"大师。乾隆十九年（1754）进士，历任翰林院编修、武英殿纂修官、詹事府少詹事、提督广东学政等职，之后归田三十年，潜心著述、讲学。同治《深州风土记》记十一下"金石"所收钱大昕《饶阳新建文昌阁记》，体现了其"文以贯道""尚实斥虚"的思想取向，把饶阳县新建文昌阁的意义从民间的文昌神信仰落实到读书务本，把几成陈词滥调的题目成功地写成一篇通经致用之文。

---

① 同治《深州风土记》记十五，《中国地方志集成·河北府县志辑》第 52 册，第 335 页。
② 同治《深州风土记》记十一，《中国地方志集成·河北府县志辑》第 52 册，第 229 页。

其文首先追溯文昌帝君源流，显示了钱大昕作为考据家的旨趣和特长，然后一步步将神仙信仰拉回到现实人事，先推测司文运之神或许有之："夫科目之设，聚数千万人，所为文取决于一二人之心目，虽长于鉴别，岂能无毫发之爽，谓必有神焉司之，似矣。"接着他话锋一转，落脚在兴文造士而不在尊神，而且钱氏还特别指出，士之养成，并不在人们通常理解的"学而优则仕"，汲汲于"区区科第之荣"，而是重在致力敦奖实学，读书务本。

> 然朝子有言："其用功深者，其收名也远。"士诚读孔孟之书，修程朱之行，而学韩欧之文，能自树立，不因循，神未有不福之者。若夫束书不观，游谈无根，徒以剿说因袭为功而侥幸以祈神之我佑，则非予之所知也。今之仕者，簿书趋走，汲汲若不可终日，有以兴文造士之说进者 则以为迂阔而莫为。王君独能知所本务，而县之士亦咸鼓舞自励，庶几知实学之宜敦而不囿于流俗，岂仅区区科第之荣已哉！①

钱氏此论，可见古代有识之士纵然应邀为神佛作碑记，也往往舍其超自然的信仰，而拈出其有现实意义之精神实质，这正是儒家文化人本主义和尚实精神的体现。而强调士人读孔孟之书最重要的是能自树立，知行合一，谋求"科第之荣"并非读书的第一义，与前文提到的马中锡《重建儒学记》中对"窃圣道以饰名，既登第则负其初心，假圣经以媒禄，苟得志适资其奸伪"②的警惕和批判，其精神是一脉相承的。

王引之（1766～1834），字伯申，谥文简，江苏高邮人。嘉庆四年（1799）进士，历任翰林院编修、礼部左侍郎、国史馆副总裁、工部尚书等职。清代著名学者，与其父王念孙并称"高邮二王"。同治《深州风土记》记十一下"金石"存其《赠中宪大夫陕西襄城县黄官岭巡检赵公墓志铭》，并于文后注云："曾文正论学，于国朝最服高邮王氏父子，其文则少见，亟录存之。"③ 王氏此文四平八稳，依次述撰碑缘起，墓主家世、生平、主要政绩、后代，由其文末称"余于公为姻党，知公为深"可知高邮

---

① 同治《深州风土记》记十一，《中国地方志集成·河北府县志辑》第 52 册，第 228 页。
② 哈佛燕京图书馆藏《景州（河北）志六卷首一卷》卷之六续编《艺文》，第 445 页。
③ 同治《深州风土记》记十一，《中国地方志集成·河北府县志辑》第 52 册，第 230 页。

王氏与墓主深州人赵德俶有姻亲关系。

（五）明清时期的达官显宦之作

由于地近京畿，直隶各地与京城的文化名流和达官显宦的往来具有先天优势，直隶各地方志中除了作家、学者、书画家等文化名家的创作，也不乏朝廷重臣和封疆大吏应地方所请而撰的碑志，如衡水方志中收录的明代著名政治家、内阁首辅张居正，爱国将领孙承宗，清代理学名臣李光地（1642～1718）等人的作品。

同治《深州风土记》记十一下"金石"收张居正为深州籍大宦官冯保所作《明诰赠荣禄大夫中军都督府都督同知冯公神道碑》。权宦辈出可谓明代政治的一大流弊，冯保（？～1583）文化素养较高，在历朝权倾一时的太监中还算历史评价较好、较有作为的一位。明穆宗驾崩时，冯保成为顾命大臣，掌权后支持张居正推行"一条鞭法"，使明政权一度出现复苏局面，在张居正的改革中可谓与张氏里应外合的政治盟友。碑文回顾冯保、冯佑兄弟获皇帝信任而擢升及其祖先受封赠的过程，将这种"膺三圣恩遇至隆极渥，龙章凤诰贲及先世"的殊荣归于冯氏家族的累世积善。

> 夫天道无亲，恒与善人，其积弥厚，其发弥远。溯公之先，自高曾以来，世积忠厚，洎公祖父种植益力，睦亲惇族，好义喜施，人知冯氏有后矣。今公兄弟荐登穹秩，而子姓硕繁，为时望族，非积德之报与？[①]

吴汝纶于该碑文后按云："余采此碑，州人多疑之，余谓名相之文，不可不录。且冯保亦中官之表表者，何嫌为？"并追溯明代宦官擅权积重难返之弊，而冯保相比之下较能顾全大体而"无显过"（据《明史》本传，冯获罪被发配南京后神宗称其"为张居正所惑，无他过，行且召还"），故吴汝纶认为若以冯保的宦寺身份而弃之，则眼光过于狭隘。今按，张居正死于万历十年（1582）六月[②]，而据《明史》卷三百五《冯保传》，冯保之贬死南京尚在张居正卒后，而同治《深州风土记》所载《明诰赠荣禄大夫中军都督府都督同知冯公神道碑》作于万历三年正月，据此

---

① 同治《深州风土记》记十一，《中国地方志集成·河北府县志辑》第52册，第202页。
② 朱东润：《张居正大传》，九州出版社，2016，第328页。

则张居正是在冯保生前为其预撰神道碑，未知古人是否有此成例，此或亦
"州人多疑之"的原因之一。

明末名臣孙承宗（1563～1638），北直隶保定高阳人，官至兵部尚书
兼东阁大学士等职。崇祯十一年（1638），孙承宗领家人守卫高阳，城破
被擒，自缢而死，其子孙数十人战死。其《高阳集》包括诗 9 卷、词 1
卷、散文 9 卷。道光《武强县志重修》卷十二"艺文志"载其《重修关帝
庙碑记》，关羽虽为山西人，却起于燕冀，而以身殉国的后世名臣、燕人
孙承宗为关帝庙撰文，正宜寄寓和抒发作者慷慨悲歌的忠烈气质，孙氏在
碑文中揭示了关羽忠义品质与燕冀文化风气的相通相契以及武强人对关帝
之特别尊崇。

> 当侯起草泽始事盖在幽蓟，而又尝依公孙于冀，故燕冀之人往往
> 喜道侯与张车骑飞将军之雄风，而武强又用武之国，多赭骭君子，即
> 士人亦雅负朔气，且其地北走涿鹿，南望白马，则从龙戢蛇之故墟，
> 东跨冀平，西□□山又恍见司马部曲而张苏之侠气尚存，故壮穆祠无
> 问辙迹至不至，而此更为显赫。
>
> …………
>
> 故其人一腔热血迸出，散在百千万亿之人心，而即合百千万亿以
> 结之为明神……武遂（武强之旧称，原文为"隧"，误）故多义烈，
> 倘回照其心，以悉侯之心乎？[1]

清代重臣作品，此以康熙朝理学名臣李光地为例。李光地，字晋卿，
谥文贞，福建安溪人。康熙九年（1670）进士，历任翰林院编修、兵部右
侍郎、直隶巡抚、文渊阁大学士兼吏部尚书。他曾奉敕纂《性理精义》
《朱子全书》等阐扬理学之书，经康熙皇帝审定后颁行于学宫，当时被
视为开国之大儒，而近代梁启超则痛斥其为"煽三百年来恶风"的"学
界蟊贼"[2]。

---

[1] 此文道光《武强县志重修》、同治《深州风土记》俱收，文字略有不同，引文主要据道
光《武强县志重修》，缺文据同治《深州风土记》补正。参见道光《武强县志重修》卷
十二，《中国地方志集成·河北府县志辑》第 52 册，第 631～632 页；同治《深州风土
记》记十一，《中国地方志集成·河北府县志辑》第 52 册，第 200 页。

[2] 梁启超著《梁启超全集》第 3 卷《新民说》，北京出版社，1999，第 611 页。

乾隆《景州志》卷之六"文苑"存其《重修董子祠堂记》，道光《武强县志重修》卷十二"艺文志"存其《赐额廉平堂记》，两文皆是阐明儒家思想的"道德文章"，殊少文学色彩。在《重修董子祠堂记》一文中，作者针对韩愈述儒学道统尊孟子，疵荀子、扬雄，"于董子则莫之及"的态度，批评其"以华实为进退"，提出董仲舒在儒学发展史上的重要贡献与意义主要在于：第一，董仲舒关于"天性""天地之性"为"人性本善"之依据的"天人合一"思想，来源于《孝经》和《礼记·乐记》，而其他"汉唐诸儒未能有述之"，因而就传"性与天道"之理而言，唯董子堪为尧舜孔孟与濂洛关闽诸儒之间的中介；第二，董仲舒对江都王所言之"义利之分、王霸之判"，正是孟子反复在齐威王、梁惠文王面前所力争者，因而董子无愧于孟子学说在汉代的继承人。《赐额廉平堂记》则颇为深刻地提出，为官者"廉""平"美德的反面是"伪"和"激"，认为士大夫要特别警惕为求廉平之名而滑向虚伪和愤激，"伪则不诚而人不服，激则不和而人不安"，"吾侪士大夫患于不廉，廉者又往往不诚不和"，导致"不诚不和"的原因则是"理之未明，事之未达，或见己而失虚公，或矜细节而乖大体"，"是以古之人孳孳讲学至于老而不倦，益知夫明理达事如彼其难也"。① 这些充满了四平八稳的道学气的论点，无疑完全符合清朝统治者的统治政策和思想文化风气，梁启超对其抱深恶痛绝的态度或许也正在于此。

二　州县官员和乡邦才士的优秀作品

古代科举取士，凡求科名的读书人无不致力于写一手好文章。因此，州县官员和乡邦才士，即便没有驰骋文坛，获得卓著的文学声名，也完全可能具备极高的文化修养和文学才能，从而写出一些非常优秀的文学作品。方志文献中的金石碑志，便保留了许多这些没能进入主流文学史的乡土作者的佳作，这些人有的曾编印诗文集，但绝大多数人的作品已经随着时光流逝而散佚，甚至连当初刻在石碑上的原文也早已无处可寻，在这种情况下，方志中保留的这些文献也就更显得弥足珍贵。本小节即对衡水方志中此类作家作品略举数例，做简要述论。

---

① 道光《武强县志重修》卷十二，《中国地方志集成·河北府县志辑》第 52 册，第 646 页。

（一）彭相

彭相，安平坊市里人，嘉靖四年（1525）中举，嘉靖十四年进士及第。"清才重望，既第，未仕而没，人咸惜之。"（据康熙《安平县志》卷之六"选举志"、同治《深州风土记》记十一下"金石"）其《明安平县宅六柏记》（康熙《安平县志》中题为《新植六柏记》）虽为应知县要求所写的命题作文，然文采斐然，托物言志，言简而意长，堪称美文。

> 河南陆侯治安平之三年，手植六柏于庭，命相记之。
> 相惟柏之为木，直干坚节，其性然也。当夫广莫风悲，积阴四垂，斯时也。天气栗烈，嘘唾成雪，草木干且腐矣，而柏独苍然与岩石一色，雪霜不凌，寒风不折，岂知时为穷耶？乃若青帝发仁，万物皆春，和律腾灰，炽阳恢台。斯时也，芽荄怒发，胚动萌达，草木光且荣矣，柏独翘然不与群芳竞采，翠挺自如，容态不改，安知时为亨耶？
> 或谓陶潜栽柳，邵雍咏桐，而侯种柏，不同何也？曰：陶隐，邵哲，侯尚清节，所趋异也。若夫爱养顾惜，由拱把而合抱而驯至参天，不能不赖于同志君子幸继续而培持之。①

文中"河南陆侯"名陆载，正德十三年（1518）始任安平知县，第三年当在正德十五年（1520），此在彭相中举之前，故同治《深州风土记》谓"相犹为诸生"。文章状柏树的"直干坚节"，谓其当严冬草木凋零之时"独苍然与岩石一色"，不知"时为穷"，春日万物萌发之时"翘然不与群芳竞采"，亦不知"时为亨"，柏树犹如一个刚毅笃定、心有所主的君子，完全意识不到外界的变迁、时节的穷通。全篇寥寥数百字，一气呵成，充满了倔强自足、傲岸不群的少年意气。结尾说这样生性坚直的树能够长成，有赖于同志君子长久的呵护、培持，又委婉地表露出作者对长者和诸同道惜才爱才的祈愿。此外，该文亦可理解为陆知县在安平植柏，犹如树立一种清高、刚毅的品格，要使这种品格在安平发扬光大，养成一方风气，还需同志君子的共同持久努力。有如此文采和气度的少年学子，后来果真考中进士，却天不假年，未仕而殁，也可谓一位"虚负凌云万丈才，一生襟抱未曾开"（唐崔珏《哭李商隐》）的偃蹇之士了。

---

① 同治《深州风土记》记十一，《中国地方志集成·河北府县志辑》第52册，第189页。

康熙《安平县志》卷之八"艺文志"另有《重建铁佛寺记》一篇，亦为彭相作品。其文述铁佛寺在元末战乱后衰败不堪，明天顺、成化年间两次修葺后，"旧制依然而凄迷于荒烟榛莽之下，盖造物之自然而人力之不竞也"，后有高僧善本感喟："寂于无者谓之法，显于有者谓之象，盖不得于法，因象以求之可也。今既曰铁佛寺，寺则然矣，铁佛则未也，尸其名而失其实，不几有法无象耶？"乃增铸铁佛，"遂饮水绝粒幽居一室，凡三阅岁而殒"。彭相应善本弟子印宗所请为撰《重建铁佛寺记》，状风景，记言语，发议论，婉曲多致，然而篇终奏雅，申明自己对佛教的有限支持，其坚守儒家文化本位的态度十分耐人寻味。

> 自佛教入中国上下几二千载，见之传记可考也。汝之教固不可废，而与吾儒不同姑置弗论，然而天下之民崇奉者，多因为善获报之说化世诱民，使不为恶，是亦有可取也。
>
> 予游息汝寺久矣，知汝师创建之功及汝继成之善，故为汝志之。若夫曲唱其道之沦寂，极著其道之变幻，则非予所优为也。①

你是你，我是我，在彭相这里，佛教和儒学界限分明。受邀为文，不意味着全盘支持对方的事业和主张，而是把个人的同情支持明确限定于佛教"因为善获报之说化世诱民，使不为恶"的可取之处以及善本、印宗师徒忠于本教，创建、继成的努力担当。事实上，在以儒家思想为主流的传统社会，官员士子为佛教、道教及五花八门的民间信仰建立的各种祠庙撰写碑记时常常采取这种态度，这在后文论述衡水方志金石文献的文化精神时还将专门予以关注。

（二）蒋论

明万历间故城知县蒋论的《重修关帝庙碑记》，是地方官所作碑志中较有特色的一篇，无论文章本身的布局谋篇还是其思想内容，都有可圈可点之处，非多如牛毛的一般同类作品可比。

蒋论，广西全州人，万历三年（1575）任故城知县，后升江西抚州通判，是明清时期历任故城知县中评价最高的名宦之一。雍正《故城县志》说他"塞河流，活万人之命；祈秋霖，熟千顷之禾。操持耿介，可对神

---

① 康熙《安平县志》卷八，《中国地方志集成·河北府县志辑》第51册，第519页。

明，至今邑人皆思慕之"①。蒋氏《重修关帝庙碑记》没有像众多的同类作品那样以大幅笔墨追述庙宇的历代沿革和修缮过程，而是在寥寥数语简单交代增修经过后，仿效赋体主客问答的形式，重点申说其主持重修关帝庙的真实初衷。作者首先以"侯之神流于天地之间，而其感通则洽于人人之心……无一念诞慢者，乃天理民彝，不容泯也"，以及"矧侯之祠宇遍天下，今城市村墟祭享有仪，报告有词，凭借之以为祸福主，在在然也，岂教之而知敬乎"两条原因，断然否定了关于重修关帝庙是因为"民间祀事犹未致崇也而教之敬"的猜度，其大义为：关帝的威灵，民间老百姓已经足够了解和崇敬，根本无须官员去教育引导。

继而，文章又驳斥了另一种认为重修关帝庙是因为"有资于神道以为治理之义"的推断。借神道以威慑奸佞、加强统治，在古代是一种很普遍的做法，所以有人提出知县重修关帝庙的意义在于"侯刚风灏气，可以肃妖氛；至诚精忠，可以通造化。御灾捍患，非侯无所倚庇也；伏阳愆阴，非侯无所祈禳也"，然而作者却认为："天灾谴告，有司者之失省也；敝民不轨，有司者之失刑也。吾何求于神？"应该说，此一表述蕴含着传统儒家行政理念中很有光彩的担当精神：应对天灾，安民教民，是人间官员的职责所在，知县作为地方官，怎么能把自己的职责推给关帝呢？

重修关帝庙，不是为教育引导百姓崇尚关帝，也不是为借关帝祈求平安、威吓人民，文章最后，作者正面阐述其用意："所以必求之者，为其能惧夫蠹民者耳。"希望借助关帝的威望来警示那些"蠹民"的为官者。

> 盖牧民者，民之父母也，有父母之心，固不忍于蠹民矣。然人之心术有邪正，而制行有清浊。清浊之间，贪廉之界也，苟行浊而贪焉，而济之以残暴焉。吾见以贿赂为市，则必以吾民为鱼肉，以苞苴为公，则必以民命为草菅。簠簋之不饰也，四维之不张也，凡可以囊白柜金者，何弗至也？

又云，关帝之所以为神灵，正因其"以忠义为重"，所以一定像容不下汉贼一样，容不下人间那些滥用自己的职权来"蠹民"的贪官污吏。

---

① 雍正《故城县志》卷二，《中国地方志集成·河北府县志辑》第 54 册，第 39 页。

　　操、权之为汉贼也，虽力不能自诛而其心实不能容，凡以二人者之于汉有亏忠义焉耳，有司牧之职而蠹民焉者，废阁上命于忠义何如也？侯其能容之哉？监观不达，则明威易著……吾之所以修祀事于侯者，实为是也，岂徒以其蒸羔击豕之勤而已哉！

　　…………

　　有鱼肉吾民、自暴其主者，是贪夫也，侯宁忍于吾民而听其为所欲为邪？吾惧夫贪人者之败类矣。不然，是侯忠义之气长行于逆汉之贼而不长行于一蠹民之吏也。①

　　作者借修关帝庙这一地方上几可谓常规性的修建工作而发议论，认为当时最大的问题在官员而不在百姓，正面表达了对官员贪污受贿、鱼肉百姓的深恶痛疾，同时字里行间也可见其秉自儒家经典的民本思想、担当精神。主客问答体的篇章布局，也使得文章有一波三折、跌宕起伏之致，虽道德文章而亦能引人入胜。

　　蒋论另有一篇《科甲题名碑记》，同样叙议结合，把重点放在科甲题名所寄托的深意上，并且顿挫有致，文采斐然。文章申明勒石的真实意图并非"徒为题名之具"，而是意在"得风劝之道"，认为勒石题名作为标杆、木铎，可以激励乡人努力向学："不惟足以慰父兄师友之心，以夸耀于闾里，而群士弟子之怀才抱艺、奋发思齐，以求其所以荣显者，莫不望标而直驱，闻铎而兴起之矣。"行文至此，作者又陡然一转，由"劝"转"讽"，站在儒家积极有为的立场上，批评了那些不为世用、徒务虚名者："……又岂刻意尚行离世异俗者所可同日而语耶？苟徒炫虚名而实靡继焉，求免訾议于乡党亦难矣，尚何鼓舞风劝，使后之士人奋发思齐之有哉！"②可谓立论超达，有别于一般人对题名记之类碑刻的庸俗理解。

　　（三）沈嘉

　　沈嘉，字无谋，自号西溪生。明天启元年（1621）拔贡，少年家贫而好学，博通典籍，光绪《续修故城县志》卷七"人物·高逸"称其"弱冠后名噪海内"，与张溥、杨彝等名士订交，三十岁受知于左光斗，被左

　①　光绪《续修故城县志》卷九，《中国地方志集成·河北府县志辑》第54册，第483～484页。
　②　光绪《续修故城县志》卷十，《中国地方志集成·河北府县志辑》第54册，第489页。

氏"拔为北直第一",此后科场蹭蹬,屡试不第,中年闭门著书,学生众多。其著述甚富,惜文集已佚。① 雍正《故城县志》和光绪《续修故城县志》中存其碑志作品《西溪生自志》《枝江知县祥甫秘公志铭》《胤宇刘公暨配王氏合葬志铭》《亡友贡士晋明墓志铭》,以及赠序、传记等其他作品如《秘仲负公举孝廉序》《留别荫语六则》《节寿王太夫人生传》等。沈嘉是当地方志中收录作品最多的作者之一。

沈嘉作为少年时即名扬遐迩、中年后退隐读书的才子型文士,为人为文,或思想敏锐,或萧散疏放,或狷介不羁,作品风格迥然有别于方志中收录的大量出自各级官员笔下的道德文章,即使是墓志亦有鲜明的个人特色:一是行文多用骈句,气势奔放流走,纵横恣肆;二是墓主多为与作者本人有交游并性情相投的豁达洒脱之人,因而文章中贯注了更多真情实感,寄托了作者的个人情志。如其《胤宇刘公暨配王氏合葬志铭》状墓主父亲之辞官归隐及墓主之乡居生涯。

> (墓主之父泽宇先生)一经绳绳,卒守先志;三语碌碌,雅非本情。潼关驰驱,二华落吾眼底;卫流枕漱,孤节任我婆娑。
>
> 公以千人之英,守其五亩之宅。天高气肃,矜慎之虑深;雪净冰融,春容之意远。风蓑雨笠,以充丝粟之供;伐竹织帘,以备鱼菽之祭。靖节为友,托足于东阡北陌之间;迂漫作朋,纵心于三江五湖之外。②

再如《枝江知县祥甫秘公志铭》墓主秘祥甫与沈嘉为至交好友,但性格经历并不相同。秘氏少时严谨稳重,为官后清介爱民,为一方循吏。而在沈嘉写的墓志铭中则能撷取二人交往中神采风流、堪为美谈的片段,体现了沈氏与众不同的志趣怀抱和独到的审美眼光。

> 祥甫安和静重,与枝之士民杂居而乐之。要其胸中溯湃之气,时借江山之秀丽以发其灏森已尔。每有书尺及余辄云"近状无可道者,江水一勺,与士民斟之酌之而已",余报以句曰"知君如水不须问,正借空江与酌斟"。嗟嗟!非君谁应闻此语,又非君谁能不愧此

① 光绪《续修故城县志》卷七,《中国地方志集成·河北府县志辑》第54册,第422页。
② 光绪《续修故城县志》卷十,《中国地方志集成·河北府县志辑》第54册,第527页。

语也！①

沈嘉《西溪生自志》是他为自己准备的一篇墓志铭，更堪称一篇奇文。文章名为"志"，实为阮籍《大人先生传》、陶潜《五柳先生传》之类"夫子自道"的自传文，是方志收录的乡邦文献中少见的性情文字和较纯粹意义上的文学散文。其文曰：

沈氏家于溪上者，盖已三百年矣。世事南亩，而又时以卷籍之著教其子孙。每当秋潦时至，溪水暴涨，车马之迹隔绝，巷外俨一泽国也。生携册其上，顾而乐之，辄舒啸不忍去，因自命为西溪生，而人亦以西溪生目之云。

生生而朴骏，好独坐，掀翻书册以自娱。家贫无书，每借人书读，读且竟亦且未竟，人辄取去，以故日借书、日读书而胸中略无一字半句也。三十岁以前未尝对杯斝，跂足端坐，览观嗣宗、伯伦辈之拍浮意，又辄浩浩落落也。好钞撮古今人酿法，时与酒人县之水之，而饮卒不及一蕉叶，非久狎生者不知生之无酒肠也。四十岁以前未尝称诗，家近平原，平原有卢南村者，时时诱之作诗，而生不应。然闲居时好读陶诗，于彭泽堂庑固冒冒也。质而质之，瘅而瘅之，以是为学陶焉尔。晚尤好读韦诗，澹薄中无味可咀，建安已还，风韵荡然矣。兼亦爱浮屠、老子之说，而未尝与缁黄游，则二氏之解亦茫如捉风耳。四十三岁发兴远游，一夕策驴囊被而去，人卒无知之者。历梁宋，涉淮泗，过白下，抵金闾，徘徊大江之上。顾江水之灏渺，满饮一杯而返。于彼中山川人物之概，盖未尝领略其一二也。

役役富贵而戚戚贫贱，盖惟昔之人谓能尽之。然吾幸不为其所役，恐亦无能以役之也。即未便与昔之人共寻其乐，亦不可谓之自贻其戚者矣。以善善生，生无可善，以罪罪生，亦无可罪，无已有一罪焉，曰懒残而已矣。既以其素志之，亦可以铭之。

铭曰："吾无以名，亦有以名之，其生也，某在斯，其死也，某在斯。②

---

① 光绪《续修故城县志》卷十，《中国地方志集成·河北府县志辑》第 54 册，第 530 页。
② 光绪《续修故城县志》卷十，《中国地方志集成·河北府县志辑》第 54 册，第 531 页。

好翻书自娱而胸中略无一字半句，犹陶潜之"好读书，不求甚解"；"好钞撮古今人酿法"却"饮卒不及一蕉叶"，近于陶潜之"造饮辄尽，期在必醉"；好陶诗、韦诗而兼爱佛老之说，忽发奇想，即策驴远游，反映其任诞自然、无可无不可的人生态度。这些都体现出晚明文人特有的生活情调。此外，沈嘉另有一篇《亡友贡士晋明墓志铭》，是为纪念在明末大乱中接连丧生的至交好友而作，其文如同一阕易代之际的平民悲歌，呼天抢地，椎心泣血，完全不在意墓志文体的工整肃穆，情感浪潮汹涌而出，展现出异常鲜明的个性特征和强烈的感染力。

沈嘉同乡前辈马中锡、孙绪、宋诺、周世选等皆为以道自任、正直谠言的著名"官员型"文学家，至沈氏可谓明代故城文学的殿军。沈氏与诸人早年的生长环境近似，而文章风格已经迥异于前人，他在文章中率真直露，反映自己的日常生活状貌和趣味，这既与他一生未仕、隐居西溪的独特经历有关，也应与明末社会环境的日渐逼仄及晚明文学趋于个人化、生活化的时代风气有关。

第三节　衡水方志金石文献的文化精神

正如佛家"月印万川"之理，以区域方志金石文献作为考察对象，其资源虽有局限，但衡水这一中古时期的文化发达之区、金元以后的地近京畿之地，其金石文献中自然包蕴着典型的中国文化精神和丰富的历史文化基因，本节试撮其要者略加论列。

一　从金石文献看古代中国的儒家文化本位

（一）深深根植于古代社会各阶层的儒家文化本位，首先体现于人们对修建学校、文庙的极度重视

《礼记·学记》云："古之王者建国君民，教学为先。"《宋大观圣作之碑》云："学以善风俗，明人伦，而人材所自出也。"[1] 衡水乃至全部畿辅地区的方志是一个缩影，通读任何一个地域的明清地方志中的金石文献，都可以清楚、强烈地感受到古人对建设、修葺学校和文庙的巨大热

① 同治《深州风土记》记十一，《中国地方志集成·河北府县志辑》第52册，第157页。

情。每一个地方的文庙、州县学校，都是屡废屡修，每当庙学因战乱倾圮或在岁月风霜中凋敝损坏，总有官员"怃然亟议修理"，甚至"捐俸为倡"，然后"邑士大夫及博士弟子员相与协赞"①（明周世选《重修庙学碑记》），使学校和极具标志意义的文庙焕然一新。而每次这样的工程结束，一定会留下几通《重修庙学碑》《迁庙学碑》之类的碑刻。虽然遍布城乡的佛道寺观中的碑碣可能远远多于庙学碑记，但受到官方和文化界的认可而收录于方志的金石文献中、标志着儒家正统的庙学碑记，以及尊经阁、文昌阁、乡贤祠等属于儒家信仰体系的相关建筑的修建记，数量显然是最多的。以位于衡水东南部、京杭大运河畔的故城为例，光绪《续修故城县志》卷九"文翰·碑记"部分仅有明一代二百余年间为重修庙学所撰碑记，即收录有侍郎薛希琏，邑人、处州知府马伟，邑人、都御史马中锡，邑人、太仆卿孙绪，邑人、御史杨时周，闽人、长芦运使陈全之，邑人、尚书周世选所作七篇碑记（尚非完全收录，如马伟《重建庙学补遗记》提到的成化丙戌年侍读学士吴与俭所撰碑即未见于志书），记载了洪武三年（1370）、正统十年（1445）、成化丙戌（1466）、弘治十六年（1503）、嘉靖元年（1522）、嘉靖三十八年、万历二十九年（1601）前后七次重修、增修庙学的情况，由此可知，差不多每隔三四十年就有一次较大规模的修缮工程。

在特殊情况下，如果某个地方较长一段时间没有文庙，士人们就在家中供奉孔子，春秋两季定时祭祀，此更是古代士人以儒家文化为人生信仰的体现。同治《深州风土记》收录的承事郎、国子监丞赵居仁撰的《元安平县庙学记》即记录了这样一个例子：安平庙学在金代覆亡后遭完全破坏以致"扫地无余"，元初时安平"人物井市比旁邑先富庶，故有小燕城之号"，随着经济的率先恢复，文化也得到复苏，"士子不下数十辈，视他邑文风又先盛"，然而遗憾的是一直没有建立文庙，于是当地士人"每春秋丁朔望吾夫子，行祀于诸儒之家，以为故事"。②

值得注意的是，在人们的一般印象中相对轻视儒学的金代、元代，各阶层人士对修建庙学的态度与后来并无二致。民国《冀县志》卷五所收金

---

① 光绪《续修故城县志》卷十一，《中国地方志集成·河北府县志辑》第54册，第476页。
② 同治《深州风土记》记十一，《中国地方志集成·河北府县志辑》第52册，第165～166页。

天会八年（1130）虞部郎中张亿撰《冀州特兴学记碑》、金大定二十七年（1187）转运使路伯达《重修文庙并学碑记》、元大德十一年（1307）《加封孔子诏立碑》，同治《深州风土记》卷十一所收元至元三十一年（1294）《元安平庙学圣旨碑》、元贞二年（1296）《元饶阳新迁庙学碑》、大德十一年《元安平县庙学记》《元杏坛碑》、至正十七年（1357）《元武强重修庙学记》等可证，其一再修葺维护庙学神圣的"执念"与对孔子之景仰、对兴学育人之重视，皆与明清时期此类碑志如出一辙。

（二）古代官员、士子对儒家文化本位的坚守，亦体现在他们为佛、道两教及五花八门的民间祠庙所作碑记文字中

古代儒释道人士多有交往互动，士子寄居寺庙读书甚为常见，修寺建庙时官员、士子参与捐款也很正常，因此，寺庙建成后请当地官员或文化名流撰写碑记就是顺理成章之事。在方志保存的这类碑记文章中，作者往往并不肯只是顺水推舟地对神佛做一番赞颂恭维，而是特别注意申明自己的儒门身份和立场，有的在文中调和佛儒，互相参证，论述两者之精神契合相通之处，有的则毫不隐瞒自己对宗教崇拜所持的保留态度以及严格夷夏之防的清醒意识，其为佛寺所作文章不过是"取其说之近理而不至乱真者假之以为吾道用"（宋诺《重建护国寺碑记》）。

调和儒、释，如湖广竹溪知县、安平人崔玛撰《明兴教寺碑》。

> 惟尊释迦牟尼，得非以五百世作忍辱仙人已，契吾孔门犯而不校之旨。授记然灯之前值八百四千万亿那由他诸佛悉皆供养承祀，则吾孔子之焉不学亦何常师之义也；住世七十九年广为众生说法三百五十度，固如来之文在兹，印证廿五无学成就千二百五十人以五十五位真菩提路，视玄丘之诲人不倦弗殊已。故空门之尊瞿昙，亦如吾徒之尊孔圣。[1]

崔氏以佛门的"忍"对应孔门的"犯而不校"，以佛门的广大供养对应孔门的无所不学和学无常师（《论语·子张》：卫公孙朝问于子贡曰："仲尼焉学？"子贡曰："文武之道，未坠于地，在人。贤者识其大者，不贤者识其小者。莫不有文武之道焉。夫子焉不学？而亦何常师之有？"），以如来

---

[1] 同治《深州风土记》记十一，《中国地方志集成·河北府县志辑》第52册，第207页。

广为众生说法对应孔门的好为人师、诲人不倦，近于一篇论述佛、儒可以相契相通、互参互证的理论文章。

立于冀县恩关村福庆寺的宋登春撰《明福庆禅寺碑》与崔文同调，也是肯定佛教的道理与儒者之论虽表象不同而内在道理一致，认为如果剥离佛教中的怪诞部分而谈禅就对儒家正道有所补益。

> 凡此与儒者之论理同而文异，道同而事殊，故致大儒之攻劫，不亦宜乎？……苏子曰："谈禅而不涉于怪诞者，深于禅者也。"后之谈禅者，毋怪毋诞，与吾道庶几有益哉！①

作文限于情面和文章要求，对佛教表示有限之同情肯定，同时主动保持距离的例子，如明代文学家宋诺《重建护国寺碑记》。宋文在强调佛氏"以善教人"之本心的同时，对其以"咒发黎衣之教行于中国"保持警惕，直言不讳地批判佛教"徒以其泥于空虚，以有为为赘，遂以其忠顺慈孝之属、尊卑贵贱之分、礼乐刑政所以维持人纪以胥立于世者，悉目为事障理障，欲尽扫除，此其所以为悖于道耳"，申明自己仅在善恶果报之说有益世道人心这一端上对佛教予以有限肯定和声援。

> 苟君子者，夷其法而恕其心，正其心而人其人，阴融而默挽之，不使大肆其毒，俾小人之乐其诞而入焉者，又因以兴起其好善之心，虽黠狡鬼蜮者亦怵于祸福果报之说，不至大为奸恶，此其以善教人之心有可矜者，而何忍于无言也。今世之人，后世之天下有卫道之君子者出焉，宜以余言为从俗猎较、薄正祭器之家法，乃不得已之意，非为彼立赤帜也。②

此外，上一节论及乡邦才士的碑志创作时提到的明嘉靖十四年（1535）进士、安平人彭相《重建铁佛寺记》一文，与宋诺《重建护国寺碑记》一样，在应邀为佛门撰文的同时亦严正地申明了自己与佛家的界限和对佛门事业的保留态度。

从以上碑志文字可见以六经之学为立身根本的古代文人士大夫对宗教

---

① 民国《冀县志》卷八，《中国地方志集成·河北府县志辑》第 53 册，第 239 页。
② 光绪《续修故城县志》卷十一，《中国地方志集成·河北府县志辑》第 54 册，第 573 页。

的一般看法：既坚守儒家本位，又对外来的佛教以礼相待，并往往采取以儒解佛的方式，在对佛理表达同情之了解的同时，也阐扬儒家大义。实际上，这也是不同文化健康开放地交流互动、和谐共处的较理想状态。儒家人士参与道教宫观及各种民间信仰修庙立碑，应其请为作碑记，立场亦大率如是。明安平教谕顾桐《韩村创三官庙记》述作者与前来求碑记的捐资修庙方的对话就很有代表性。

> 乡老以庠生张子培谒顾先生记之，予不能避，因叩二子曰："汝知之乎？吾人皆法孔子而诵其诗、读其书者。孔子云'非其鬼而祭之，谄也'，《诗》曰'岂弟君子，求福不回'，《书》曰'惠迪吉，从逆凶'，若是神为学道者设，非以幸福也？"培曰："亦尝以是语若，若曰'不然。吾之创是也，一乡无小大、无远近，莫不瞻依敬畏焉。有情属暧昧百辩而不能解者，一至宇而立白，事有隐伏，至累官刑而不输，乃遥望庙貌而遽反。是故，吾民宁饮食之菲，而不敢忽于一香之献，宁百拜而不以为劳，而不敢自怠，其固心之忱、其赫灵昭异，犹有大焉者，皆缘奉三官之像，乐为善而惮为不善。将来孝弟力田，雍穆成俗，勿作非为，勿堕罪厄，未必不基于此也，安敢望福乎！'"予曰："若是亦庶几矣，殆异于世之不务修己而徒幸福于回者，足以纪矣。"①

应邀为宗教或民间信仰撰文时调和儒释道，求大同、存小异，正是贵和尚中的中华民族精神和传统智慧的体现，而在论及于"六经"有依据的"正统"祭祀或修建儒家庙学时，相对而言不用顾虑旁人感情，观点有时会变得更加直接激烈、直言不讳。如清李基塙《重修南北二坛记》称赞景州知州屈成霖重修社稷坛、风雨坛（"按旧志北坛主社稷，南坛主风云雷雨山川……社稷，土谷之神也，诸侯祭以少牢，封内山川岁得有事，是皆著于《周礼》，掌于大宗伯之官……"），是"有意乎百年废坠之典，于以钦崇命祀，锡福兆民"，然后直斥传统儒家祭祀之外的一切宗教、鬼神崇拜为劳民伤财的虚妄之举："其诸异乎世俗之浪掷金钱，辉煌释老之祠、妖妄

---

① 康熙《安平县志》卷八，《中国地方志集成·河北府县志辑》第51册，第524页。

昏淫之鬼、祈灵邀福之为之者矣！"① 清任兰枝《重修景州学宫碑记》亦云："此邦之人感其上之振兴，不惮劳，不惜费，踊跃后先，共襄盛举，以视世之营营于浮图、老子之宫而妄冀福田利益者，其为人贤不肖何如也？"②

以上两例斥责佛道两教及民间淫祀"浪掷金钱""妄冀福田"，在古代似已显得锋芒毕露，不太"中庸"，事实上，衡水方志金石文献还记载了更为坚决维护儒家正统、以实际行动破除宗教邪说的例子。如元代曹元用《董子祠堂记》中的蓚县县尹吕思诚视事之初，拜谒董子祠，顾瞻而叹曰："祠当通衢，湫隘若此，非所以居董子也。"于是迁董子祠于县治东部原供官僚游憩的三丈高台之上，"更其衣冠，悉遵古制……命教谕刘澄权主董子祠事，朔望先谒孔子庙，次则及焉。又为孔子像，置之社学，使民知所向慕"。这位尊崇儒学并以"清勤无私，临事明决"著称的循吏在久旱之时处置求雨道士之理性、果决似犹胜于今人。

> 安陵道士以久旱持卢师蛇名小青者至郡，僚罗拜以祷。君怒，欲取而杀之，道士泣请得免，后数日乃雨，其不惑于邪如是。③

安陵今为景县一镇，唐代与蓚县并为德州平原郡属县，大诗人李白有《访道安陵遇盖还为余造真箓临别留赠》，故其地古有道教传统。吕思诚欲杀安陵道士一事，亦见于《元史》卷一百八十五《吕思诚传》。《董子祠堂记》作者曹元用曾与吕思诚之父共事，故曹文当为《元史·吕思诚传》之史料来源，而吕传又云："县多淫祠，动以百余记，刑牲以祭者无虚日，思诚悉命毁之，唯存江都相董仲舒祠。"④

明嘉靖年间，安平县南门观音堂的大钟被移置于孔庙明伦堂，大钟身上的铭文被打磨掉，而由知县谭一贯另撰简短而古奥的钟铭镌于其上。

---

① 民国《景县志》卷十三"杂记类"，第465～466页。乾隆《景州志》卷之六"文苑"亦有。李基塙，景州人。康熙五十三年（1714）举人，曾官永定（今湖南永定）县令，与同乡文人曹昕等并称"广川四子"。有《墨霞堂诗抄》《忍冬书屋漫存文集》。
② 民国《景县志》卷十三，《中国地方志集成·河北府县志辑》第50册，第458页。
③ 民国《景县志》卷十三，《中国地方志集成·河北府县志辑》第50册，第461页。
④ （明）宋濂等撰《元史》卷一百八十五，第4248页。

佛氏息响，吾道宏声。噫！吾观厥成。①

二 传统祭祀与中国文化的人本底色

正如前文所引李基塙《重修南北二坛记》批评宗教与民间信仰之严厉态度，严守"六经"之教的儒家学者有自己的祭祀观。一方面，他们对鬼神持不置可否的消极态度，《论语》中记载的孔子言行"子不语怪力乱神""未知生，焉知死"等极具代表意义，对后世产生了极大的影响，《孟子》全书中更是没有一个"鬼"字，关于"神"与"祭"的内容也很少见，即便偶有提到，也多为转述先贤的观点；另一方面，长期以来，他们又对祭祀高度重视，这是客观存在的历史传统，也正是有人判定儒家也是宗教或特别强调儒学的宗教性特征的主要依据之一。方志文献中大量关于修建文庙、先贤祠的碑记，应属典型的儒家祭祀文化范畴，墓表、墓志、神道碑等，也是儒家慎终追远观念和祖宗祭祀融合的产物，北岳庙、八蜡庙等有的与道教或各种民间信仰相杂糅，也与先秦儒家经典里的山岳祭祀、蜡祭等有千丝万缕的联系，可以说已经水乳交融，难分彼此。在此，我们无意深入探究儒家祭祀的具体内容和性质，而是通过对方志文献中相关金石碑志的研读，对儒家对待传统祭祀的态度及传统祭祀所体现的鲜明的人本主义特征予以揭示。

衡水金石碑志所见传统祭祀的人本底色，其核心意涵有三。

一是强调民本。古人受限于对自然界的认识程度，以及由来已久的"以神道设教"的传统，难以对一切鬼神信仰持断然否定的态度，官员、士人中的有识之士多遵孔子"未能事人，焉能事鬼"的传统，对鬼神之有无持存而不论的态度。对于民间信仰中形形色色的祠庙，判定其利害是非，决定支持鼓励还是废除禁止，最便利的取决标准是于经典中有依据，若于经典中无明确依据，再主观判断其是否能庇护百姓。实际上，无论哪种情况，以民为本、"锡福兆民"都是其核心意思。正如明王三余②《重修真武庙记》引经据典云："孔子云：'非其鬼而祭之，谄也。'传云：'先

---

① 康熙《安平县志》卷八，《中国地方志集成·河北府县志辑》第51册，第539页。

② 王三余，安平人，明万历二年（1574）进士，历任吏科给事中、太常寺少卿等职，曾与知县王圻合修明万历《安平县志》。

成民而后致力于神.'岂不然乎?"① 可见，自周代以迄明清，中国古代传统中早有明确一贯的认识：如果安顿不好苍生百姓（"成民"），侥幸希望天地、鬼神、祖先的福佑是无意义和不可能的。再如清陈宗石②《重修药王庙记》一文，起笔即开宗明义：

> 尝读汤潜庵先生（按：指汤斌，清康熙朝名臣、理学家）禁淫祠奏议，不禁敛手赞叹曰："是诚正人心、维世教之大关键也！"心窃慕焉。余莅南平三载，惟思缮城隍以固疆圉，葺学宫以振士风，其他额祠圮庙置弗问，亦服膺先生之意也。③

陈氏完全赞同汤斌禁除淫祠的主张，但在他看来，城隍庙、孔庙以及后文正面论及的药王庙当然不属淫祠之列，其理由为"间尝考之祀典，凡生而能捍灾御难，有益于斯民者，俾得庙祀"。接下来，陈氏在肯定了药王庙"捍灾御难"的属性之后，更进一步深刻指出，安平人之所以重视药王庙、重修药王庙，可能正是因为不肯认真精研医书，本地缺乏良医。

> 夫强弱虚实、资禀悬殊，而斯民之疾病触处而生，又非药无以济人事之过不及，是以神农氏首出御世，悯民生疾苦，亲尝百草定为君臣佐使补泄，各因其候，而后世始知有医药之能活人，则其捍灾御难、有益于民生者矣。独慨安邑中人，人不知医，医不知药，以药试病，以病试医，不思博读《本草》《素问》诸书，究其精微以起疲癃，而亟亟于庙貌之维新者，岂以世罕良医，将以求神之默佑而医学圉施乎？吾亦姑置勿论，但愿神之居是庙者，毋虚村民重修之义，赛祀之诚，庶几长享庙祀，不为潜庵先生议毁之所及可矣。④

虽然最终取调和态度，为重修药王庙作碑记，但以上内容还是显示了作者本人的理性精神，而于民间信仰的这种"姑置勿论"的调和态度，仍是出于尊重民意、为民祈福的本心。

---

① 康熙《安平县志》卷八，《中国地方志集成·河北府县志辑》第 51 册，第 523 页。
② 陈宗石（1644～1720），康熙年间进士，清初文学名家陈维崧之弟，曾任安平知县。
③ 康熙《安平县志》卷八，《中国地方志集成·河北府县志辑》第 51 册，第 537 页。
④ 康熙《安平县志》卷八，《中国地方志集成·河北府县志辑》第 51 册，第 537 页。

八蜡，是古代中国人所祭祀的八种与农业有关的神祇。虽然这些稀奇古怪的神祇在今天看来荒诞不经，但由于农业在中国人心目中的无上地位，且八蜡之说于祀典有征（《礼记·郊特牲》云"八蜡以祀四方"），故八蜡庙在古人心目中也并不在淫祠之列。明嘉靖年间安平知县郭某有"循吏"之名，擢升河间知府后安平士民为其立《郭侯遗爱碑记》，禁废淫祠是其在安平的德政之一："民俗尚鬼信巫，好佛事缯赛，非鬼动费不赀，侯悉禁之。"① 而就是这位大力禁止鬼巫之费的郭侯，曾主动召集当地人修葺八蜡庙，其理由也是认为蜡神与百姓福祉息息相关。

> 谋诸僚属曰："敬神所以庇民，神祠不修，恶在庇为？朔望所以敬神，祠远莫及，恶在敬为？况蜡神之于民，其德之也深，其报之也宜隆。"

同时，反对民间淫祀的郭侯之所以高度重视八蜡之祭，也是因为于古有征。

> "土反其宅！水归其壑！昆虫毋作！草木归其泽！"此古昔圣王祭神之意也……郭公以牧民为职，民以衣食为命，修八蜡庙所以为民祈食也。②

于古有征，有益斯民，八蜡神的崇祀自然也就名正言顺、备受重视了。

二是强调树立人的主体精神。讨好神并不能替代修身、修德，对士人和官员本人而言，供奉圣贤、祭祀鬼神的意义在于效法前贤，激发自己内在的精神力量。张翀《明饶阳庙学碑》云："士君子之学求以至乎？圣人之道，固无关于祠庙兴废，苟奋然饬躬励行，以圣人为可师，则其道日进于高明。"③ 重要的是君子"日进于高明"，相比之下，祠庙的兴废实际上是表面的、第二义的。

对待儒家祠庙里的榜样是这样，对待宗教寺观里的神仙也应作如是

---

① 康熙《安平县志》卷八，《中国地方志集成·河南府县志辑》第 51 册，第 521 页。
② （明）刘鉴：《福民祠记》，康熙《安平县志》卷八，《中国地方志集成·河北府县志辑》第 51 册，第 520 页。
③ 同治《深州风土记》记十一，《中国地方志集成·河北府县志辑》第 52 册，第 195～196 页。

观，因为宗教里的鬼神也是正直的，不会享用"非类之祭"，不会福佑"奸回之人"。明王三余《重修真武庙记》云：

> 孔子云："非其鬼而祭之，谄也。"传云："先成民而后致力于
> 神。"岂不然乎？盖幽明一理，正直为神，鬼神有灵，必不享非类之
> 祭，必不福奸回之人，则人之不务修德而欲徼福于神者，惑之甚
> 者也。
>
> …………
>
> 孔子曰："获罪于天，无所祷也。"岂予今日修庙之本心哉！予故
> 表而出之，见予今日之举非敢徼福，且以告世之不务修德而徒谄媚于
> 神者。①

奉训大夫、深州知事李鸿《明真武庙碑》同样阐明官员不能因捐俸修庙而忽略做人为政之本在于修德、齐民。

> 乃斥俸钱助成庙功，非有所徼事神宜尔。若乃齐民弗智，而惑于
> 妄祷，不返观内照，惟听于神，至可悲夫！使为臣而忠，为子而孝，
> 兄友弟恭，交友有信，为下而不犯法，虽不求神，神自祐之。②

三是崇实务本，善于将天道、神道拉回到世俗人事，体现出实事求是、理性中和的民族精神。对于神仙信仰的灵验，大家并不抱实实在在的期望，向各种神灵祈祷，其实不过是人面对命运时表达愿望、宣泄情感的一种方式而已。明张仲贤《徐召村重修东岳庙记》就这样看待神仙信仰和祠庙祭祀一类事，其文曰：

> 水旱焉为之祈祷，疾病焉为之呼告，凡百不平于心、有抑于人
> 者，必指山致祝，倾心对神，推丐神之休咎庇祐之，如子弟之疾痛灾
> 苦而呼泣诸父母也。神之应否，虽未可必，此固民心秉彝之。天有不
> 可昧者，故凡建祠崇祀事，其以是而已。③

---

① 康熙《安平县志》卷八，《中国地方志集成·河北府县志辑》第 51 册，第 523 页。
② 同治《深州风土记》记十一，《中国地方志集成·河北府县志辑》第 52 册，第 188 页。
③ （明）王诉修，王三余纂万历《安平县志》卷五，马小林、孟繁裕主编《明代孤本方志选》第 9 册，线装书局，2000，第 115～116 页。

依张氏之言，人在面对水旱、疾病等各种灾难时，就如同儿童受到委屈时到父母面前哭诉一般"倾心对神"，那么此时的神灵不过相当于人格化的大自然而已。

正如邓小军所说："当人处于悲剧命运、忧患意识中时，大自然乃是人汲取精神的生机，复苏悲怆的心灵，克服悲剧命运，超越忧患意识的一大力量源泉。"① 而在传统的信仰和祭祀活动中，虽然大自然母亲和人间的父母一样未必就有办法解决问题（"神之应否，虽未可必"），但痛苦绝望时的呼救和祈望乃是人之天性（即"民心秉彝之"）。"民心秉彝之"这样的表达，化用自《诗经·大雅·烝民》"天生烝民，有物有则。民之秉彝，好是懿德"，等于肯定了呼救和祈望是人的"懿德"。这种渴望通过人格化的自然神消除灾难、获得生命赓续的"懿德"与孟子的人性本善和宋儒关于"生之性，便是仁""活者为仁，死者为不仁"② 的论断紧紧相连，最终共同指向"以人为本"的中国文化精神。

崇实务本、理性中和的精神，在方志中比比皆是的孝子碑记、贞妇祠记一类中亦有体现。

清桐城文派名家方宗诚《彭孝女碑记》，讲述一位景州知州的女儿事母甚孝，于母亲死后登景州开福寺舍利塔跳塔殉母的经历。彭孝女的故事中蕴藏着中华文化中备受尊崇的"孝"的精神，但以身殉母的极端行为显然并不可取。作者应当地之请，为孝女祠做碑记，在文中肯定孝义之心的同时，重点记述彭孝女生前侍奉病母的孝行，并探讨了古人言"孝"的真义，指出纪念彭孝女，重在"兴起人孝义之心"，"感愧人不孝不义之情"，而绝非鼓励以身殉母的极端行为。

> 昔子夏言事父母竭力，事君致身。古无有必以致身于其亲为孝者，然而古今所传孝义往往有其事不可为天下后世法，而其行有可以兴起人孝义之心，且可因以感愧人不孝不义之情者：北宫女之辙环不嫁，木兰之代父从军，是岂可为女子之庸行，而书传皆称其孝，则以真性之激烈，固足令千载下感动而唏嘘也。孝女殉母后，景州人士欲

---

① 邓小军：《唐代文学的文化精神》，（台北）文津出版社，1993，第189页。
② 宋儒关于"仁"的新发展，参见韦政通主编《中国哲学辞典大全》，世界图书出版公司，1939，第120页。

建立祠堂而属予为记，予惧不善学者或徒以一死为孝也，因记其事而发兹论焉。①

方氏一文肯定"真性之激烈"，指出"其事不可为天下后世法"，揭示彭孝女行为贵在孝亲之心，警惕孝女祠之创建可能产生"以一死为孝"的舆论误导，体现出其看待事物时的理性、冷静以及中和、雅正的作文态度。

---

① 民国《景县志》卷八，《中国地方志集成・河北府县志辑》第 50 册，第 459 页。

第七章

张承秦方志金石文献研究

第一节　张承秦方志金石文献概述

　　河北北郯的张家口、承德、秦皇岛三地，地域范围从太行山脉北端、蒙古高原南缘，大致沿长城、燕山一线，延伸向渤海湾，在历史上曾长期处于农耕与游牧两大文明的交汇线，构成了河北平原乃至中原华夏的北部屏障，唐代东北边塞战争以及明代西北方向面对鞑靼、东北方向面对女真的布防，皆以这几个地区为重要舞台展开。

　　边塞，既是战争时期冲突、战争的前沿，也是和平时期交往、贸易的前沿。张家口通往蒙古国、俄罗斯的古"茶叶之路"，从北京到东北的燕山南麓东西交通道路，以及燕山山脉中的居庸关道、古北口道、卢龙塞道（喜峰口）等，自古以来都是连接南北、沟通农耕与游牧两大文明区的重要交通孔道，在这些通道沿线，逐渐形成了许多大大小小的城邑和贸易点。

　　三地在历史上长期被人们视为边塞，并且其长城以北的大片地区曾长期是匈奴、契丹、库莫奚、蒙古、女真等古代少数民族的活动区域，这片地区不仅地广人稀，且长期处于游牧、渔猎生活影响下的山川风貌也与农耕地区不同。然而在辽代以后，北京先是成为北方少数民族政权的陪都，后又成为全国的政治中心，冀北三地一跃而为拱卫首都的京畿重地，因而三地在经济、社会发展和地域文化上拥有诸多重要的共性，却与河北中南部呈现出不尽相同的风格特色（当然三地之间又有各自的不同特色）。以上这些特点在方志金石文献中自然会有一定体现，基于这些考虑，本书将冀北三地放在同一章内进行讨论。

一　张家口方志金石文献

张家口为京、冀、晋、内蒙古四省、自治区、直辖市交界之地，正式得名于明代，当时除蔚县地区外，余皆属京师治下。今张家口市下辖6区，分别为桥东区、桥西区、宣化区、下花园区、万全区和崇礼区；10县，分别为张北县、康保县、沽源县、尚义县、蔚县、阳原县、怀安县、怀来县、涿鹿县和赤城县；另有2个管理区（察北管理区和塞北管理区）和1个经开区（张家口市经济技术开发区）。相比之下，张家口地区旧志在冀北三地中数量较多。20世纪80年代由于鸿儒主编的《河北省方志概要》，著录张家口地区旧志23部，90年代来新夏主编《河北地方志提要》，著录的张家口旧志数量更为丰富，达到41种，其中尤以宣府（今宣化）、蔚州（今蔚县）、保安（今涿鹿）、怀安相关方志为多。

今存张家口旧方志中，专门设有"金石""碑刻""墓志"等相关门类的代表性府州县方志有7部：乾隆《宣化府志》（艺文条下著录"碑"）、光绪《蔚州志》、光绪《怀来县志》（艺文条下著录"碑"）、光绪《保安州续志》（"碑记"）、民国《万全县志》（艺文条下著录"金石"）、民国《张北县志》（艺文条下著录"金石"）、民国《阳原县志》。现分别概述如下。

（一）乾隆《宣化府志》

清乾隆二十二年（1757）增刻本，四十二卷首一卷。清代王者辅、王畹等原纂，后因志版大部分毁于失火，后来的宣化府知府张志奇主持续修工作，当时的宣化县知县黄可润主持编纂。《中国地方志集成·河北府县志辑》和《中国地方志集成·善本方志辑》（第一编）皆有收录。

全书首卷为方观承、王畹、张志奇等序、凡例、修志姓氏、宣化府志全图及目录。正文四十二卷依次为：卷一纪恩、卷二地理、卷三星土、卷四形势疆域、卷五至卷六山川、卷七古迹、卷八城堡、卷九公署、卷十乡都户口、卷十一田赋、卷十二学校、卷十三典祀、卷十四塞垣、卷十五至卷十六兵志、卷十七驿站、卷十八至卷二十二封建职官、卷二十三至卷二十四宦迹、卷二十五至卷二十六选举、卷二十七至卷二十九人物、卷三十至卷三十一列女、卷三十二风俗物产、卷三十三至卷三十四世纪、卷三十五至卷四十艺文、卷四十一杂志、卷四十二订误和后序。

六卷"艺文"又分为表、疏、书、记、序、论、议、说、考、辨、传、状、碑、志铭、箴、铭、赞、赋和诗,卷三十八碑铭一类则依次收录金代元好问的《曹征君墓表》《大丞相刘氏先茔神道碑》《资善大夫武宁军节度使夹谷公神道碑铭》,元代郝经的《故中书令江淮京湖南北等路宣抚大使杨公神道碑铭》,元代郭松年的《侯府君夫人李氏祠堂碑》,元代姚燧的《浙西廉访副使潘公神道碑》,元代许有壬的《元故右丞相怗烈公神道碑铭并序》,元代姚燧的《故金甄官署令魏府君墓碣铭》,元代赵孟頫的《杨氏先茔碑铭》,清代陈廷敬的《刑部尚书致仕谥果敏魏公墓志铭》《诰授朝议大夫刑部山西司郎中约斋李公墓志铭》,清代王熙的《诰授光禄大夫巡抚贵州都察院右副都御史梅公阁公墓志铭》,清代魏象枢的《蔚州宋烈女石碣铭》,明代冯益的《北门新河铭并序》,明代汪道亨的《上古滴水崖填星铭》,佚名的《丈夫石铭》,明代叶盛的《温泉铭》,凡 17 篇。此外,尽管卷三十七标目"艺文三 序、论、议、说、辨",但其中杂入本该置于卷三十八碑铭条下的两篇文章:清代方观承的《赤城县改建学宫碑记》和阎介年的《黄侯治蔚纪政碑铭》。

(二)光绪《蔚州志》

清光绪三年(1877)刊本。二十卷首一卷。清代庆之金修,杨笃纂。《中国地方志集成·河北府县志辑》收录。

是书体例编排比较独特,类目设置上效法史体,分表、志、传、记四门。表分四类,依次为舆地、历代封爵、历代职官、本朝职官等表;志分九类,依次为地理、建置、祠祀、赋役、学校、兵、选举、金石、艺文诸志;传分三类,为史传、集传、列传;记分五类,分别为大事记、风土记、名宦记、寓贤记和杂记。正文共二十一类,部分类下有细目。

卷九、卷十的金石志与一般志书只著录文献条目不同,对金石所载文章也多选择性地摘录。两卷共收录金石文献 64 条,大部分录有正文,其体例一般是首录题名,次以小字双排注明所在地、形制尺寸、书体、行数等信息,次录金石正文,末以按语的形式考辨文献,提出己见。全书不仅抄录了类似《世宗宪皇帝谕祭刑部尚书谥敏果魏象枢祀贤良祠碑》的完整碑文,对一些残破漫漶但编者觉得有价值的刻石文字也有著录,如对于金大定十一年经幢,编者就录其序而不录正文,残破或漫漶字迹处皆以"□"替代。之所以只录序,是因为编者从史料价值的角度出发,认为正文可能没那么大价值，且字数较多，而序言中提到了古村乡名"灵仙县崇德乡柳南疃"，有必要记录下来："经文三百余字，不录，录其序以存古村乡名。"① 同时，编者还发现落款时间有问题："其纪日既书丁酉，复书丙申，殊不可解。"② 对于正文有一定史料或文学价值的金石，哪怕正文残缺较多，编者也予以著录，如金明昌六年残幢，其正文超过一半残缺不全，但是编者全文照录，盖因其"可资故实"、文字雅驯："案，直峪，广灵地，将官庄属州，境内所访获石幢十余，率皆刻陀罗尼，惟此为追荐亡父之作，与下李公墓铭皆可资故实，而文亦较雅驯。惜残阙过半，不能读也。"③ 对于之前志书所收碑文之脱、漏、讹、衍等问题，编者也尽量据原始文献予以指正，如其所录赵孟頫撰并书的《元蔚州杨氏先茔碑铭》，编者就发现之前的志书在收录此文的时候出现很多问题，对其一一做了更正："案，碑石事甚奇，又得赵文与书，故州人多传拓者。旧志载入艺文，而讹写数处，府志一踵其误，如'引龙池以给安平，沟郊湫以通乱柳'，误'以给'二字为'及'，'乱柳'为'乱抑'，遂不成辞；'右三部'改为'石三部'，盖不知元初以兵刑工为右三部也。铭中'渴饥'倒'饥渴'，'刻诗'讹'刻碑'，一失韵一重韵，其他脱落者如'其长倍高'遗'长倍高'三字，'父讳伯荣'遗'伯'字。皆失检也。"④

（三）光绪《怀来县志》

清光绪八年（1882）刻本，十八卷首一卷。清代朱乃恭修，席之瓒纂。《中国地方志集成·河北府县志辑》收录。其卷次分别为：卷首序、图，卷一纪恩，卷二世纪，卷三地舆、山川、古迹，卷四物产、土贡、风俗，卷五建置、城池、官署，卷六仓库、驿站军站，卷七乡村户口、田赋，卷八学校，卷九祀典，卷十军政，卷十一职官、宦绩，卷十二人物，卷十三科第、仕宦，卷十四节孝，卷十五杂记，卷十六至卷十八艺文。每卷条下附录或细分若干门类，如卷十六艺文条下分记、谕、考三门，卷十七艺文条下分传、碑、说、序四门，卷十八艺文条下列诗、后序。卷十七录碑铭 1 篇，即明代沈炼《书沈孝子碑铭》，篇幅简短，沈炼《青霞集》

---

① 光绪《蔚州志》卷九，《中国地方志集成·河北府县志辑》第 13 册，第 112 页。
② 光绪《蔚州志》卷九，《中国地方志集成·河北府县志辑》第 13 册，第 112 页。
③ 光绪《蔚州志》卷九，《中国地方志集成·河北府县志辑》第 13 册，第 113 页。
④ 光绪《蔚州志》卷九，《中国地方志集成·河北府县志辑》第 13 册，第 120 页。

卷三有收。

（四）光绪《保安州续志》

清光绪三年（1877）刻本，四卷。清代寻銮晋修，张毓生纂。四卷依次为：卷一恩诏、祥异、城池、祠祀、学校、书院、田赋、赈恤、杂税、户口、仓廒、义冢、兵防、公署；卷二职官、选举、武科、仕宦、武仕宦、恩荫、荐辟、乡贤、忠义、敦行、耆硕、文学、医术；卷三列女（寿妇、孝妇、节妇）；卷四艺文：碑记、序、说、诗（五古、七律、五绝、七绝）[①]。

（五）民国《万全县志》

民国二十三年（1934）铅印本，十二卷首一卷。路联逵等修，任守恭等纂。《中国地方志集成·河北府县志辑》有收录。正文各卷次依次为：卷一地理志、古迹志，卷二物产志，卷三生计志，卷四选举志、人物志，卷五职官志、治迹志，卷六、卷七、卷八政治志，卷九礼俗志，卷十、卷十一艺文志，卷十二大事记。每卷下又细分若干子目，其中艺文志二卷共分子目17类，分别为序记、传状、箴铭、建议、宣言、文启、公文、诗赋、歌谣、故事、金石、书画、建筑、雕塑、篆刻、武术、方技，其收录范围较以往志书所录艺文大为拓展，但是并非每一子目都有详细著录，有的仅仅只有一段按语，如"金石"条后曰："自来著金石例者甚多，虽金、石并称，实皆石也，金例固无闻焉。盖金例之难于纂述，厥有三端：字多之器，仅可偻指，太半奇零，不足备数，则取材难；器有真赝，文亦随之，不加识别，终成芜秽，则辨伪难；字形奇诡，考释各殊，字且莫定，例于何有，则释文又难。体大思精，动辄得咎，此古昔达人所由搁笔而叹

① 书中目录并没有严格地将各类目的层次区分出来，如目录中卷三"列女"与寿妇、孝妇、节妇并列，卷四"艺文"与各子条目并列等，又如卷四条目五古、七律、五绝、七绝应从属于"诗"，但是在目录中没有体现出来，依旧是并列关系。（光绪《保安州续志》，《中国地方志集成·河北府县志辑》第14册，第197~198页）《河北地方志提要》（以下简称《提要》）只是据光绪《保安州续志》目录抄录卷次，认为："《保安州续志》四卷，依次为恩诏、祥异、城池、祠祀、学校、书院、田赋、赈恤、杂税、户口、仓廒、义冢、兵防、公署、职官、选举、武科、仕宦、武仕宦、恩荫、荐辟、乡贤、忠义、敦行、文学、烈女、寿妇、孝妇、节妇、耆硕、医术、艺文、碑记、序、说、诗。"（来新夏主编《河北地方志提要》，天津大学出版社，1992，第104页）容易让人误以为光绪《保安州续志》将列女（《提要》作"烈女"，误）与孝妇等并列，又将艺文与碑记等并列，且比对目录与原书正文，部分条目次序是有变化的，这都是《提要》没有核验原书正文导致的。

也。我县地居边塞，明、元以前一片荒凉，出土之物既少，收藏之件更鲜。民国十九年，本县三区老龙湾有所谓假粮堆者，塌出金石数宗，所谓假粮堆者，始知系古墓。兹将塌出各件逐件影印，以备考鉴。"① 其"自来著金石例者甚多，虽金、石并称，实皆石也，金例固无闻焉"之语，可与民国二十四年《阳原县志》所收之"吉金"条后按语相参看。此处编者于金石并无著录，只是提及将一座古墓中发现的数宗金石之物影印，于金石之形制、大小、材质等具体情况一概不明，过于简略。

（六）民国《张北县志》

民国二十四年（1935年）铅印本，八卷首一卷。陈继淹修，许闻诗纂。据书前序言，知张北县虽处兵家要冲，但是设县较晚，此前关于当地的记录也非常少："张北设县始自民国二年，其县治为元兴和故城，旧为张家口同知所辖，南倚长城，北接蒙古高原，固塞外之奥区，而国防之重镇也。清金副使修《三厅志》，举凡土地、人民、政事粗具规模，然时易势迁，已不足信。……张北僻居朔方，有史以来沧桑屡变。夷夏迭主，而风土之记寂焉无闻。迄今溯辽、金、元之遗烈，文献无征，流风泯矣。"②（宋哲元《张北县志序》）故这部志书于张北地区而言具有很重要的意义。

全书八卷依次分为卷一、卷二地理志，卷三建置志，卷四物产志、交通志，卷五户籍志、礼俗志，卷六政治志，卷七人物志，卷八艺文志。每志又细分若干目，如卷八艺文志下又分别列奏议、金石、诗歌、谚语、艺术、大事记六目，其中"金石"条后曰："语云：今人立碑高八尺，终为他人柱下石。足征欲流芳千古、永垂不朽者，若非笔之于书，百数十年后，终有湮没之一日，是碑碣之不可不志也明矣。"③ 编者指出，碑石的传承性远没有书本好，从文献流传角度来说，将碑刻情况及其碑文著录下来，是非常有必要的。从这一角度看，不难理解编者为何将金石置于"艺文志"中，且尽可能地抄录碑刻全文。"金石"一目，所收又主要分为墓铭和碑记，分别收录了金代梁朗的《西庵院智崇禅师塔铭》、元代虞集的《威宁井氏墓志铭》、元代谭愭的《虞台岭观音堂记》、《兴和路碑》、《卧龙亭碑一》、《卧龙亭碑二》、《两截碑》、《兴和城碑》、《一品安澜石碑

---

① 民国《万全县志》卷十一，《中国地方志集成·河北府县志辑》第15册，第394页。
② 民国《张北县志》，《中国地方志集成·河北府县志辑》第13册，第279页。
③ 民国《张北县志》，《中国地方志集成·河北府县志辑》第13册，第536页。

记》、清代王受祉的《响铃寺碑文》、《张北县高公迁治碑》、民国董玉书的《察哈尔张北县迁治落成碑记》、民国程廷模的《建筑朝阳村顺水石坝碑记》、民国赵书麟等撰的《张北县公葬地墓志铭》、民国陈继淹的《修汉诺坝记》、民国张瑞等撰的《张北县县长阜平陈公德政碑》，凡16条，抄录全文者12篇，对于考察当地城市建设和民生状况有较重要的价值。

（七）民国《阳原县志》

民国二十四年（1935）铅印本，十八卷。刘志鸿等修，李泰棻纂。《中国地方志集成·河北府县志辑》收录。全书卷次依次为地理、建置、古迹、爵职、选举、政治、党团、产业、宗教、礼俗、生活、人物、列女、艺文、金石、前事、文征、掌故，每卷下又细分若干子目。其中卷十五"金石"除收录石刻外，还专门著录吉金一类，此与其他方志只重碑刻石刻者不同。"吉金"条后有一大段总结性文字，讲述了收录"吉金"的缘由，概述了吉金的历史演变情况，归纳了铜器之起源、种类、时代、地域与价值，可视作一篇吉金简史，堪为首创，具有较重要的学术价值。兹全文录之如下。

吉金之学，素不为北方学者所重，故专著至少。而北省各志，十九皆缺是门，杨君秋湄纂修《山西通志》，曾志金石，然撰本县县志（即《西宁新志》），则以石归古迹，金付阙如。此非杨君不谙斯学，实乃县人未藏古金，无米之粥，巧妇难为，是固不能为杨君咎也。

先君幼而好古，清末以懋迁有无，恒往来于古之云中定襄，得秦汉间十数器（凡云旧藏即先君所得），不佞幼承庭训，长治斯学，十稔以还，缩衣节食，更得商周礼器、兵器各若干，已著《痴盦历代吉金图释》，今择其大部以入本志。然吾县先贤，既未究心斯道，用恐偶观不明，故于录器之先，稍加略说，庶几往不可谏、来犹可追。既悉其关系重要，则此后遇物搜藏，亦或蔚成风气，果能如是，方无负不佞怀铅握椠、辛苦钩摹之苦心矣。（以下参考伦敦中国艺展出品青铜器说明。）

铜器之起源　中国青铜器之发明，最晚亦在商初，或更远在夏代，盖以现存商代铜器观之，制作技巧已极进步，冶金术之起原，本由制陶，故古代铜器形式，多自陶器蟺蜕而来，如鬲、甗、鼎、豆等，于古陶器中极多发见。然铜器之较晚者，或出于他种器物之摹仿，如簠即仿诸竹制之筐者是也。

铜器之种类　自使用上分之，大致可别为下列六种：烹饪器及食器，如鬲、甗、鼎、敦、簋、簠、豆等；容器、温器及饮器，如罍、壶、卣、盉、角、爵、斝、觚、觯、尊等；日常用器，如盘、鉴、匜等；乐器，如钟、镈、钲、铙、铃、铎等；度量衡器，如尺、量、权衡等；兵器，如戟、戈、矛、剑等。

铜器之时代　铜器之时代，恒可借铭文及制作而确定之，就今日所已知者，大体可分六期，即商器、西周器、春秋器、战国器、汉器，及汉以后器是也。然商、西周及春秋三期为铜器之主要时代，其间变化比较少，但商代乐器一类，未甚发达，钟、镈诸物，理当起于西周，食器之簠，亦发现于西周末年。故仅就铜器本身，有时亦可判别时代也。迄春秋战国时代，铜器之形式、花纹、文字各方面均有剧变，然其所以致变者，实由内起，实无关于外族也。盖以西周制造铜器，尽在王都，而春秋以后，则王室式微，诸侯庞大，各国皆自制器，各有特质发展，遂致多方歧异。近时竟有称此为"秦式"者，绝不足以概其实。汉代铜器复归简朴，质薄甚合适用，然其花纹、刻字远逊周代至多。至汉以后则更为衰落时期，毫无特殊表现矣。

铜器之地域　凡铜器时代及制作地点不同，则其所示风格亦异。春秋以前，因制在王都，故此类情形尚未显著，春秋时齐、秦、晋、楚等国文化即在铜器中，亦灼然可辨，如烹饪器中之敦，皆为齐器，即其显证。迄于战国，铜器变化之所以繁夥者，亦正以其产地推广之故也。

铜器在艺术上之价值　由艺术眼光以研究中国铜器，可分下列四点。

色剂。由制造铜器之原料不同，则其所发之色泽斑锈亦因之不同。《考工记》言："金有六齐。六分其金，而锡居一，谓之钟鼎之齐；五分其金，而锡居一，谓之斧斤之齐；四分其金，而锡居一，谓之戈戟之齐；参分其金，而锡居一，谓之大刃之齐；五分其金，而锡居二，谓之削杀矢之齐；金锡半，谓之鉴燧之齐。"按，《考工记》为战国或更晚之书，古人制器不尽如《记》中所述之划一，铜多则呈赤色，锡多则呈水银色，然尤重要者，盖为火候之优劣。同一原料，所得结果亦有不同，宋元磁器，亦往往如此也。

形式。铜器继兀、匋、竹、木等器而起，所摹之范围既广，因而形式亦繁，且每一类器必有其主要形式，而其余时有变化，如圆形之器，每变为方形；圈足之器，每于足下加以方儿；圆柱形之足，变成鸟兽形或人形；盖顶及凿饰以鸟兽形，器身上饰以牙状之梭等。故虽铜类之器，形式多不相同。故人所铸珍贵之器以及用为玩物者，或径作鸟兽及人形。

花纹。铜器虽间有朴素无花纹者，然花纹实为铜器艺术之重要部分，其普行者有以下诸类。商周铜器之花纹中，以回纹为最要，古代回字，正作 ⊡ 形以象其状，旧时称为雷纹者，误。铜器固常独用回纹为饰，然有时亦用以填补他种主要花纹之隙处。次为鸟纹、兽纹、龙纹（即所谓蟠夔）、饕餮纹、蝉纹等，亦均商周时代习见之主要花纹也。下至六国时，器类多蟠螭、蟠虺等纹，且恒嵌松石类，与商代刻骨仿佛，其错金银为花纹者，尤为美观，除图案化之中纹外，在铜器图亦有作鸟兽之花形者，春秋以后，颇为习见。

书法。铜器铭文中，不乏优美书法，且可以窥见中国书法之源，其较古者甚近图画，有时以文字组合，类似图画，有时以文字错杂于花纹之内，几不能辨。六国时亦有作鸟虫书者，乃以鸟虫各形，组合文字，传类于花纹焉。

铜器在学术上之价值 中国铜器，不仅于艺术、考古双方，分占重要地位，即于历史文化方面尤关紧要，如盂鼎、眉鼎诸铭，颇似周初酒诰；虢季子白盘铭，韵语甚类《诗经》。又如本志所载汉铜，可知昭君墓地；所收秦剑，能补秦氏官名。是皆有裨于文学史地之例证也。

以上关于吉金之略说。兹将愚所收藏各种，分礼器、用器及兵器三类，依朝代之先后分记如左，而原器之形式、文字并附于后焉。（权度皆遵国民政府所颁定者。）①

卷十五金石志之"石刻"，又依次分石物（又分石碑、石匣、石幢）

---

① 民国《阳原县志》卷十五，《中国地方志集成·河北府县志辑》第15册，第109～110页。

与石文（又分碑记、墓志、神道碑、墓表）二类来著录。"石刻"条后，
编者讲述了编纂金石志的一些情况："本县古寺最多，且系辽金元三朝所
建。古墓之可考者，亦数数睹。前既述于建置、古迹两门矣。依诸常例，
庙皆有碑，墓多立表，本志石刻，理宜广列，然旧志庙碑，皆属有石无
文，此次采访，愚尝特属注意搜求。不意访稿寄示，仍付阙如。追询理
由，则谓四五两区，土匪潜伏古刹，人未敢往；一二三区或以石覆土中，
翻查未易，或以文多剥落，抄录至难。岂知一文一字，并宜珍宝！土匪阻
挠，人或宜避，后述二因，理则牵强。然愚远在数百里外，固无他法弥
补，仅录旧志，聊充篇幅而已。至于墓表、墓志，则清代逝者均属此次新
征，较之旧志，篇多十数，此则稍酬素愿，聊补前衍者也。兹分石物、石
文两种，述之如左。"① 据此，则知当时编纂此金石之志，困难重重，非特
匪患阻挠，所遣搜求者亦多消息，所以对于没能实地考察的当地石物，编
者只能抄录以往的志书内容，至于墓表、墓志之类，则多有发现和增补。

　　石刻一类，具体采录之体例为："石物。凡知有是石，或并周知形状
而未录其铭文，或拓得铭文而不识其字意，或有文而不克成为段落，又或
年远无文其名仅见著录者，均归此类分次于后。""石碑。兹依朝代列记于
左，其不知年月者，次于厥后。"② 记录石碑 7 座，石匣 1 座，石幢 4 座。
"石文。凡石刻中文字成篇，首尾毕具者，皆依类列之。"③ 共收录碑记 3
篇，分别为《顺圣新城碑记》《灵境寺重修功竣落成碑记》《海山庙重修
碑记》；墓志铭 6 篇，分别为元代姚燧《金甄官署令魏德元墓碣铭》、吕贞
干《金南京路提刑使王元德墓志》、清代李芳《明诰赠承德郎四川东川府
通判崇祀乡贤永吾李公墓志铭》、周廷俊《明光禄寺署丞贞吾李公暨儒人
段氏李氏魏氏合葬墓志铭》、徐化溥《清大同府中路通判文明李公墓志
铭》、韩梯云《清王君硕甫墓志序铭》；神道碑文 2 篇，分别为许有壬《元
右丞相神道碑》、郝经《元中书令杨惟中神道碑》；墓表 6 篇，分别为元好
问《金曹征君墓表》、乔养志《明诰赠承德郎李金山墓表》、侯虞栋《明
湖广衡州府桂藩左长史李郁吾墓表》、胡以温《清武乡进士待赠承务郎李
亘明墓表》、李殿林《清赠把总王作霖墓表》、李泰棻《先祖李公讳钟美暨

① 民国《阳原县志》卷十五，《中国地方志集成·河北府县志辑》第 15 册，第 111 页。
② 民国《阳原县志》卷十五，《中国地方志集成·河北府县志辑》第 15 册，第 111 页。
③ 民国《阳原县志》卷十五，《中国地方志集成·河北府县志辑》第 15 册，第 112 页。

先祖母王太夫人墓表》。其中编者注明"新查所得"者，有《灵境寺重修功竣落成碑记》《海山庙重修碑记》《清王君硕甫墓志序铭》《清赠把总王作霖墓表》，此外或取自《西宁新志》，或录自《李氏族谱》，皆为常人不易得见者，于传承文献一途颇有助益。

二 秦皇岛、承德方志金石文献

冀东的秦皇岛位于华北、东北两大平原的分界处，也是中原农耕文化与山海关外的东北文化交流碰撞的前沿地带。从商周时期孤竹国的夷齐让国，到唐朝人眼中碣石、榆关的边塞印象，再到明代防御女真进犯的最前线，这一倚山面海的交通锁钥之地上演了风云变幻、波澜壮阔的历史大戏，方志金石文献中的诗文作品也显示出文化交融的新鲜活力、边塞重镇的尚武精神、山水形胜之地的浪漫风致。不过，由于所辖县区较少，受人口、地域规模所限，民国以前的旧方志文献在数量上比冀中南平原地区的传统大市要少。而"塞外明珠"承德在历史上长期被视作"关外荒略之区"（乾隆《高宗御制热河文庙碑记》），"名号不掌于职方，形胜无闻于地志"（康熙《圣祖御制溥仁寺碑文》），直到清朝热河行宫建成，才逐渐进入一般中原文人的视野。至于像其他州府县一样纂修方志，则要在雍正元年（1723）设立热河厅以后方有可能，因此，承德方志文献数量在冀北三地中是最少的。从某种意义上说，修方志开始时间晚，数量较少，也正是边塞地区的特点。

明代，承德、秦皇岛的长城以北地区（主要是青龙县）为察哈尔、翁牛特、喀喇沁等蒙古族游牧地，到明代后期甚至一度尽为鞑靼控制而不在明王朝版图之内。秦皇岛南部则与唐山大部同属永平府管辖，永平府治所在今秦皇岛卢龙。清代，秦皇岛、承德主要分属于永平府和承德府管辖，民国以后承德还一度设热河省，为关外东四省之一。

承、秦两地明清以迄民国的旧方志，首先是各个时期纂修的《永平府志》《承德府志》《热河志》。据《河北历代地方志总目》，《永平府志》最早在明永乐年间曾有纂修，然早已散佚，现存主要有：明弘治十四年（1501）吴杰修，张廷纲、吴祺纂《永平府志》十卷；万历二十七年（1599）徐准修，涂国柱纂《永平府志》十卷；清康熙二年（1663）宋琬纂，路遹修《永平府志》二十三卷；康熙十二年唐敬一纂修《续补永平志》一卷；康熙十八年常文魁续纂修《永平府志》二十四卷首一卷；康熙五十年张朝琮增修，徐香、胡仁济增纂《永平府志》二十四卷首一卷；乾隆三十九年（1774）李奉翰、顾学潮修，王金英纂《永平府志》二十四卷首一卷末一卷；光绪五年（1879）游智开修，史梦兰纂《永平府志》七十二卷首一卷末一卷。承德之有方志，始于清乾隆四十六年和珅、梁国治等奉敕编纂的《钦定热河志》一百二十卷，其后有：嘉庆二十年（1815）热河都统和瑛纂修《热河志略》，道光十一年（1831）海忠纂修《承德府志》六十卷首二十六卷，民国十年（1921）王文江、宣本荣纂《热河地方志》，民国三十二年武尚权纂《热河新志》。

秦皇岛、承德两地下辖各县区的历史方志胪列如下。

卢龙县：明万历三十八年（1610）郭造卿修、郭应宠纂《卢龙塞略》二十卷首一卷；清顺治十七年（1660）李士模修，马备纂《卢龙县志》六卷首一卷；康熙十九年（1680）卫立鼎增修《增补卢龙县志》六卷首一卷；光绪二年（1876）茂棠纂《卢龙县志采访稿》；民国二十年董天华修，胡应麟纂《卢龙县志》二十四卷首一卷。

山海关、临榆县：明嘉靖十四年（1535）詹荣修辑《山海关志》八卷；清康熙九年陈天植等修，佘一元纂《山海关志》十卷；乾隆二十一年钟和梅纂修《临榆县志》十四卷首一卷；光绪四年赵允祜修，高昔畴纂《临榆县志》二十四卷首一卷；民国十八年高凌霨主修，程敏侯等纂《临榆县志》二十四卷首一卷；民国管洛声编纂《北戴河海滨志略》。

抚宁县：清康熙十八年刘馨修，王运恒纂《抚宁县志》十二卷（今仅余残卷）；康熙二十一年赵端修，徐廷璕纂《抚宁县志》十二卷；光绪三年张上和修，史梦兰纂《抚宁县志》十六卷首一卷；民国二十一年佚名编《抚宁县志料》六卷首一卷。

昌黎县：明嘉靖四十一年楚孔生修《昌黎县志》；万历四十四年杨于陛主修《昌黎县志》[①]；清康熙十四年王曰翼修，高培纂《昌黎县志》八卷；同治五年（1866）何嵩泰修，马恂、何尔泰纂《昌黎县志》十卷；光绪年间童光照编《昌黎县乡土志》；民国六年金良骥、汪鸿孙修，张念祖、

---

① 明嘉靖、万历《昌黎县志》据河北省图书馆《冀图地方文献工作简报》2011 年第 2 期报道补入。后者题万历四十四年杨于陛修，但据杨氏《宝峰寺纪游》，其到任昌黎知县当在万历四十五年，待考。

张锡恩纂《昌黎县志》十二卷首一卷末一卷。

围场厅：清光绪年间查美荫、谢霖溥纂修《围场厅志》十四卷首六卷（今有残缺）。

八沟厅（今平泉县）：清雍正十二年（1734）张镠纂修《八沟厅备志》二卷。

隆化县：民国八年罗则逊修，施琦纂《隆化县志》六卷。

不同志书本身规模详略不一，于金石文献收录情况亦有明显差异。最详赡者，如光绪《永平府志》，金石碑刻收录甚多，不专设"金石志"，分门别类详录于山川、寺观、城池、学校等各卷之后，除了内容过于粗糙简短或磨泐过甚、难以辨识的，基本做到应收尽收。道光《承德府志》则既在山川、寺观等章节中收录相关碑刻，又在"艺文志"的"金石"部分编写金石碑刻的存目和简介，使用起来更为方便，不过，"碑铭"和"记"（该志著录一篇《舍利塔修建记》，单独作为"记"列为一小节）这些今天看来同属石刻的内容，该志则按照当时的文体观念，并未将其按"金石"处理，而是在"艺文志"中分别设小节，与"金石"并列存在。

次如康熙五十年《永平府志》，文章分清代以前和清代作品两部分，汇编于"艺文志"上卷（下卷为诗词），上卷又按文体分为若干类，铭、碑铭、记三类中多收金石碑刻，唯收录数量不及光绪《永平府志》，然亦非全因时代早的关系，比如对于光绪版收录较丰的墓志文，康熙版则明显持不同态度和标准，其标准是清朝墓志文一概不收，清以前也仅收两篇，其中还包括韩愈的一篇《魏博节度观察使沂国公先庙碑铭》，显自韩愈文集中辑出，体现不出方志的独特价值；此外，佛道两教寺观碑刻亦一概不收，八蜡庙、龙王庙之类因古人认为其于儒家祭典有征或保佑风调雨顺、关乎民生，反而收录了一部分碑文。

简略者如民国《昌黎县志》，虽专设"金石志"，然只照录了少量寥寥数字的摩崖石刻之类，稍长的碑文则仅书某某处有某某碑，具体碑文一概省略不书。"地理志"中介绍山川、城池等处附录若干碑文，然皆不出光绪《永平府志》范围而数量更少，倒是墓志文分别附于"墟墓"部分收录的各处墓葬之后，颇有几篇名家作品为光绪《永平府志》所未载，如明代名臣、内阁首辅商辂《周方伯墓志铭》、文学家李梦阳《明赵太监伦墓表》等。再如嘉庆《热河志略》这种全书比较简略，于文章仅收录一些朝廷的谕旨章奏，全文收录的碑刻文字仅见康熙皇帝《圣祖御制溥仁寺碑文》一篇。

以上所谓金石文献，均主要指镌刻成篇文章的碑刻。值得一提的是，冀北三地均多山，山地的崖壁或石洞中星散分布着大量从二字、四字到数十字不等的内容简短的摩崖石刻。辽金元时期的例如光绪《抚宁县志》卷二"古迹"所载县城南后明山村大同山石城内的辽圣宗太平年间（1021～1031）"太平年造天井"石刻，光绪《永平府志》卷二十二"山川"所记昌黎碣石山的金大定乙未年（1175）北平牧高侯石刻、金章宗明昌年间（1190～1196）石刻等。在山水名胜之地，明清时期及年代不明的各类零散题刻就更不胜枚举，其中有不少蕴含历史典故和文学色彩，与周边山水风景珠联璧合，有画龙点睛之妙，诸如"海天在目"（抚宁天马山明代石刻）、"一勺之多"（山海关老龙头清代碑刻）、"犬咬云外客，鹤鸣洞内仙"（抚宁黄牛顶朝阳洞石柱联）之类。城门、牌坊、桥梁等各类建筑上的石刻匾额等数量也很多，如各版《承德府志》所录清朝皇帝在避暑山庄及山庄内外寺庙的大量御书题刻。这些金石题刻因过于简短、分散，文学价值有限，后文不再专门关注。

第二节　张承秦方志金石文献的文学成就

张家口、承德、秦皇岛地近京师，明清时期，又各有特殊地位。张家口、秦皇岛作为明代边防重地，秦皇岛作为清代连接京师和清王朝东北龙兴之地的交通孔道，承德作为清代皇帝重要的行宫猎苑、事实上的塞外陪都，都有天然的优势来接待名流显要的到访，当地官员和望族也有更多机会求得京城里大手笔们的文章，因而三地各自留下了众多著名文学家、艺术家、学者乃至皇帝、重臣的足迹和诗文，方志金石文献中也保有数量、成就可观的文学性作品。本节把方志金石文献中的文学名家之作以及皇帝、重臣和当地官员、才士等其他作者留下的文学价值较高的成功之作，大致归纳为墓志铭文、庙学碑记、先贤祠庙碑记、佛寺碑记等若干类予以综述。这个划分难言科学、全面，不过是根据现存作品数量、质量、特色等实际情况，为便于更清晰地呈现而做出的。

一　薛瑄、朱彝尊、王士禛等人所作的墓表、墓志铭文

墓表、墓志铭是方志中收录的常见金石文献种类之一。墓表、墓志铭皆是刻载死者生平、表扬其功德的文字，一般所谓墓志铭是随墓主埋入墓中的，包括志和铭两部分，志多用散文，记述墓主家世、生平事迹等，铭则用韵文歌功颂德、抒发悼念之情；墓表，清王芑孙《碑版广例》卷九云"与神道碑异名而同物"。大体而言，立于墓前者称为墓表，埋在墓中者称为墓志铭，两者在文体上不易区分（或并无文体的分别），埋于地下的也有只用碑志或只用碑铭者，而树于地上的墓表有铭的也很多见。

在方志金石文献中，墓表、墓志铭文有其独特的特点和意义。一方面，由于为墓主个人作传，不像祠庙、城池等碑记更有公共性质和普遍的熏陶、教谕价值，有的方志对其完全摒弃不予收录，或者收录很少；另一方面，虽然墓志类作品和祠庙、城池等建筑碑记一样，数量众多，且有一定传统格套，但毕竟每一位墓主都是一个具体的人，每个人都有其独特的性格特征和人生经历，所以一旦有才华的作者严肃认真地倾注了创作热情，还是很容易出彩的，于是常常会出现一些非常优秀的文学性散文。张、承、秦方志中的这类文章就不乏出自文学名家和地方官员、才士之手的成功作品。

明清时期的文化名流在张、承、秦方志中有墓志类作品者，除前文在概述张家口方志时提到的乾隆《宣化府志》、民国《张北县志》中的元好问、赵孟頫、郝经、姚燧、虞集、陈廷敬、魏象枢等名家外，还有"明初理学之冠"、"河东学派"的创始人薛瑄，明万历四十四年（1616）状元钱士升，清初著名文学家朱彝尊、王士禛等。此外，承德方志中收录的部分金元名家所撰墓志，分布在清代属承德府管辖的今内蒙古赤峰，辽宁朝阳、建昌等地，已不在今河北境内，如元姚燧撰《中书左丞姚文献公神道碑》（姚文献公即元初大儒姚枢，河南人，祖籍承德府朝阳县）、《南京路总管张公墓志铭》（墓主张庭珍，承德府赤峰县人），揭傒斯《奉敕撰中顺大夫淮台墓碑》（碑在赤峰），此处暂舍而不论。另乾隆《钦定热河志》、道光《承德府志》据《元一统志》云平泉州（今承德平泉）东北有金代文学家党怀英撰《金特进兴中府尹完颜皓墓碑记》，但均只存目而未录正文。以下对薛瑄等明清文学家收录在张、承、秦方志中的墓志铭予以提要介绍。

　　昌黎人崔碧，明永乐十九年（1421）进士，曾官交趾道监察御史、江西道监察御史，正统四年（1439）卒于山东按察金事任上，曾与理学家薛瑄有同僚之谊，薛氏为其所作《崔公墓志铭》质朴无文，注重褒扬崔碧及其家人德行，如记崔碧祖父崔彦名曾在遭遇兵灾之年，以其家积谷千余石分借给乡邻，兵灾平息后"取券焚弃，一无所责偿"，崔碧本人亦事亲甚孝。

　　晚明状元钱士升亦以与顾宪成、高攀龙等倡导理学而著名，然其为昌黎人邸尚信所作《邸封君墓表》，风格气质明显有别于薛文的平实简易。邸尚信其人亦如薛瑄笔下的崔彦名，曾经"焚券以宽穷乏"，钱士升在记述其行状时亦叙亦议，贯注了更多情感和钦佩之情。墓表列举邸尚信在颠沛流离之际不顾儿子而保全侄子、深夜读书怒斥诱其"以非礼之色"的邻妇、屡屡督促为官的儿子体恤百姓、秉公执法而"绝不言及温饱"等几件鲜活实例，成功勾画出一位"倜傥磊落，其志正而直，其行端而介，其言确而厉，其所为无弗合于礼"的长者形象，对墓主晚年的一段记载尤能显示其既豪迈潇洒又正直耿介的性格，而且稍带传奇色彩，有笔记小说风味。

　　　　及被恩纶，膺章服贵矣，而衣不重帛，食不兼味，暇则与二三老友寻芳选胜，登高临流，形骸两忘。至有所感，奋词气益峻，虽达官贵人，冲突不顾，见依违徇情者，心窃鄙之。晚益晓畅典故，每谈古今果报事以儆醒人，如某人作善，应若何，某人作恶，应若何，言皆历历有据，令人毛发竦然。①

　　又如文末介绍墓主二子，谓其长子河内知县邸存性"锄强弭暴，有拔薤风，虽豪右侧目乎，然闾左赖以蒙麻袭庆者，人人有口碑矣"②，谓其尚为邑廪膳生的次子邸养性"蜚英振藻，为一时髦士之冠，取青紫直探囊耳"③，出语直率，有感染力，亦不肖一般墓志语言之雍容肃穆。

　　直隶永平（今河北卢龙）人孟乔芳（1595～1654）为清初名将，官陕

----

①　光绪《永平府志》（一）卷二十八，《中国地方志集成·河北府县志辑》第 18 册，第499 页。

②　光绪《永平府志》（一）卷二十八，《中国地方志集成·河北府县志辑》第 18 册，第 499 页。

③　光绪《永平府志》（一）卷二十八，《中国地方志集成·河北府县志辑》第 18 册，第 499 页。

西三边总督近十年，平定西北，战功卓著，进封兵部尚书。《清史稿》有传，并称其"在当日疆臣中树绩最烈"。光绪《永平府志》卷二十八收录清初著名文学家朱彝尊、王士祯（原名"士禛"，避清世宗胤禛讳，改书"王士正"，乾隆间改"王士祯"）分别为孟乔芳作神道碑铭，皆可谓墓志文中的名家力作。相较之下，朱氏在叙墓主生平时更清晰扼要，叙事周翔而章法井然，王氏在记叙部分则近于简单罗列的编年史，稍显枯燥；两家都注重通过典型细节的描述，刻画墓主勇武豪放而且粗中有细、有勇有谋的性格特点，这方面尤以王氏之作绘声绘色，稍胜一筹，如其文写孟氏顺治五年（1648）甘州破贼。

> 贼撄城固守，公夜命将士设伏，自然炬坐帐中，招幕僚高会，行炙痛饮，弹琵琶，醉歌不辍，矢落帐前如雨。左右皆错愕，公谈笑自如不为动，顷之，伏兵四起，鼙鼓震天，贼已面缚献帐下矣。①

又如写孟氏之爽豁无猜。

> 公豁达大度，推赤心置人腹中。有所爱骏马，诸将或径取以去。诘之，对曰："欲得此马，为公杀贼耳。"公捧腹大笑，遂赐之。其他宝刀、良铠之属，诸将目属，辄以赐之。②

顺治十一年（1654）初孟乔芳"薨于位"，皇帝震悼，命大臣酹酒枢前，加赠太保，厚赐其家，至此墓主生平已经记述完毕，而作者忽然荡出一笔，补叙一小事，为墓主更添一重天生神将的传奇色彩。

> 公状貌伟硕，腰腹十围，望见者惊为神人，诸将惮其威严而乐其坦易。性不甚读书，每令人诵文书于侧，坦腹听之，酣睡如雷，偶误一字，辄惊寤曰："误矣！"人以为神奇。③

---

① 光绪《永平府志》（一）卷二十八，《中国地方志集成·河北府县志辑》第18册，第491～492页。
② 光绪《永平府志》（一）卷二十八，《中国地方志集成·河北府县志辑》第18册，第492页。
③ 光绪《永平府志》（一）卷二十八，《中国地方志集成·河北府县志辑》第18册，第492页。

另据朱彝尊所撰碑文云孟氏死后"归葬于京西蔡公庄之东"，孟乔芳子孟熊弼为其父立神道碑并请朱彝尊撰碑文，时间是在康熙二十九年（1690），其时距孟乔芳去世已37年。而康熙五十年《永平府志》卷之十"丘墓"云"孟忠毅乔芳墓在城东十里红坡，敕葬"，其时距孟氏去世时代未远，撰志者言墓葬位置亦应有据。又光绪《永平府志》按语云："红坡所葬乃其祖廷勋，父国用，弟乔荣，及其夫人卜氏之墓也。"① 何以会有两个孟乔芳墓，何以会有两篇神道碑铭，是否孟乔芳去世后单独运回原籍安葬，37年后其子孟熊弼又将其迁葬于京城的家族墓，并请朱彝尊、王士禛两位文坛名家为其作神道碑铭，尚待进一步考证。

边关自古多骑射之士，张家口、秦皇岛、承德长城一线多明初功臣和守边将士后裔，像孟乔芳这样豪迈不羁的人物在方志墓志铭文中并非孤例。如清山海卫人佘一元《湖广长沙府同知赓庭冯先生墓志铭》之墓主冯赓庭："未弱冠蜚声黉序间，然赋资豪迈，虽诸生而游艺韬钤，结纳英雄。时方用武，若祖大将军□□□□，皆其少壮交欢、往来以意气相许者也。棘闱屡踬，志切请缨，尝喟然曰：'长剑大戟，文事武备，岂必拘拘效咿唔绳瓮间耶！'"② 再如清王杰《孙封翁墓志铭》之墓主孙贤："少好读书击剑，雅不欲寻章摘句，略观大意而已。"③ 其最慷慨任侠，有古荆轲、高渐离之风者莫过于山海关《耿封君国才墓碑记》中的清山东巡抚耿焞之父耿国才。耿氏原籍濠州（安徽凤阳），祖先为明朝开国功臣耿炳文，"勋名藏于天府，带砺誓于苗裔"，后在靖难之役中受建文帝委派率部赴真定（今河北正定）抵御朱棣，《明史》本传谓其在燕王称帝后遭弹劾，畏罪自杀，碑记中则谓"真定之役抗敌遇害"，此后耿氏"侯爵中绝，世居辽左，咸不欲以功名显"。至耿焞之父耿国才时，明朝东北受女真压迫，岌岌可危，"幼通经籍，性豪迈，孝友姻睦著闻乡里"④ 的耿国才身为明朝勋旧后裔，

① 光绪《永平府志》（一）卷二十八，《中国地方志集成·河北府县志辑》第18册，第491页。
② 光绪《永平府志》（一）卷二十八，《中国地方志集成·河北府县志辑》第18册，第512~513页。
③ 光绪《永平府志》（一）卷二十八，《中国地方志集成·河北府县志辑》第18册，第515页。
④ 光绪《永平府志》（一）卷二十八，《中国地方志集成·河北府县志辑》第18册，第513页。

决计有所行动，虽如明清易代之际的诸多遗民一样无力扭转乾坤，最终无声无息地在某个角落里抱憾而殒，然其事迹和用心亦足令后世读者感慨唏嘘。

> （耿国才）见辽事日非，乃决计不求仕进，挟重资入关游燕齐，任侠结客，不知者以为轻去其乡，而不知辽阳之变公早已烛照而数计也，故卒免于难。嗣是，时事多艰，忧愤邑郁，疾日以痼，乃大散其财。诸戚友咸德之，重为殡殓藁葬于一片石之麓，未几，风雨骤至，山巅土落，封墓成丘，崇数尺。焯时陷辽，痛骨肉异地，乃冒险泛海，迹先考所在，登、莱、青、冀之间几遍焉，直抵山海，始知其故，悲号欲绝之余，惟见封树屹然也。①

自古以来，长城沿线地带风俗"刚武雄悍"（吴国对《重修永平府文庙记》），"古多豪雄激烈之士，产斯土者，类皆智勇自命，气习使然也"（程观颐《重修武庙碑记》）。可以说，以上方志文献中的多篇墓志铭文中的人物形象，共同印证了长城沿线十分突出的豪迈尚武、慷慨任侠的地域文化精神。除了这些"豪雄激烈之士"的墓志铭，特别值得注意的还有一类特殊的墓碑记，既反映了边疆地带比一般内地更为惨烈的战争和深重的军民苦难，也展现了四海共通的悲天悯人之淑世情怀，这就是为"义冢"所作的碑记文。

山海关内外是明末清初战争最为激烈的前线地区，在双方反复攻战杀伐的过程中，无数士兵和无辜平民被抛尸荒野，在清朝定鼎以后，这一带随之出现了不少为孤魂野鬼收敛尸骨的"义冢"，此类碑记便是当时苦难历史与惨痛心史之真实存照。清康熙年间，抚宁知县赵端在县城以东的片石山捐资买地十二亩建"义冢"，其《义冢记》云：

> 承平之世，贤圣继作，生民力耕作而安闾里，生有以养，而死有以葬，固不待上之人之有以泽之也，故曰缓；乱离之日，干戈四起，和气沴而灾疹作，非死于锋镝，即死于水旱病疫，斯时长吏即恫目伤心，顾求刍求牧，救生者之未暇，奚暇及于死亡乎！……而抚邑界二

---

① 光绪《永平府志》（一）卷二十八，《中国地方志集成·河北府县志辑》第 18 册，第 513~514 页。

京之中，往岁东辽之变，烽火几相照肝脑涂地者，殆不知其几矣。今幸四方荡平，然则义冢之设，亟且有暇。其在兹日与兹土乎？①

时代稍早的清顺治四年（1647）进士、山海卫人佘一元亦偕当地绅士商民，就临榆城西郊之文殊庵侧（即当年李自成与入关清军石河大战之战场），购下地十五亩，又增以文殊庵香火地五亩，扩为一大义冢区，并"建坊树碑，冀垂久远"，其《山海石河西义冢记》云：

因忆昔甲申王师入关，与流寇战此地以西二三十里间，凡杀数万余人，暴骨盈野，三年收之未尽也。值旱，约贫民拾骨一担给钱数十文，骨尽，窃取已葬之骸以继之，觉而遂止。彼时但就坑堑，或掘地作坎，以合掩之耳。然所杀间多胁从，及近乡驱迫供刍粮之民，非尽寇盗也。故瘗埋之举，上所不禁。况此累累者，羁旅之魂，则贫窭不能办营地之槥，孰非并育并生之俦，安忍听其暴露抛弃，而不亟为之所哉？②

石河大战中阵亡的农民起义军，在清朝统治者看来既是"寇盗"，又是当年阻挡入关的敌方，山海关绅士商民为之收敛尸骨，不得不以死于战争者中的多是被胁从参加的乡民和被驱迫运粮的民夫为借口，方能名正言顺，不被官方禁止。实际上，累累白骨早已无法分辨身份，羁旅孤魂都曾是天地并育的同类，不忍其暴露抛弃，体现的是中国人对他人苦难感同身受的同情恻隐的仁爱之心以及尽己之心、推己及人的忠恕之道，义冢记一类文章因以上极具中华文化特色的人文光辉，成为方志金石文献中的墓志铭文中特别熠熠闪光的宝贵篇章。

二　李东阳、乾隆皇帝等人的庙学、书院碑记文

"古之王者建国君民，教学为先。"（《礼记·学记》）高度重视教育，可以说是中国文化的特色，也是以儒学为主流意识形态的古代中国社会的一大特色。自唐贞观四年（630）"诏州、县学皆作孔子庙"（《新唐书·

---

① 光绪《抚宁县志》卷四，《中国地方志集成·河北府县志辑》第23册，第57页。
② 光绪《永平府志》（二）卷四十三，《中国地方志集成·河北府县志辑》第19册，第158页。

礼乐志》），"庙学一体"乃成惯例，州县官学与文庙互为标准配制，同时，作为各级庙学的补充，众多官办、民办的书院也在开启民智和人文传承中发挥着重要作用。

从方志金石文献中可以看到，一方面，民间有十分芜杂的信仰系统，老百姓不假思索地向五花八门的神祇表达敬意；另一方面，官方对孔子的推尊、对学校的建设始终不遗余力。这是一个非常具有文化意味的现象，其中既反映出社会的复杂性、文化发展的不平衡性以及不同宗教信仰的彼此竞逐，也反映出古代精英文化群体对儒家文化本位的坚守和对知识、理性的追求。清左都御史刘鸿儒《重修永平府学宫碑记》对人们热衷于捐资修佛道寺观，对学校建设和儒家正统却不知重视的批评就很有典型性："夫梵宇道院，所在居多名胜地，郡邑大者百余所，小者亦数十所。商贾妇子愿施而不倦，莫不涂朱垩碧，照耀瞻视。独至于学宫，每郡邑仅处其一，兵兴以来，大半鞠为茂草颓垣破壁，先圣先贤栖于烈风淫雨之下而莫之或恤，问师儒而师儒无其权，问文宗而文宗无其意，是正学彝统反不若二氏，足炫愚罔也。"①

民间热衷修建寺庙却常对学校的毁颓无动于衷，古代官员们对此不仅有言论的批评，更有实际行动，秦皇岛方志中不乏地方官主动挪用民间祠庙的香火钱兴办教育的实例。清顺治十五年（1658），昌黎知县刘声玉感慨"昌黎材藻之薮，人文蔚兴，而学宫堂宇庳陋毁坠，曾不及浮图外说克壮厥居"，欲重修庙学而缺少经费，又念仙台顶天妃祠"每岁十月，境内外旁及他邑，树灵旗、鸣社鼓，群聚而祷祀者立如鹜"，乃将历年从天妃祠榷入官库的香火钱"悉籍记而归之学，办置物料，以为重修之费"（佘一元《重修昌黎庙学碑记》②）。又，清同治四年（1865），临榆县榆关书院重建工程完工，知县许忠除带头捐款外，"又拨白衣庵园地房租……一并发当生息，以给束脩膏火诸费"（许忠《重建榆关书院记》）。

正因办教育是建国君民、文化传承的大事，是古代官员士子的共识，

---

① 光绪《永平府志》（一）卷三十六，《中国地方志集成·河北府县志辑》第 18 册，第 616 页。

② 此文在光绪《永平府志》（一）卷三十六，《中国地方志集成·河北府县志辑》第 18 册，第 623 页。据文中记载的重修庙学时间，可知文末所署"顺治六年"应为"顺治十六年"之误。

各地的方志文献中都有多次重修、增修庙学、书院的记载，重修、增修工程告竣时由地方主官、学官或委托名流才士所作碑记，自然也是方志金石文献中的大宗。因同类文章多，逐渐形成格套，在理念上强调教育之重要、剖白主持修建者目睹庙学年久失修的痛心和责任感、叙述新修庙学的设置和规模等，成为此类文章的常规内容。冀北三地的庙学碑记，大体亦如上述，但"大同"之下，也有"小异"，呈现出一些与各自地域特色有关的独特之处。

此类文章的名家之作，可以明前期"以台阁耆宿主持文柄"的著名文学家李东阳为代表。永平府抚宁县重修文庙时因有"畿内地，风化所先，承宣之功于是乎在"（李东阳语）的地利，遣人进京求得李东阳撰《抚宁重修文庙碑记》，山海卫亦经本地在朝为官的兵科给事中萧显、前监察御史郑己介绍，请李东阳为撰《山海卫儒学碑记》。

李东阳之文，明杨一清《怀麓旧稿序》云："（中年后）衍而为经纶黼黻之文，稽古代言，以定国是，变士习，裨政益化，有非文章家之可名言者矣。"① 其为抚宁、山海卫所撰两文，亦皆高居庙堂之上的"经纶黼黻之文"，立意措辞，均着意于"裨政益化"，较少文学意味。前者有大段关于抚宁文庙重修后的规模设置情况，盖抄录自抚宁县提供的原始材料，后半则为议论，认为"学道者之传彝伦为著"，如果入学只是"习口耳为身家计"而对"彝伦之重"漫不经心，则是"自弃于孔子之教"。后者亦先抄当地材料，详细回顾了山海卫的庙学修建史。山海卫因属军卫，置学晚于一般府州县，由此引出的后文议论则实际体现出本地庙学碑记稍异于他处的一种文化特质，即在庙学记的作者们看来，山海卫乃至永平府一带自古为用武之地，民风剽悍尚武，因而他们在庙学记的写作中多强调文武相通，强调孔子六艺之学包含御、射等才能，而非枯坐书斋死读经书。李东阳《山海卫儒学碑记》就是一方面强调山海卫之设庙学，是明朝偃武修文、胜残去杀的结果，另一方面指出文武相通，并非二途，并勉励本地人勿徒逞甲胄弓矢之雄，到学校去求取科名、文武并修。

今圣天子在上，绍志述功，日宏月著。出使者宣德意之休，居守

① 郭预衡：《中国散文史长编》，山西教育出版社，2008，第 151 页。

者协寅恭之效。故虽关徼远地，拥衿佩而横诗书者，与辇毂之下，畿辅之内，殆无以异也。孔子谓善人为邦，百年可以胜残去杀，鲁两生亦云礼乐百年而后兴……古之胄子，固未尝分文武为二途。今文士习科举而仕者亦与兵事，武胄虽专荫袭，然亦有由科以起者，名虽判而实亦相通也……山海旧学，固有取科目著名节者，不止乎甲胄弓矢之雄，后之学于斯者，其亦知所勉矣。①

再如明万历十七年（1589）永平府治卢龙县重修庙学，学谕、训导率弟子造访本地贤达、福建道监察御史韩应庚，"愿乞一言，以纪其事"，韩氏为撰《卢龙重修庙学记》，文中结合孔夫子的实例，论证了儒家确有文武兼资、教射并重的传统，并结合卢龙一带地域特征和"海宇恬熙，忘战日久"的国家现实，提出国家建学养士的真正目的，是要培养"可以绥内治，亦可以折外侮"的大丈夫，较之上述李东阳之作，观念相近，而更具深刻的思想性和明确的现实针对性。

余惟校，教也，序，射也，教与射而并称，则文武兼资，非儒者之所有事乎！而谓学事务文者，非通方之论矣！平卢，古幽州之域，东抗辽海，西枕居庸，四塞莽苍，盖用武之国也。方高皇帝创业□定，欲偃武修文，故惟兴学为兢兢。今海宇恬熙，忘战日久，时当经文而纬武，要讲折冲于樽俎。盖事期有用文事武备，缺一不可。孔子于卫尝任俎豆而辞军旅矣，他日乃曰："我战则必克。"至夹谷之会，以好往而具三司马以从，率夺莱夷之魄于坛坫之间，而疆自辟。其时射于矍相之圃，则命子路延射而曰："败军之将无入此。"其养之者裕，而其应之者壮以暇也。今统其所教子弟，即相而名之曰："文武吉甫，万邦为宪。"诸士诵法孔子，佩服仁义，其无废韬钤。异日者，身都将相，出其深略壮猷，可以绥内治，亦可以折外侮，使天下称之曰丈夫也。实有其文武焉，即以宪万邦何有哉？斯无负于国家建学养士之意，而郡邑大夫之是举也，信乎其有大造矣夫！②

---

① 光绪《永平府志》（一）卷三十六，《中国地方志集成·河北府县志辑》第18册，第631页。
② 光绪《永平府志》（一）卷三十六，《中国地方志集成·河北府县志辑》第18册，第618页。

　　清康熙十六年（1677）正月，永平知府常文魁主持重修的文庙落成，顺天督学吴国对撰《重修永平府文庙记》，开篇亦如前述韩应庚文一样追溯当地的崇武传统："北平负山带海，称燕冀神皋，屹然一大都会也。考古为用兵之地，汉太守李广以神勇著下，此兵兴之事，史不绝书"，然后召集府学诸生进行一番提醒和勉励："尔知二千石葺庙意乎？尔俗刚武雄悍，思以柔之；狙诈剽黠，忠以诚之。"① 亦着眼于文教对边地尚武民风的矫正。

　　乾隆年间永平知府、德州人卢见曾因当地人修武庙之请，报请直隶总督那苏图、布政使方观承同意，在府城平山之麓原武成王庙右侧的明代武学旧址创建敬胜书院，并亲撰《创建永平府敬胜书院碑记》，讨论文武之道，肯定"文武不分途"，且更深一层指出，无论文武，重要的是要"敬"，如果习武者只知骑射技勇、读书者只知科举考试，都属舍本逐末。

　　　　古之教者，文武不分途。古之学者，体用无偏废。太公以见知之圣际会鹰扬阴符云乎哉？《丹书》曰："敬胜怠者吉，怠胜敬者灭。"於戏！太公所以为王者师也。二三子朝夕诵习于斯，仰瞻庙貌，溯其德业之巍巍，明乎见而知之之为何事，而敬以为主者之于家国天下无所处而不当，斯其处也有守，而出也足以有为。如以举子业为文章之能事，而不究其全体大用之本原，则与骑射技勇以为武者等耳。二三子尚无忘顾谛以废斯举哉！②

　　因特定的地理位置和地域文化，秦皇岛方志中的庙学碑记强调文武相通，重新确认儒家文武兼资、教射并重的传统，丰富了庙学碑记类文章的思想内容。承德方志中的庙学碑记则因热河文庙在一定程度上具有"天子庠序"的性质，多方碑记出自清代皇帝之手，有的还与国家重大历史事件相关联，这是其鲜明异于一般府州县庙学碑记的特点。

　　道光《承德府志》卷十二"学校"载《御制平定台湾告成热河文庙碑记》立于热河文庙戟门外东侧，为乾隆皇帝亲撰于乾隆五十三年

① 周艳清主编，李利锋校注《康熙卢龙县志校注》卷二，线装书局，2012，第93页。
② 光绪《永平府志》（二）卷三十七，《中国地方志集成·河北府县志辑》第19册，第21页。

（1788）清政府派兵平定台湾林爽文、庄大田起义之后，包含丰富的历史文化信息。在碑文中，作者肯定了热河文庙作为"天子之庠序"的特殊地位及其与平定林、庄起义的诸多关联，这也正是要在热河文庙举行告成之礼的原因。

> 热河文庙虽承德府学耶，而予每至山庄，必先展拜庙貌。秋仲丁祭，常遣大学士行礼，则亦天子之庠序矣。且予去岁筹台湾之事日于斯。天佑予衷，命福康安、海兰察率百巴图鲁以行，及简精兵近万，亦发于斯。……筹于斯，发于斯，臻于斯。文庙咫尺，我先师所以鉴而呵护者，亦必在于斯。《记》所谓受成、告成①，正合于是地也，则平定台湾告成热河文庙，所谓礼以义起，非创实因。②

作者继而在文中对自己一生辉煌的武功事业做出总结，自谓五十三年中八十七次大小战争，无一不以善成。最后曲终奏雅，表示此前未能"处巩持盈，与民休息"为唯一缺憾，今后当以休兵保民为念。

> 且予更有深幸于衷而滋惧于怀者。予以古稀望八之岁、五十三年之间，举武功者凡八七，胥善成，其一惟征缅之事，以其地卑湿瘴疠，我军染病者多，因其谢罪，求罢兵，遂以振旅。是此事究未成也。近据云南总督富纲奏报，缅甸谢罪称臣奉贡之事，命送其使至热河，将以赐宴施惠，是则此事又以善成于斯矣。夫奉天治民，百王谁不为天子？而予以凉薄，仰赖祖宗德施，受天地恩眷独厚，近八旬之天子蒇八事之武功，于古诚稀，示后有述，使一事尚留阙欠，予之怀惭，终不释也。自今以后益惟处巩持盈，与民休息，敢更怀佳兵之念哉！夫天地，天子之父母也，子于父母之恩，不可言报，中心感激，弗知所云已耳。③

由乾隆皇帝这篇碑记看，其奉热河文庙为"天子之庠序"，遵守出征

---

① 《礼记·王制第王》："天子将出征……受命于祖，受成于学。出征，执有罪，反，释奠于学，以讯馘告。"
② 道光《承德府志》（一）卷十二，《中国地方志集成·河北府县志辑》第16册，第530页。
③ 道光《承德府志》（一）卷十二，《中国地方志集成·河北府县志辑》第16册，第530页。

前"受成于学"，班师后"释奠于学，以讯馘告"的周礼，回归"处巩持盈，与民休息"的古训等，皆可见其已深受儒家文化经典及儒家价值观之影响。热河文庙的金石碑刻中，乾隆皇帝《高宗御制热河文庙碑记》《高宗御制热河承德府纪事八韵》（有序）等篇亦对文庙之建立极表重视，对孔子的文化地位极表推崇，如其《高宗御制热河文庙碑记》云：

> 兹文庙之建，于时于地，胥不可缓，亦不待人之请而后行……我夫子乃天之经、地之义、山之峙、海之渊，无日不在人心目之中，范围曲成而不遗，岂待穿凿求之而后得？然则木铎之音，孰谓不可觉斯民于关外荒略之区也哉！①

实际上，清代以康熙、乾隆为代表的历朝帝王共同采取了这样一种主动学习、吸收中原文化，主动追求做中原文化正统继承人的态度，这对清政府统治增加合法性、逐渐取得中原士人的内心认可，在历史上确实发挥了十分积极的效用。

名家作品之外，本地官员文士才是包括庙学碑记在内的方志金石文献真正的创作主力军，其中当然也不乏优秀的成功之作，例如光绪《保安州续志》的"碑记"部分收录的唯一一篇作品——孙桂枝《重建尊经阁碑记》，其文围绕"如何对待前人经典"这一问题展开讨论，说理意味较浓，层层推进，雄辩滔滔，文风浩荡，是一篇很好的散文作品。全文录之如下：

> 三代无经之名。自汉儒传经，而经之名以著。经者，常也，古今之所共守经者，径也，天下之所共由。《易》也，《书》也，《诗》也，《礼》也，《春秋》也，皆古人观天地之文，萃宇宙之精以类夫人情物理之变，而本之心、性、情以出之者也。其言博而奥，其旨约而精，其作者往往皆圣贤之徒，得诸心而见诸事，故言之亲切而有味。
>
> 然则人同此心，心同此理，古人之心、性、情有是经，今人之心、性、情亦莫不有是经；古人既示人以所共守、所共由之经，后之人心犹是心也，性犹是性也，情犹是情也，亦当静会乎古人作经之旨，以阐明乎古人所以传经之意，则所谓博而奥者，可悟也；则所谓约而精者，可

---

① 道光《承德府志》（一）卷十二，《中国地方志集成·河北府县志辑》第16册，第526页。

明也；则所谓得诸心而见诸事、言之亲切而有味者，可一一传述也。

然而经学之不尽明于后世者，何哉？矫揉穿凿，以拘牵乎文义者，是谓贼经；寻章摘句，以记诵为浮衍者，是谓荒经；夸多斗靡，以词章作游戏者，是谓蔑经；追幽索隐，以臆说逞辨博者，是谓拂经。凡此数者，皆未知经之所以当尊而以狎侮古人者，狎侮其心与性情也。

然则经之当尊，果何以尊之哉？亦还而求之心、性、情焉耳。吾之进退存亡，即《易》之盈虚消长也；吾之措施展布，即《书》之纪纲法度也；吾之好恶是非，即《诗》之贞淫美刺也；吾之规矩准绳，即《礼》之制度品节也；吾之可否予夺，即《春秋》之褒贬笔削也。以吾心、性、情之经，默而契乎古人之经，而即以古人之经恢扩乎吾心、吾性、吾情之经，吾不敢目衰其心、自灭其性、自害其情，则尊吾之心、性、情，又安敢不尊经也哉！

我州之圣庙建于城之巽位，规模宏壮，气象森严，惟尊经阁旧制湫隘，不足壮一邑观，而且久经风雨，渐就倾颓，急宜修建而有志未逮也。先是因斋厨未洁，祭器、乐器之设无所藏贮，办祭之斋房又皆坍塌，众议兴工刻期，举事于庙之东偏，重建贮库三楹、斋房三楹、南房三楹、东牌房一座，已于道光二十六年秋季落成矣。酿金襄事集□成裘，告竣后仍余钱数百缗，思所用之，维时学正万公司铎因议及尊经阁一事，邀集同志胙豚举事，即于咸丰元年春循旧制而更张之，务极崇宏，固其基址，厚其垣墉，其岿乎而峥嵘者，阁之高敞也！其焕乎而金碧者，阁之庄严也！西挹黄阳之爽，东撷居庸之翠，南绾桑干之带，北拱孝女之襟，连络有势，顾盼有情，则斯阁之建，其有裨于文风者岂浅鲜哉！都人士仰而瞻之，循尊经之名，绎尊经之义，返求之于心、性、情之间，知古人之《易》《书》《诗》《礼》《春秋》者，皆吾人之注脚也。由是而不敢贼经，不敢荒经，不敢蔑经与拂经，以潜心于古人之经，将见穷经有人，通经有人，谈经与传经有人，经学明斯理学兴，取青紫如拾芥，擢科第如探囊，建阁之后文运有不光昌者哉？是为序。①

---

① 光绪《保安州续志》卷一，《中国地方志集成·河北府县志辑》第14册，第216~217页。

三　马祖常、王世贞、顾炎武、宋琬等人的先贤祠庙类碑记文

传统儒家也有其"偶像崇拜"，除了文庙里至高无上的"大圣至诚先师"，历代许多做出杰出成就和功绩的优秀人物都有资格进入先贤祠，或与其他人物合并接受祭祀，或独享专祠供养。只是这一类的"偶像崇拜"，相比于宗教或民间形形色色的"淫祀"，更多的是看重其人格榜样的力量，而非借助其神通供人祈灵邀福，所谓"祭有十伦，非求福也"（清彭士圣《重修清节祠碑记》）。地方上为本地出身或在本地为官的优秀人物修建祠庙是非常普遍的情形，特别受人感戴的地方官甚至有机会在活着的时候获得建立"生祠"接受崇祀的至尊待遇。官员和士子对这一类祠庙的态度与对待"辉煌释老之祠、妖妄昏淫之鬼"显然不同，这由方志金石文献中亦占相当比例的有关碑记文可见一斑。

永平府一带为商周时期孤竹故地，永平府城建有祭祀伯夷、叔齐的清节祠，明代之前旧址失考，明清时期曾多次重修，乾隆皇帝也曾两次到访，留有御制诗碑。元代"中原硕儒"、文学家马祖常，明中期名臣、成化间内阁首辅商辂等名家及多位当地官员、才士曾作碑记文或祭文，诗歌则有顾炎武、魏象枢、尤侗、陈廷敬、高士奇、张廷玉、祁寯藻等多位名家的作品，四、五、七言，近体、古体、骚体俱备，名人题咏之多，在秦皇岛、承德两地历史上的文化景观中罕有其匹。就碑记文而言，马祖常、商辂这样富于文名的朝中宰臣的作品反不见佳，这与前文提到李梦阳为抚宁、山海卫撰儒学碑记情形类似，大概在京的名家或朝臣经常会接到此类请求，如对题目无特殊兴趣和心得，则往往大致应付，难于出彩。清节祠相关碑记中，清彭士圣《重修清节祠碑记》内容质实，寄寓个人思考，可读性较高。

彭士圣系康熙年间永平知府，其文逻辑脉络十分清晰，首先系统追溯儒家祭祀先贤的历史传统以及崇祀夷齐的渊源，继述永平府夷齐祠庙的历代沿革和当时重修的缘起、经过以及建成后的情况，最后劝勉当地人"以逊让相期，廉隅共砥"，揭示崇祀夷齐的人文意义所在。其文阐述儒家祭祀传统，并对百姓"惑资冥福""希福暗正"表示不满云：

> 祭有十伦，非求福也。……学校并祀名宦乡贤。诸凡古圣先贤、忠臣义士、节夫列女，亦得专祀于里。蜡祭报神，汉仪犹曰报诸鬼神及古

圣贤之有功于民者也。迨二氏教兴，倡以祸福动民，愚夫愚妇惑资冥福，绀宇琳宫侈极金碧，反将胶庠古祀茂草荒烟，希福暗正，俗使然矣。①

作者感慨固守清节的夷齐饿死而被人称颂至今，而笃信佛教的梁武帝饿死台城却不过是一场闹剧，认为还是夷齐更"有功于世教"，因此而愈知"非其所祭而祭之，名曰淫祀，淫祀无福"。在祠庙重建的过程中还有一件巧合，使工程如有神助：士民集资捐款进展缓慢，两年募集不足千金，勉强准备开工，忽遇大雨滦河暴涨，由口外冲来大批木材，"论庙制规模宏巨，非数千金不可，用力少而程工易，所赖浮木居多。时会相值，似亦有神助云"②。碑文最后劝勉本地人岁时瞻拜清节祠之际，应向"尔邦之前人"伯夷、叔齐学习如何为臣、为兄、为弟，大家都能"以逊让相期，廉隅共砥"，其结果"自然讼狱衰息，室家和平，内侮不生，外患不作，于此鼓腹康衢，悠游盛世，以载扬神休"③。在作者看来，通过效法前贤榜样，实现人格提升，风俗改善，便是儒家祭祀可以获福的作用原理。

王世贞（1526~1590），明代"后七子"领袖，著名文学家、史学家。康熙五十年《永平府志》卷二十二收其《殷训导先生名宦记》，是曾任永平府训导的武定（今山东惠民）人殷衡入祀当地名宦祠时，王世贞受永平知府之请所作的碑记文。文章利用前后对比，铺设悬念，首记王氏"察狱燕赵间"时，查访名宦祠以考循良吏，发现"其祠类多二千石，不则千石，亡下者"，及至永平府，查访父老诸儒生，却没有人谈论大官，而仅言百石俸禄的小官殷先生。而当地人口中对殷先生的描述，皆形象生动的生活细节，很有画面感，如写殷母来永平府"就养"之日正值大雨，殷先生徒步冒雨在泥泞的路上扶着母亲的小轿子进城，一群学生也都冒着大雨恭敬地伴随先生左右；写殷母性喜食鱼，在滦河水旱少鱼的日子，殷先生穿着他的长袍大裸到河边跪拜祈祷，"亡何，水聚溢得鱼，取以食母"，直到殷先生离开永平府多年后，每当谁家儿子供养不周时，老人都会不解地质问："嘻！汝不习殷先生拜祷耶？"

---

① 光绪《永平府志》（二）卷三十八，《中国地方志集成·河北府县志辑》第19册，第39页。
② 光绪《永平府志》（二）卷三十八，《中国地方志集成·河北府县志辑》第19册，第40页。
③ 光绪《永平府志》（二）卷三十八，《中国地方志集成·河北府县志辑》第19册，第40页。

顾炎武《拽梯郎君祠记》写其路过昌黎时听说的一位不知姓名的抗清烈士事迹。

> 方东兵之入遵化，薄京师，下永平而攻昌黎也，俘掠人民以万计，驱使之如牛马。是时，昌黎知县左应选与其士民婴城固守，而敌攻东门甚急。是人者，为敌舁云梯至城下，登者数人，将上矣，乃拽而覆之。其帅磔诸城下。①

其文见于光绪《永平府志》、同治《昌黎县志》等，而康熙五十年《永平府志》不收，或因这一类鲜明的以明朝为正统立场、直称"东兵"为"敌"的遗民文章在当时尚不便编入方志。"东兵"当时攻昌黎未下，撤退后，昌黎人为民、兵战死者三十六人立祠纪念，主持其事的官员说："是拽梯者，虽不知何人，亦百夫之特。"于是，奏请朝廷封为"拽梯郎君"，为之立祠。二十余年后，明朝已亡，顾炎武北游至此，拽梯郎君祠幸而还未被毁坏，顾氏担心日久泯灭，无以传后，乃为之记，并感慨说："呜呼！吾见今日亡城覆军之下，其被俘者，虽以贵介之子、弦诵之士，且为刈薪刍、拾马矢，不堪其苦而死于道路者何限也！"② 相比那些有身份的人被俘后以屈从换取苟且偷生，终于不免默默无闻地死去，昌黎城下这位民间义士可谓死得伟大。

宋琬（1614～1673），清初著名诗人，与施闰章并称"南施北宋"。康熙十八年（1679）常文魁版、康熙五十年张朝琮版等《永平府志》都是在顺治十五年（1658）宋琬纂《永平府志》二十三卷本基础上增修的。宋琬在秦皇岛境内留下不少诗作，如昌黎碣石、五峰山等处都曾有题咏。《怀德祠记》是宋琬为纪念永平府先贤、辞官隐居乡间三十余年的明代御史韩应庚所作，其文宝贵之处在于对永平府一带在易代之际所受浩劫及清初百姓岁月之艰辛有真实深入的反映，如说当时"卢龙之可忧者，非一端而足也。士有荡析之悲，氓有采菖之困。千金之家，有丐于市者。凡民之丧，有葬而裸者矣"③。越是艰难时世，越呼唤和怀念仁善之人，文章因而怀念

---

① 董耀会主编《秦皇岛历代志书校注·光绪〈永平府志〉》，中国审计出版社，2001，第 1501 页。
② 董耀会主编《秦皇岛历代志书校注·光绪〈永平府志〉》，第 1501 页。
③ 董耀会主编《秦皇岛历代志书校注·光绪〈永平府志〉》，第 1494 页。

韩应庚当年"置学田以赡贫士，输囷廪以活饥人，掩骼，施椁，饷糜，授药"等种种义举，感叹"不有君子，其何能国"。

崇祀孔子的文庙和崇祀关帝的武庙，均被赋予了特殊的文化意义，远比一般先贤祠更受人尊崇，但广义上仍可归入先贤祠庙一类。秦皇岛、承德两地文庙情况在前文已有论述，而武庙碑记文作品佳作还有很多。值得注意的是，方志金石文献对武庙在明初以前本为太公庙的史实多有辨明，如程观颐《武庙碑记》详细追溯武庙之由来，明确武庙自唐开元年间起一直祀姜太公，到明太祖才罢其祀而改祀关帝；游智开《武庙碑记》一文中的议论用心颇高，强调姜太公为人格上的圣人，而不应只被看作带兵打仗的武人。

明王图《关武安王庙重修碑记》与一般关帝庙碑记不同，实际是为在傍水崖（今属秦皇岛抚宁）破敌立功的明朝边将张臣所作的一篇有声有色的人物传记。隆庆元年（1567）九月，蒙古左翼察哈尔部图们札萨克图汗（明人常译为"土蛮"）与朵颜卫都督影克，率兵马数万从抚宁县北界岭口长城入境，发动劫掠战争，永平府各县损失惨重，京师震动。原分防古北口的游击将军张臣奉命驰援，获傍水崖大捷后，当地父老希望为张臣立祠，"尸祝香火，以申崇报"，被张臣婉言谢绝，继而父老又提出建关帝庙，"所谓异世同神，旷世相感"，张氏乃欣然同意。这篇碑记作于四十余年后重修傍水崖关庙时，是一篇祠庙碑文中富于文学色彩的上乘之作。其文学性首先表现在善于以个性化的语言和生动的行动细节刻画人物，使读者如亲临其境，亲见其人。如写张臣率所部三昼夜急行军七百余里驰援，到前线后见蓟辽二帅"方议战守，良久不决，面面相顾"，张氏愤然出战，其壮烈慷慨不下于南霁云之乞师贺兰进明（韩愈《张中丞传后叙》）：

> 张公觇二帅无主战之的谋，眦裂发指，挺身而前曰："将帅享国家爵禄二百余年，用在一朝，此何时也，尚作儿女子之态乎？保躯之士何众，殉国之士何鲜也！倘若复有庚戌之变，能保他日无身家之累？无荣生辱在此一举！"誓众曰："汝多士受朝廷豢养之恩，不思图报于今日乎？"众士厉声曰："欲以死从将军！"东山公搁然，跃马持戈，挥霍手刃数酋，虏众披靡。[1]

---

[1] 光绪《永平府志》（二）卷三十八，《中国地方志集成·河北府县志辑》第19册，第35页。

作者于表示言行的动词前，往往饰以简洁生动的状语，如父老提出为张臣立祠时，张氏答复前先"敛衽而谢"，父老改议立关庙，进言之前"缓颊而进"，张氏听后"怡然曰'惟举是从'"，寥寥数字，场景具体而微，体现出不同于一般碑记文作者的文采和匠心。此外，该文善于夹叙夹议，随时以言简意赅又略带夸张的议论，使叙事效果得到渲染和强化，如写张臣率部取胜："千人奋勇，无一不当百。所谓风声鹤唳，皆为晋兵者。追至傍水崖，投鞭断流之酋，尽歼于悬崖巨浸矣。河水不流者十日，谢康乐淝水之捷，当不右于此也。"① 行文节奏亦如那场摧枯拉朽的胜仗一般有沛然不可阻挡之势。

明末名臣孙承宗《重修山海卫关帝庙碑》指出关帝特殊的尊崇地位："凡今之细民不习孔氏，而大人不佞佛，然罔不畏爱公如其习孔氏而佞佛者。"② 从这个意义上说，关公崇拜比对孔子和佛的崇拜更为普遍。孙文并批驳陈寿《三国志》中有关关羽的负面内容（"于武侯颇有小间，又羞与黄汉升同列"），予古人以同情之了解，如同一篇史论文章。孙承宗另有《徐达庙碑》，以明开国元勋事迹勉励戍关将领，是有现实针对性的时文。

四　康熙、乾隆等人的佛寺碑记文

天下名山僧占多。冀北三地山峦起伏，佛教寺庙数量众多，各种佛教碑刻也很丰富，特别是承德，因在清代有特殊政治地位，而清廷又有意借助佛教拉近与蒙、藏等少数民族宗教领袖、贵族王公之关系，在塞外创建了一系列高规格的皇家寺庙，不少佛寺碑记出自皇帝和勋贵名臣之手。康熙、乾隆等皇帝之作具有不可比拟的独特性，官员作品中撰碑者对佛教的态度亦与他处的官员文士态度颇有不同。

清朝皇帝在承德避暑山庄内外及塞外各处行宫所作诗歌甚多（特别是乾隆皇帝），相比而言，为寺庙所撰碑记数量有限，方志所见有以下诸篇：康熙皇帝《圣祖御制溥仁寺碑文》《圣祖御制穹览寺碑文》；乾隆皇帝《高宗御制永佑寺碑文》《高宗御制永佑寺舍利塔记》《高宗御制普宁寺碑文》《高宗御制平定准噶尔勒铭伊犁之碑》《高宗御制平定准噶尔后勒铭伊犁之碑》《高宗御制普乐寺碑记》《高宗御制普陀宗乘之庙碑》《高宗御制须弥福寿之庙碑》。

溥仁寺，始建于康熙五十二年（1713），为蒙古各部王公贵族为庆贺康熙六十大寿而出资创建，也是承德外八庙中现存唯一建于康熙时期的庙宇（另一康熙时寺庙为溥善寺，已毁）。《圣祖御制溥仁寺碑文》为康熙亲撰，自乾隆《钦定热河志》以下各版热河、承德方志均予收录，其中，较少收录金石原文的嘉庆《热河志略》于各大寺庙中仅录一篇碑文即此篇。碑文赞赏蒙古部落对国家的驯顺臣服云："三皇不治，五帝不服，今已中外无别矣。论风俗人情，刚直好勇，自百年以来敬奉释教，并无二法，谨守国典，罔敢陨越。"论承德在清朝之前的历史状况云："兹热河之奥壤，乃紫塞之神皋。名号不掌于职方，形胜无闻于地志。"① 其思想倾向值得注意者，一是提倡节俭，不务奢华。康熙感于蒙古王公的"悃诚"，同意建庙请求："念热河之地为中外之交，朕驻跸清暑，岁以为常，而诸藩来觐，瞻礼亦便，因指山庄之东，无关于耕种之荒地，特许营度为佛寺。陶甓于冶，取材于山。工用无输挽之劳，金钱无逾侈之费……"② 这与现存溥仁寺规模不算宏大、风格较为简朴内敛是一致的。二是其发言立意，本乎六经之教，体现出儒家政治理念和仁爱思想。如开篇同意蒙古王公建庙之请，述其初衷云："朕思治天下之道，非奉一己之福，合天下之福为福；非私一己之安，遍天下之安为安。"③ 篇终阐明题额"溥仁寺"之用意云："欲汪濊之泽，均沾率土；升恒之庆，广洽普天。遍覆含宏，民胞物与。咸跻寿考，各遂生成。借诸藩祝朕之忠诚，为万方祈纯嘏之锡。"④

《圣祖御制穹览寺碑文》作于康熙四十三年八月，时代早于溥仁寺碑记，碑文记录了皇帝本人在滦平县喀喇屯河行宫的避暑生活，文笔生动，并有一定历史价值。

> 朕避暑出塞，因土肥水甘，泉清峰秀，故驻跸于此，未尝不饮食倍加，精神爽健，所以鸠工此地，建离宫数十间，茅茨土阶，不彩不

---

① 道光《承德府志》（二）卷十九，《中国地方志集成·河北府县志辑》第 17 册，第 30~31 页。
② 道光《承德府志》（二）卷十九，《中国地方志集成·河北府县志辑》第 17 册，第 30 页。
③ 道光《承德府志》（二）卷十九，《中国地方志集成·河北府县志辑》第 17 册，第 30 页。
④ 道光《承德府志》（二）卷十九，《中国地方志集成·河北府县志辑》第 17 册，第 31 页。

画，但取其容坐避暑之计也。日理万机，未尝少辍，与宫中无异。万几偶暇，即穷经史性理诸书，临池挥翰，膳后即较射观德，以安不忘危之念，此其大略也。……朕赐书云"穹览"，取沈约"骧首览层穹"之意。

由碑文可见，康熙皇帝在避暑行宫不过是换一个地方办公而已，且工作之余仍不废读书骑射，其日理万机、励精图治之态度与实践，非一般帝王可比，其勤奋工作、读书之精神，亦非一般常人可比。"茅茨土阶，不彩不画"等语，与溥仁寺碑中注意节俭的精神前后一贯，而篇末抒写怀抱，亦可见作者对儒家经典的熟稔和深刻理解。

况右倚层岩，左带大河，口外诸藩来往进贡，皆由经过。三庚无暑，六月生风，地脉宜谷，气清少病，诚为佳景。前朝以戍边不暇，何得驻跸，今四海为一，八表同风，自京北至万里，如同家人父子，岂有他术哉！以诚而已。今臣下归福于朕，朕曰天下皆福，朕之福也，先忧后乐，朕之职也。所愿者，年丰岁稔，烟尘永息，余之念兹在兹之意足矣。无以妄求，佛有所知，自有保护。①

先忧后乐、崇尚和平以及"诚"的观念、自求多福的理念，皆本于六经，是典型的儒家观念。

外八庙除溥仁寺、溥善寺外，均为乾隆时期所建，故乾隆皇帝所作寺庙碑记也远多于其祖父。乾隆皇帝的寺庙碑记文中不见康熙皇帝往往强调的节俭之风，也不像康熙皇帝那样处处显出以儒家文化为本位。总体而言，其文在思想文化方面有两个比较显著的特点，一是多了当行本色的佛家语，且多篇碑文后面都仿照佛经作有大段的偈语，显示出乾隆皇帝对佛教及其典籍用功很深，并有调和儒释的观念；二是多篇碑记反映了清朝与蒙、藏各部的交往情况，对考察和理解清廷宗教怀柔政策以及外八庙在清王朝团结少数民族、巩固边疆稳定等方面的重要作用有参考价值。同时应当指出的是，虽然数量较多，且保留了丰富、重要的历史文化信息，但乾隆御撰的大多数碑文并没有多少文学色彩，对一般读者来说可读性不强。

---

① 道光《承德府志》（二）卷二十，《中国地方志集成·河北府县志辑》第17册，第46页。

相比较而言，《高宗御制永佑寺舍利塔记》以修塔喻人事，是乾隆皇帝承德寺庙碑记中较通俗明畅的一篇小品。其文起笔交代皇帝感于南巡所见南京报恩寺塔、杭州六和塔，北归后命人造塔但未成功，两次尝试一次毁于火灾，一次将要建成时倒塌，后竟怀疑"或者如形家之言，北方其诚不可如南方之为塔乎？"以至一度要"永罢塔而弗为"，后来随着永佑寺舍利塔的建成，悟知"堪舆风水之论固不足凭"，最后强调在"有志者事必成"这一点上"儒释虽殊途，其理则一也"，所以人们对待寺庙的态度"当以继武诘戎为兢兢，政不必以阐象教、期利益为呕呕"。①

皇帝寺庙碑记之外，有些重臣也在承德留有同类作品，如乾隆年间名臣、刑部尚书兼翰林院掌院学士刘统勋曾为滦平县西的福寿寺撰《云台山福寿寺碑记》。其文记寺庙环境位置云"明季犹属塞外，虽奇士高人，屐齿亦不能及此"，实际上承德全域在清代之前很少进入中原文人的视野，用此语来描述也是基本适用的。据碑记云，福寿寺乃由太监落发为僧后来此创建，这应当恰是僻静山寺可获刘统勋为之撰碑的原因，同时也是承德作为京北腹地，其寺庙与京城有千丝万缕联系的又一典型体现。

> 师俗姓刘，名文奎，大兴县六里屯民，自幼即为阉宦，入内廷充膳房上馔内侍，后历诸艰而尘心顿息，遂披剃于京城吉祥寺，礼普光为师。复以不耐喧嚣，始来栖兹土。②

此外，各版《热河志》《承德府志》中也收录了一些时代更早的辽金元时期佛教寺庙碑记，但其中许多已不在今承德乃至河北省境内，如承德府朝阳县（今属辽宁）的辽张嗣初《灵感寺舍利塔碑铭》、耶律邵《兴中府安德州创建灵岩寺碑铭并序》，建昌县境内有金代文学名家赵秉文《利州精严寺第一代盖公和尚行状铭》等。

秦皇岛、张家口佛教寺庙地位虽不及承德显赫，但数量也很可观，佛教寺庙碑记作品也颇多佳作，尤其是秦皇岛方志中文人才士为一些风景幽美的佛教丛林所作碑记，常带有山水游记般的悠游态度和飞扬的文采。总体而言，北之承德寺庙碑记出自皇帝、重臣的庄严高冷，比之前一章衡水

---

① 道光《承德府志》（二）卷十九，《中国地方志集成·河北府县志辑》第17册，第24页。
② 道光《承德府志》（二）卷二十，《中国地方志集成·河北府县志辑》第17册，第47页。

寺庙碑记中常见的立足儒家立场去调和儒释，都更具艺术感染力。

清康熙年间抚宁人王简《创建金峰寺大悲殿碑记》云："俗传西有五台，东有五顶，皆摩诘胜迹。稽山右五台，秀萃一山，畿东五顶，峙形各处，要不出孤竹郡界。"① 这段话透露出，永平府一带号称"五顶"的五座本地名山，当地人以之与山西五台山并称，其共同点是"皆摩诘胜迹"。此碑所在之金峰寺在抚宁县黄崖顶以"雄"著称（诸元寿《天门洞双龙禅院记》），其处"悬岩削壁，沧海波涛，云霞沃荡，日月薄回，俯视临榆、碣石犹一卷耳"。金峰寺创成后，"丹刻翚飞，轮奂离立，俨然东土一大道场也"，"毓金碧交辉之景于深山穷谷之中，不独游览者得所依归，而名区胜地借有荣光，较之背牛、仙人诸顶，更觉奇绝"②。

武克相《重修三峰山垛石寺碑记》全文可视为一篇游记散文，且能寓理于景，有宋人文赋的滔滔汩汩、自然排宕和婉曲深刻的理致，是此类碑记中不可多得的优秀之作。其文以讨论僧房道院与佳山秀水之相得益彰开篇，继而写三峰山风光移步换景，渐次廓大，状山色如在目前。写修建过程中规中矩，清晰明朗，写寺庙建成后山水丛林灿然一新，互添声色，最后回到佛家语境，谈空说有，深意存焉，篇虽终而韵无穷。特此全文照录，唯省略中间记叙修建过程和寺庙格局的百余字。

> 或言天下佳山水，大半属之僧房道院，理或然也。余则谓有僧房道院，而山水之佳乃出，譬之奇花异卉，栖于幽谷之中，非有特识者品题之，亦孰知其沁心动目耶？天地之大，造化之巧，磅礴潆回，凝聚交会，何可胜穷？然而登临弗至，凭眺无人，则亦等诸荒丘断堑，寂寞无闻已耳。且山居窔处，齐民维艰，惟缁羽者流，其事可以感人心，其力足以聚财利，而其人又多远识远见，足以经营而结构，故凡一丘一壑，得为僧房道院者，莫不改观，刿佳丽者乎？
>
> 抚邑之北，去台头十二里，有峪曰"垛石"。岗岭四合，独阙其西，两山环抱如门。清流漩绕，禽鱼悠然，其中渐次廓大，青松怪石，各如人意。
>
> 行二里许，其南有巨石者三，危然相垒，如人手置此，"垛石峪"

---

① 光绪《抚宁县志》卷六，《中国地方志集成·河北府县志辑》第23册，第83页。
② 光绪《抚宁县志》卷六，《中国地方志集成·河北府县志辑》第23册，第83页。

所以得名也。

又东行里许，为峪之尽处，而山起焉。是山祖黄崖顶、天马山为其外屏，有石峰者三：中者如人拱立，稍内敛，左右有狮、象形，稍外出而向中峰，此又三峰山之所以得名也。山之东麓，有池泓然，阔不过丈，深不过数丈，不盈不竭，俗名"龙潭"，神其说也，而实峪门流水之潴也。自故明来，即有因而建寺者，曰"垛石寺"，规模狭隘，山水之气象弗昭，久益荒废，莫识其奇。僧者光庆，老僧万河之弟子也。万河大有解脱，年七十余，饮食动履如丁壮，貌有童子色。光庆得其作用。自康熙癸酉岁，飞锡至止，慨然重修。

…………

无沿门之钵，无勉强之请，居然而成，灿然而新。凡登临凭眺者，仰而视其崔巍，非有所筑培，而面目至是而呈其真也；俯而视其流漩，非有所涤濯，而意致至是而表其秀也。一林一壑，一禽一鱼，增色生妍，刮垢磨光，俨如天地之间今日而方有此丛林，今日而方有此山水。孰谓僧房道院不足以增山水之色欤？说者谓五蕴皆空，四大非有，即有丛林、山水，亦殊多此一事，不知空非真空，乃可言空，有所当有，不可为有。此峪之上，应有此山，此山之中，应有此寺，正所谓空而不空，有而非有者也。后有作者，知此意而增美之，宁知不更有进哉！是为记。①

"譬之奇花异卉，栖于幽谷之中，非有特识者品题之，亦孰知其沁心动目耶？""登临弗至，凭眺无人，则亦等诸荒丘断堑，寂寞无闻已耳。"作者在文中用这些话对鲜为人知的佳山水表示惋惜和同情，事实上，作者武克相仅为抚宁县教谕，名不著于文学史，如上知音之谈，亦正适用于评价作者其人其文。

第三节　方志金石文献中的"文学景观"

——以秦皇岛为例

"文学景观"是新兴的文学地理学研究所重点关注的研究对象，从文

---

① 光绪《抚宁县志》卷六，《中国地方志集成·河北府县志辑》第23册，第81~82页。

学家光临题咏过的山水泉石、亭台楼阁到文学家的故居、墓地等，凡存在于现实空间，与文学家的生活和创作活动密切相关，具有一定观赏价值、审美价值与文化内涵的景观，即可谓之"（实体）文学景观"。①

著名学者胡晓明在《江南诗学：中国文化意象之江南篇》一书中使用的"地方"一词，略同于上述"文学景观"的概念，胡晓明先生认为，诸如屈原创造了湘水，谢灵运创造了永嘉，王维创造了辋川……这些文学与地理景观的相互生发、互动，"一方面是诗人将他们的感情与意念投入到特定的'地方'中，使'地方'成为活生生的人的生命的一个部分，另一方面'地方'也将历代诗人的生命记忆与情思想像保存、增殖，不断再生产出来"。②

冀北三地（特别是秦皇岛、承德），皆为中国北方著名的山水形胜之地，其中，碣石、榆关、卢龙塞所在的秦皇岛一带作为唐人眼中的东北边塞、明朝东北防御作战的最前线以及清朝沟通北京和东北龙兴之地的主要交通孔道，具有深厚而独特的历史文化积淀，留存下大量自然的、人文的，以及自然与人文双重意义上的重要景观，它们历经众多文人题咏，与文学家的工作、生活、行旅乃至思想经历密切相关。对这些文学景观加以集中关注和深入考察，探索长期积淀在特定地理空间内的审美经验和情感联系，不仅是古代文学和文化研究的进一步丰富和深化，更可为区域文化的挖掘和重塑乃至现代旅游的开发和景观建设提供文献线索和历史依据，具有重要的学术价值和现实意义。而专门记录本地历史地理信息和相关诗文作品的方志文献，正为文学景观的研究保存了集中而丰富的素材，本节就以秦皇岛方志中的金石碑刻类作品为例，同时参考方志文献中的其他诗文和相关记载，对文学景观及其文化意蕴予以论列和揭示。

一　山水文学景观

（一）碣石山

从《尚书·禹贡》的"恒、卫既从，大陆既作。岛夷皮服，夹右碣石入于河"，到《战国策》中苏秦说燕文侯谓燕国"南有碣石、雁门之饶，

---

① 曾大兴：《文学地理学研究》，商务印书馆，2012，第 119 页。
② 胡晓明：《江南诗学：中国文化意象之江南篇》，上海书店出版社，2017，第 7 页。

北有枣粟之利……此所谓天府也"，先秦时期，碣石已在最早为史书记载的北方名山之列；在《史记·货殖列传》中，司马迁把全国划分为山东、山西、江南和龙门碣石以北四个地理区域，碣石—龙门一线反映了战国至汉初中国北部重要的农牧分界线①。此外，秦始皇东巡至碣石，李斯作《碣石铭》，曹操名篇《观沧海》起笔即云"东临碣石，以观沧海"，唐诗中的碣石是东北边塞之地的象征……以上足证，碣石，在寥廓久远的中国历史时空中是一个极具标志意义的地点。

碣石山的具体地点，历史上聚讼纷纭，最集中的两种观点，一是秦皇岛昌黎县北的碣石山，一是矗立于山海关外大海中的民间所称之"姜女坟"（今属辽宁绥中）。由于历代史书和文学作品记载了不同的细节，对应起来，两种观点也都各有依据和不足，此姑置而不论，且就秦皇岛方志收录的金石文献对昌黎碣石的反映做简要述论。

著名历旦地理学家谭其骧先生《碣石考》一文认为："魏武以及秦皇汉武所登的碣石山，就是今天昌黎县北的碣石山。"②其山在昌黎县北 4 公里，"山顶有石，卓立如柱，相传为天桥柱，碣石之名以此"③。碣石山主峰称仙台顶，海拔 695 米，为渤海近岸最高峰，"与裂头山、景山、角山、兔耳山为平营五顶"④。仙台山麓有水岩寺，又称宝峰寺，为当地著名古刹，始建于唐朝以前。顶两侧有东、西五峰山，西五峰山南侧山腰平台有"韩文公祠"，纪念唐代大文学家韩愈。仙台顶、五峰山被古人视为昌黎"龙脉"所在，认为昌黎在永平府中"独推人文之胜"全赖山灵保佑。

> 太行恒山，西来蜿蜒数千里，抵碣石而东濒海，驻足突兀，杰峙最巨。丽者为仙台山，山之麓有刹曰"水岩"，岩处众山间而据其腹心，郁然深秀。山之列其旁者，左五老峰，右锯齿崖，参错连亘，狻猊踞而龙蛇走，若三角，若药局，若笔峰，若馒头，若东西两山，又如人之双臂合抱，而拱中辟一阙。邑治正当其冲，似衔珠然。登城远

① 邹逸麟编著《中国历史地理概述》，上海教育出版社，2007，第 232~233 页。
② 谭其骧：《长水集》下册，人民出版社，1987，第 104 页。
③ 光绪《永平府志》（一）卷二十二，《中国地方志集成·河北府县志辑》第 18 册，第 402 页。
④ 光绪《永平府志》（一）卷二十二，《中国地方志集成·河北府县志辑》第 18 册，第 40⒋ 页。

眺，则山如翠屏，而寺其烟郭也。登山南望，则邑如列眉，而海其襟带也。是诚一邑之奇观。而龙脉实本于是。

——明邑人邸存性《重修水岩寺记》①

因是"龙脉"所在，故清乾隆年间曾专门颁布地方法令，永久禁止挖凿山石。

　　昌邑有仙台山及五峰山，考厥龙脉实为一邑之干，其东西两山则枝脉之所发也。层峦叠嶂，围绕城垣，形势秀而风俗醇。北平郡中，昌黎独推人文之胜，惟山效灵，其以此与？遐稽前岁奉旨重修城垣，所需石块皆运自远方。曾未取诸此山者，诚有见于此山之石，关系綦重也。……爰镌诸石，永行禁止，倘敢有再取此山一石者，地方人民立即禀究。即本山住持，亦不得辞巡察之责焉。是为记。

——知县顾嵩岳《为永行禁止凿挖山石碑记》②

各版《永平府志》《昌黎县志》载题咏碣石山诗文甚多，从久负盛名的李斯《碣石铭》、曹操《观沧海》，到明清时期的著名诗人李攀龙、宋琬乃至众多的本地文人骚客之作，仅诗歌即不下数十首。就方志收录的金石碑刻作品而言，影响最著者自然莫过于李斯《碣石铭》。

　　遂兴师旅，诛戮无道，为逆灭息。武殄暴逆，文复无罪，庶心咸服。惠论功劳，赏及牛马，恩肥土域。皇帝奋威，德并诸侯，初一泰平。堕坏城郭，决通川防，夷去险阻。地势既定，黎庶无繇，天下咸抚。男乐其畴，女修其业，事各有序。惠被诸产，久并来田，莫不安所。群臣诵烈，请刻此石，垂著仪矩。③

《碣石铭》，或称《碣石门辞》《碣石刻石》，为李斯陪伴秦始皇东巡途中所作的系列刻石文之一，以四字句的韵文写成，三句一韵，文字不长，典雅浑朴，又朗朗上口。内容首先歌颂秦始皇扫平天下的赫赫武功，继而写秦朝建立后兴废修业，黎民安居乐业的盛况，在文体上与其他几篇同类的刻石作品一样"上承西周《雅》、《颂》及秦统一前的《石鼓文》，

①　光绪《永平府志》（二）卷四十，《中国地方志集成·河北府县志辑》第19册，第101页。
②　董耀会主编《秦皇岛历代志书校注·光绪〈永平府志〉》卷二十二，第894页。
③　光绪《永平府志》（一）卷二十二，《中国地方志集成·河北府县志辑》第18册，第403页。

但又有所变化和创造”，“改变了以往颂赞体作品雍容华贵的风格，而冠以法家辞气……堪称碑铭之祖，汉魏碑铭，莫不被其遗则”。[①]

光绪《永平府志》卷二十二“碣石山”条有四言《古碣石辞》一首，篇终云“削巉勒辞，永代斯模”，可知也是沿用《碣石铭》体式的刻石文（也可视为四言诗）。然未题作者，检诸康熙五十年《永平府志》及民国《昌黎县志》，则均未收录。其按语云：“古碣石者，本《禹贡》冀州之域，盖今东南海运，自海而北达漳河，实出乎此。予喜其符唐虞之旧制也，勒之以词。”喜其旧制，有感而作，就可以“削巉勒辞”，则作者很可能是主政当地的地方官。其诗内容则多写海运之繁荣和便利。

> 江桥白粲，淮耜黄淤。聿官有漕，竟海其舻。伟哉碣石，枕我海隅。表此水道，长为委输。……番攀国用，来通帝家。自国有贡，或河而渠。或砥斯凿，或绝或逾。茧丝纨帛，金宝象珠。搜毫竭缕，满菌压车。矧兹米粟，诚系藏储。……伟哉碣石，厥状屹如。若柱斯植，若丹斯涂。溟涨如席，浊浑以趋。削巉勒辞，永代斯模。[②]

今按，大宗货物的南北运输，元代主要依赖海道，明代和清前期则主要靠运河漕运完成，道光年间曾两次试行恢复海运，“迨咸丰朝，黄河北徙，中原多故，运道中梗。终清之世，海运遂以为常”[③]。由此可知，按语所说的“今东南海运，自海而北达漳河”以及正文中所述海运盛况，唯有元代或清道光、咸丰以后才可能见到。而诗中“江桥白粲，淮耜黄淤。聿官有漕，竟海其舻”意谓淮河、黄河淤积，有些地方竟变为农田，运河漕运改为海运，情形与清道、咸之后相符。综上，《古碣石辞》作者很可能即同治、光绪年间担任永平知府八年，并主持修撰光绪《永平府志》的湖南新化人游智开。其诗在《永平府志》中录于明代文学家李攀龙《碣石篇》与明卢龙人韩原善《碣石》诗之间，时代晚，固当在李后；在韩前，是因为以上李斯、曹操、李攀龙诸作都是四言体，韩原善诗以下始为七言律诗。

---

① 袁行霈主编《中国文学史》第 1 卷，第 192 页。

② 光绪《永平府志》（一）卷二十二，《中国地方志集成·河北府县志辑》第 18 册，第 404 页。

③ 赵尔巽等撰《清史稿》卷一百二十七，第 3770 页。

碣石主峰仙台顶畔有山心洞，洞内外石壁上镌"山心""独立不惧"
"海山景会"等大字及题诗数首，最早题刻为金大定年间所留。其洞内东
壁诗云："沧溟无际入仙台，绝壁龙潭挂断崖。更有山心人未识，茂林深
处洞门开。"① 旁属"一斋"二字。明代有著名理学家、江西上饶人娄谅，
别号一斋，一生行迹未至北方；金末元初大戏剧家关汉卿亦号一斋（又作
已斋），其生平资料甚少，但长期在大都一带从事艺术活动，到访碣石的
可能性是有的，亦不妨作为线索待考。明李学诗两首绝句自然可喜，有隐
逸气，其五绝云："此处山心在，千秋一得之。山灵可意会，未许世人
知。"作者时任永平府推官，山心洞诗后自署："方泉李学诗，平度州人，
嘉靖九年二月十日书。"② 光绪《永平府志》卷四十"东水岩寺"条载其
七言长篇歌行《云山行》，气势纵横。又有明人孙允中题诗，其"揽胜不
妨多载酒，万山寂寂海溟溟"③ 句，出语豪迈而余韵无穷。孙允中，鲁府
仪卫司（在今山东）人，嘉靖年间进士，任山西按察司金事，与山海关人
詹荣共同参与平定大同兵变（《四库全书总目提要》卷五十三）。

仙台顶之麓的水岩寺有辽保宁元年（969）建"开元灌顶国师不空奉
诏译"《唐佛顶尊胜经幢》。光绪《永平府志》卷四十载寺内明万历四十
六年（1618）碑文两篇，作者一为知县杨于陛，一为邑人邸存性，均应寺
内住持真山和尚所请而作，俱文采斐然，堪称佳制。

杨于陛《宝峰寺纪游》作于其任昌黎知县次年春天，稍稍安顿好政
务，便偕二三僚友出游，"欲搜古人遗迹，而览山川胜概"，开篇对碣石山
景做了诗意盎然的描述，大开大合，自在洒脱。

> 于是携二三僚友，登仙台之巅，吊湘子之庙，挹瀑布之泉以脱其
> 埃，掬龙潭之水以濯其襟。已而，东望沧海，瀁洋澎湃，与天无际，
> 碧波黄沙，浮光似霓，恍出舃履之下。俯而眺之，平冈长陆，虎伏龙
> 蹲，荒蹊丛落，晻暧缘云，又皆在衽席之内。乃划然长啸曰："嘻！

---

① 光绪《永平府志》（一）卷二十二，《中国地方志集成·河北府县志辑》第18册，第
　　408页。
② 光绪《永平府志》（一）卷二十二，《中国地方志集成·河北府县志辑》第18册，第
　　408页。
③ 光绪《永平府志》（一）卷二十二，《中国地方志集成·河北府县志辑》第18册，第
　　408页。

是真异境哉！无惑乎人物之灵、龙蛇之神，与夫仙人释子、恢谲之观，咸附托于是也。"

杨于陛一行在宝峰寺小憩，并亲见唐开元间断碑残石，听老头陀真山讲述寺庙重修经过，闻之兴叹：

噫！自辽金元腥膻此土，始终四百五十余年，当其时，山川如故，而人则贸贸然忘其华也久矣。人伦日用之常尚不可得而有，况有所谓山水登临之乐者哉？又安有谓尹兹土而乐民之乐者哉？

今海不扬波，仙灵安堵。登斯山也，见游民往来于此，以樵以牧，而无刍薪之虞；居民环处于此，或稼或树，而遂生育之乐。近而瞰乎城市，官寺屋宇、衣冠文物如此其盛；远而望乎边徼，城堞楼橹、烽堠关隘如此其固。若是者，孰使之然欤？①

乱世山河不改而人文退化，人伦日用都无处安放了，世间更无乐山乐水的仁人与智者。沦丧四五百年之后，山海之间重现了一个人民安居乐业、城市熙熙攘攘的衣冠文物之区，"孰使之然欤？"作者没有说出的，当是"野火烧不尽，春风吹又生"的自然之伟力，也是"不废江河万古流"的民族文化之伟力。

邸存性《重修水岩寺记》内容结构与杨文大体相类，追溯昌黎一带在五代以降沦为夷土、虏火燎原的惨状及真山和尚复兴寺庙的过程，最后写眼前红男绿女啸歌管弦的兴盛，抒发沧桑兴废之感。比之知县杨于陛的自然洒脱，邸作多了几分宗教的玄思，例如他说从一座寺庙的废兴，可以看出城邑盛衰乃至天下治乱的端倪，亦如佛家所谓"一花一世界，一树一菩提"，是兼具哲理与诗意的高论。

昔洛阳多名园，识者以花木瞻盛衰。余亦曰："刹之废兴，邑之盛衰之候也。"……今郁林珍果，深树文禽，佳花椒聊（柳），列植成阴，非前日之苍烟白露而荆棘乎？高薨巨桶，宽闲深靓，泠泠泉瑟，谡谡松风，非前日之颓垣断堑而荒墟乎？佳时令节，邑都人士，趁绿

<hr>

① 光绪《永平府志》（二）卷四十，《中国地方志集成·河北府县志辑》第19册，第100~101页。

倚红，啸歌而管弦，非前之晦明风雨鼪鼯鸟兽之噪音乎？五代之初，胡元之季毋论矣，即丁卯之秋，安睹此景物哉？繇此观之，不独一邑之盛衰，以候天下之治乱可也。余世间法安能文出世法，姑纪其废兴之繇，使后之君子摩石而读此文，尚思彻桑土而绸缪之，亦知真山公为护法天魔之后身也。①

同是对比水岩寺及昌黎一带的古今巨变，杨文更多透露出人间不灭的生机，令人在不知不觉中感受到大自然疗伤般的魔力，为永远蔑视苦难、生发万物的"天地一体之仁"而感动和鼓舞，而邸文更能深契佛理，虽然也隐含对治世有所期许，但也终不免给人以盛衰轮回、一切不可常驻的虚空幻灭之感，这是两篇明代碑记内在人文意涵的不同之处。

（二）角山

角山"耸峙如角，长城枕其上，为蓟辽二镇边界"②，在山海关城亦即明清之山海卫、临榆县城北 3 公里处。今天的角山以倒挂险峰、俯瞰大海的角山长城闻名，在明清方志文献中又与碣石山仙台顶、抚宁兔耳山、裂头山、景山并称"平营五顶"（秦皇岛古代属平州、营州）或"畿东五顶"。

方志载录的历代文人咏角山诗文不下数十首，文学作品揭示了角山之所以成为风景名胜的特点和优势所在。一是雄踞海隅，集山之雄峻与海之浩瀚于一身。如清人史履升《贺新凉·角山遇雨》词："南望沧溟来眼底，白茫茫一片潮痕。"③ 朝鲜使臣金昌业《角山寺次碑上韵》："绕塔雪峰连北漠，度窗云影目东吴。"④ 王立柱《登角山遇雨归途中作》："海天同一云，松栝浓于染。"⑤ 都写出了登临角山居高临下，海天一色之壮丽。二是耸立于燕山山脉东起点，西北回望，有总揽燕山诸峰之气势。如李养和《登角山》"青山万仞削芙蓉，杖策先登第

---

① 光绪《永平府志》（二）卷四十，《中国地方志集成·河北府县志辑》第 19 册，第 101 页。

② 光绪《永平府志》（一）卷二十四，《中国地方志集成·河北府县志辑》第 18 册，第 429 页。

③ 光绪《永平府志》（一）卷三十六，《中国地方志集成·河北府县志辑》第 18 册，第 430 页。

④ 光绪《永平府志》（二）卷四十一，《中国地方志集成·河北府县志辑》第 19 册，第 118 页。

⑤ 光绪《永平府志》（一）卷三十六，《中国地方志集成·河北府县志辑》第 18 册，第 430 页。

一峰"①，称角山为"第一峰"正是点出角山作为燕山东段起首第一座山峰的独特地位。史履晋《登角山遇雨》"回首旧路迷，四山犹拱向②"、史履升《山亭宴·由角山至天后宫途中即景》 "回首望遥峰，向我青无数"③，燕山逶迤而来，近海处角山独高，"四山犹拱向"写出了由角山西瞰群峰时的万山朝宗之感。三是有长城倒挂之壮美，清初著名学者、《康熙字典》的总撰官陈廷敬《角山赠程淄川》诗将燕山比作巨龙，长城比作龙之"鳞鬣"，角山比作龙之"舌喉"："群山连波涛，腾涌天龙游。长城为鳞鬣，角山为舌喉。尾蟠荒陬外，首著大海头。"④ 本地诗人蔺士元五古《角山》则在一首长诗之中将以上三种特色都写到了，如写山海相接："海与山争高，天水相摩荡。"写雄踞燕山东端的独特位置："连山蓟门来，络绎尽东向。""西瞻碣石山，百里势遥抗。"写长城之壮美："当关耸双峰（角山有前后二山），斗角不肯让。""长城俯龙首，蜿蜒到海上。"所以诗人才能自豪地宣称："吾乡富山水，兹山无与况。何必五岳游，高怀始跌宕。"⑤

正如前文提到的王简《创建金峰寺大悲殿碑记》所说，"西有五台，东有五顶，杳摩诘胜迹"，"平营五顶"也都是佛教圣地。角山之巅有栖霞寺，后改称栖贤寺，堪称一方之人文名刹，明清两代多位本地著名人士如明成化二年（1466）进士、监察御史郑己，成化八年进士、福建按察司金事萧显（1431～1506），嘉靖五年（1526）进士、兵部左侍郎詹荣（1500～1551），清顺治十五年（1658）进士、淄川知县程观颐都曾寄居寺中读书，据清初人佘一元推测，寺名之所以更名"栖贤"，可能正是因为这个缘故（佘一元《角山栖贤寺会碑》）。方志金石文献中保留的数通明清有关碑刻，是角山和栖贤寺深厚文化底蕴的见证。

---

① 光绪《永平府志》（一）卷三十六，《中国地方志集成·河北府县志辑》第 18 册，第 429 页。
② 光绪《永平府志》（一）卷三十六，《中国地方志集成·河北府县志辑》第 18 册，第 430 页。
③ 光绪《永平府志》（一）卷三十六，《中国地方志集成·河北府县志辑》第 18 册，第 431 页。
④ 光绪《永平府志》（一）卷三十六，《中国地方志集成·河北府县志辑》第 18 册，第 429 页。
⑤ 光绪《永平府志》（一）卷三十六，《中国地方志集成·河北府县志辑》第 18 册，第 430 页。

　　清代驻防山海卫的八旗佐领重禧，辞官后居于山海关城，每日以登角山健身，后竟效仿前贤设榻于栖贤寺，"一岁中居山常数月，既欣其林壑之美，又叹夫颓垣断甍之荒芜日甚"，于是集资重修寺之东廊，其《重建角山栖贤寺东廊记》亦如前引诸诗，准确描述了角山的山海形胜的独特地位。

　　　　蓟北诸山，自居庸而东，其峰峦如屏障，绵亘千里，而长城即因其形势蜿蜒，至平州之角山折而南下，直趋海涯。山与海相去十余里，其间为山海关城。而角山者，高出群峰，南临大海，实一邑之巨观。①

　　古代官员、士子受僧人所托为寺庙撰写碑记，往往从自身的儒家文化立场出发，着眼于佛门以神道设教，有限肯定其劝人从善，客观上有益于世道人心（可参见本书第四章第三节"衡水方志金石文献的文化精神"的相关论述），正面谈因果苦空，表现出对佛学的深刻理解和浓厚兴趣者反而并不常见。曾寄居栖贤寺读书的明监察御史郑己《重修栖贤禅林碑记》既追述了本地"第一名胜道场"栖贤古刹的来龙去脉，又保存了弘治年间曾有毁佛之议的历史细节，其对佛教虚空之理的大段阐发，如同佛门中人一般当行本色，是角山诸碑中成就最高的一篇长文。由朝廷毁佛的传言引出的作者与寺僧悟澈之间的儒释对话，尤其胜意迭出，环环深入，谈苦论空而时露超脱和幽默感，是该文超出一般寺庙碑记的精华所在。篇幅所限，谨录悟澈前来求助的历史因由及作者的答复一段，以管窥碑文中蕴含的"理"与"趣"。

　　　　宏治纪元，直欲治追唐虞之盛，道衍孔孟之传，以大雄氏之教与古治道相背驰，有廷臣奏命天下人庐其居，火其书，如韩愈氏所云者。惟在京暨古刹敕建二三事不与撤毁例。澈大为宗门惧，以本寺虽古而无征不信也，托先容于予室弟张君彦明，偕过而述其巅末，图示永远。
　　　　予因而戏之曰："刹之古耶不古耶，身之存耶不存耶，人之僧耶不僧耶，教之行耶不行耶，一皆所谓空者也。况大雄氏之教，自周显王时始有于西域，汉明帝时始入于中国。根盘蒂结，上下二三千年间，其惑

---

①　董耀会主编《秦皇岛历代志书校注·光绪〈永平府志〉》卷四十一，第 1591 页。

世也甚矣，其入人也深矣。兹遽以一二察察建白，遂为之毁之，窃恐既非经正民兴之大本，又非明先王之道之微权，名曰扑之，实以炽之，不几作一场空谈说也邪？尔澈习空而或有得焉者也，虽乾坤之大，犹不能不坏于一十二万年之后，毁之与否，奚暇容心于其间哉！"①

作者首先以佛教的话语指出寺庙、僧人、佛法本质也是"空"，继而直言佛教"惑世"既久且甚，这是表明其中国文化立场，然后鉴于佛教自古流行，深入人心，认为激烈冲突会适得其反，这又是儒家的理性和包容，表明自己并不赞成毁佛，也不相信朝廷真会因少数官员的建议而发动大规模毁佛，最后，作者语带戏谑地宽慰悟澈，依你们佛教的理论，连世界都永在生生灭灭的劫难之中，寺庙更是早晚要毁的，它眼前的命运又何劳你挂在心上呢？为此心有挂碍，和尚是不是还没有悟彻"空"的道理呢？

以上是两人往复辩诘驳难的开端，悟澈在后文中亦以其人之道还治其人之身，举孟轲、大舜、伊尹言行，说明"指空非空，一切有色，皆真空之呈露也；泯空非空，一切有为，皆真空之显形也"，今日人海无边，需"假有形象者以示之"的道理，同样是出入儒佛，翻新出奇。总之，作者与悟澈的一番机锋顿挫的儒佛对话，如同思想史的一个片段缩影，儒佛两家正是在这种既驳难碰撞又相互援助启发的和合共生中，提升着各自的境界，彰显出东方智慧的神奇魅力。

二　人文类文学景观

（一）贞女祠

贞女祠，今俗称孟姜女庙，在山海关城外望夫石村后山岗上，西距关城约6.5公里，庙东南4公里有石耸立渤海中，俗称"姜女坟"，后者今属辽宁绥中。

历代方志中咏姜女庙、望夫石、姜女坟诗文甚多，名家如顾炎武、陈廷敬、梅戍栋、祁寯藻，本地官员如明山海关兵部分司主事陈绾，清山海关八旗副都统德楞额、管关通判陈天植等皆有诗作，内容自以钦佩、赞美

---

① 光绪《永平府志》（二）卷四十一，《中国地方志集成·河北府县志辑》第19册，第116页。

孟姜女之贞操为主，唯顾炎武在山海关外、威远台前这样关键、敏感的地理节点，写出"国是只凭三寸舌，老谋终惜一丸泥"，感叹明末朝野议论汹汹，却未能守住雄关天险，尾联"愁心欲共秦贞女，目断天涯路转迷"，透露出诗人在清朝统治日渐稳固的现实中忠于故国的坚贞与复国无望的迷惘并存的复杂心曲，应该说是一首寄托着时代精神，特别值得注意的作品。

　　金石碑刻类作品主要有明黄世康《秦孟姜碑》、张栋《贞女祠记》、张时显《重修孟姜贞女祠记》等，各有特色。"二张"皆官兵部主事，万历年间先后守山海关，文皆质朴。张栋认为望夫石、姜女坟等古迹不一定符合历史事实，人们仍然纷纷凭吊、纪念，是"君子直求之心已矣"，"乾坤正气如水行地中，无处不有，凿之始见。姜之节，姜之心，人人同具……将令同此心同此节者登山望坟、望坟吊姜，直欲上论其世，以启人之贞烈欤！"① 张栋文作于万历二十二年（1594），两年后，继任者张时显增修姜女祠，在续作的碑记中感慨："秦人是役，百万生灵悉膏草野，孰从诘其姓氏？今千载之下，独知有范郎，则郎有妻如姜女耳。节义之感人心，千古不朽如此。"② 死在长城下的无数生灵无声无息，只有孟姜女夫妇因节义而千古以来感动人心。这与著名学者陈廷敬《姜女祠》诗的理路相近，不同的是陈诗是将孟姜女与暴君秦始皇进行对比，诗云："谁筑长城万里长，至今片石对苍茫。辒辌风起鲍鱼腐，得似空祠一瓣香。"③

　　黄世康，莆中（今福建莆田）人，明嘉靖二十九年（1550）进士，其《秦孟姜碑》与前述"二张"作品风格迥异，为古雅、流丽的骈文。其文完整讲述孟姜女故事，曲折细腻，善于以景物烘托氛围，很有感染力，如写孟姜女夫妇新婚分别后，以物候变化状时光流转："姜既割良人于燕尔，奉寡姑以色养。秋分霜月，啾蟋蟀而响石砧。春令柳园，转仓庚而抽丝茧。"写范植别后杳无音讯，孟姜女在家守候时的绝望，动人心魄，堪称精警："人生到此，天道如何？绕床登冀，伤行役之未归；负土成坟，悼幽沦之难返。"在这个版本的孟姜女故事的最后，还有一段扶苏太子、蒙恬将军会见孟姜女，为之感动并赐封、合葬的情节，并出现感天动地的种种神迹。

---

① 光绪《永平府志》（二）卷三十九，《中国地方志集成·河北府志辑》第 19 册，第 78 页。
② 董耀会主编《秦皇岛历代志书校注·光绪〈永平府志〉》卷三十九，第 1508 页。
③ 董耀会主编《秦皇岛历代志书校注·光绪〈永平府志〉》卷三十九，第 1508 页。

尔时扶苏太子、蒙恬将军，拥武帐于卢龙，趣具装于涿鹿，倏闻其事，咸伤厥心，就而询之，以观其怨。……于是，太子等纷然破泪，遮以元盖，表范为左军将军，姜为贞烈夫人，给鼓吹一部，赐以合葬。

是日已，飞沙凝石，遂变望夫之形；圆岛涌波，忽示佳城之势。石则离关东八里，岛出海涯可一里焉。有德动天，惟迹骇众，遂议创庙于石，登榇于岛。时乃虎贲执绋，鲛人送榜，笳吹繁凄，薤歌摧怆。慷慨燕赵之士，表里山谷之人，莫不白马驰香，缟衣祭酒。浮丘环水，左夹碣石之宫；双梓盘枝，远对蓬莱之殿。……①

飞沙凝成了海边的望夫石，大海分开波涛，耸立起一座姜女坟，官方操办丧事，吹吹打打，乡人从四野赶来为孟姜女送葬，如同古典戏曲舞台上剧终时的鼓乐齐鸣，营造出一个浓墨重彩的浪漫主义结局。作者在最后的"铭曰"部分，将孟姜女推举到伯夷叔齐的高度，称"孤竹旧疆"之内"殷有二士，秦有一姜"，升华了故事的主题，同时表现出对忠节义士的无限钦敬和对历史的款款深情。

（二）韩文公祠

"昌黎，畿东下邑，其称名天下者，以乡有退之先生，故后之尊韩公者，必曰昌黎。昌黎云是，则地实因人借之以不朽者。"② 明末户部尚书、文渊阁大学士黄景昉《昌黎五峰山修建韩文公祠并抚道两台生祠记》中这段话，揭示了昌黎因大文学家韩愈得以称名天下的历史机缘。韩愈生长于河南，虽以昌黎为郡望，但一生行踪未至昌黎；今昌黎之定名昌黎县，时在金大定二十九年（1189），也并非唐代以前的昌黎县。然而这一切并不能妨碍昌黎人对韩愈怀有特殊的感念。

昌黎旧有韩文公祠二，一在县治东北，明洪武年间始建；一在西五峰山麓，明崇祯年间兵部右侍郎兼右佥都御史，总督蓟州、永平、山海、通州、天津诸镇军务范志完利用原圆通寺旧址修建。方志所载咏韩文公祠诗文，多指五峰山之韩文公祠，其间名家有清初著名诗人宋琬、戏曲大家尤侗等，民国年间中国共产党创党先驱李大钊曾多次隐居韩文公祠读书，亦在西五峰山韩文公祠。

---

① 董耀会主编《秦皇岛历代志书校注·光绪〈永平府志〉》卷二十七，第1051～1052页。
② 董耀会主编《秦皇岛历代志书校注·光绪〈永平府志〉》卷三十九，第1486页。

韩文公祠相关碑刻作品有明翟銮《重修文公祠堂碑记》（县城东北的韩文公祠）、江瑞熊《新修韩昌黎祠记》、阮鹗《韩昌黎庙碑文》、黄景昉《昌黎五峰山修建韩文公祠并抚道两台生祠记》、清崔树宝《重修韩文公祠记》等，诸文皆对昌黎倚山面海的山水形胜赞赏有加，如黄景昉文记范志完评五老峰（五峰山别称）云"此天成文笔峰也，昌黎文气全萃于斯"，江瑞熊文云"见其山水之胜，雄冠京东，有蜀之奇，有浙之丽"，崔树宝文云"碣石苍苍，溟海茫茫，佳气孕灵，宜有磊落奇伟、任大任者崛起于其乡"，曾"揖九华，拜匡庐"的安徽桐城人阮鹗在《韩昌黎庙碑文》中更是将昌黎山水风景与韩愈人品文品相联系，行文恣肆纵横，很有气势。

> 偕昌黎士登仙台山之观海亭，将以求先生之所自来也。盘龙踞虎，仪凤游麟，七十二峰，联络星辰，乐哉山乎！其诸先生之仁乎？南望沧海，一鉴万顷，影浮光沉，辉璧耀金，变幻烟云，五色成文，乐哉水乎！其诸先生之智乎？鹗始恍然有悟，顾诸士而窃叹曰："天下之奇观也，天下之奇遇也。三十年志于是而未至，而今得之于此……"语讫，而雷雨交作，海天溟蒙，云封仙台，莫之适从。相与二三子，枕石卧云，吸雨餐风，以待东方之白也。①

崔树宝《重修韩文公祠记》同样写山雨之夜，在祠中诵读韩愈文章，思接千古，令人感慨。

> 当夫山雨过檐，海月度岭，披云兀坐，手公遗文一编，朗诵数过，觉潮声万里，沸沸松岩间。时而壮公微言阐道，正论格君，使有唐三百年天下如乍闻雷霆而复见日月；时而悲公磨蝎之运，遭际屯蹇，而卒气数不易乐道之胸，谗谤益昭永世之名。不禁酹酒阶前，拜手稽首，望我公翩然来下大荒也。②

在昌黎五峰山与开启了唐宋古文运动的一代文宗隔空相对，阮鹗、崔

---

① 光绪《永平府志》（二）卷三十九，《中国地方志集成·河北府县志辑》第 19 册，第 69 页。

② 光绪《永平府志》（二）卷三十九，《中国地方志集成·河北府县志辑》第 19 册，第 70 页。

树宝等作者逞才使气，吞吐华章，不欲见笑于前贤，而要发扬韩愈主动继承道统的一面。在碑记中表现出较强的思想性和儒家正统观念的则首推曾担任内阁首辅的明人翟銮。

翟氏在《重修文公祠堂碑记》中继承韩愈辟佛的主张，对人们烧香拜佛趋之若鹜，面对圣贤却无动于衷的本末倒置提出批评："方今浮屠淫祠遍天下，金碧装严，四方士女争致金钱，日久奔走。顾名贤之区，视若疣赘，或存或敝，恬若不闻。"并以史论之笔，重估韩愈的历史地位，认为宋儒论韩愈"文起八代之衰"只是就其文章体裁而言，若再考虑到韩愈在思想史上的贡献和在中唐现实政治中的表现，则应予更高评价：

> 若辟邪辅正，左右六经，羽翼圣轨，与孟轲氏相表里，岂托诸空言、无益理道者同日语哉！又公忠勋法，应祀典。唐穆之世，藩服不庭，攻围制师，公奉命往谕，君臣上下，莫不危公，公开谕忠梗，卒折其逆将，而出我王人。是公一时之功，贤于四节度之师，劳勋甚焉！夫以公经世之文，定乱之勇，崇德报功，万世血食可也。①

以上分自然和人文两类略举数例，对秦皇岛文学景观做一管窥。实际上，历经文人题咏，值得关注探讨的文学景观还有很多，自然景观中比如北戴河联峰山，抚宁天马山，与碣石山、角山同在"畿东五顶"之列的抚宁兔耳山、景山，渤海、滦河、戴河等，人文景观中比如山海关城、文庙、老龙头（包括澄海楼、海神庙等附属建筑）、昌黎源影寺塔、卢龙古城以及长城沿线各关口等，篇幅所限，不再一一论列。需要说明的是，本节提到的文学景观，皆以现存的或仍有遗迹可寻的景观为限，事实上，在方志金石文献中有所反映的文学景观（特别是人文建筑类），以秦皇岛域内古代文学家题咏最多的名胜之一的卢龙清节祠（夷齐庙）为代表，包括各府县的城池、寺观、祠庙等，绝大部分早已出于诸种原因而消失，永远遗憾地定格在诗文集和方志文献里，成为纸上的文学景观。

---

① 光绪《永平府志》（二）卷三十九，《中国地方志集成·河北府县志辑》第 19 册，第 68 页。

参考文献

一 书目提要

朱士嘉编《中国地方志综录》（增订本），商务印书馆，1958。

中国科学院北京天文台主编《中国地方志联合目录》，中华书局，1985。

陈光贻编《稀见地方志提要》，齐鲁书社，1987。

崔建英编《日本见藏稀见中国地方志书录》，书目文献出版社，1986。

于鸿儒主编《河北省方志概要》，吉林省地方志编纂委员会、吉林省图书馆学会，1988。

河北大学地方史研究室编，河北省地方志编纂委员会审定《河北历代地方志总目》，河北人民出版社，1989。

金恩辉、胡述兆主编《中国地方志总目提要》，（台北）汉美图书有限公司，1996。

中国地方志指导小组办公室编《中国新编地方志目录》，方志出版社，1999。

秦其明主编，《中国新编地方志总目提要》编纂委员会编《中国新编地方志总目提要》，方志出版社，2006。

李丹编《美国哈佛大学哈佛燕京图书馆藏中国旧方志目录》，广西师范大学出版社，2013。

王鹤鸣主编《中国家谱总目》，上海古籍出版社，2008。

谭烈飞主编《北京方志提要》，中国书店，2006。

二 地方志

《中国地方志集成·北京府县志辑》，上海书店出版社，2002。

《中国地方志集成·天津府县志辑》，上海书店出版社，2004。

天津市地方志编修委员会编著《天津通志·旧志点校卷》，南开大学出版社，2001。

《中国地方志集成·河北府县志辑》，上海书店出版社，2006。

《中国地方志集成·河北府县志补辑》，上海书店出版社，2016。

《日本藏中国罕见地方志丛刊》，书目文献出版社，1992。

殷梦霞选编《日本藏中国罕见地方志丛刊续编》，北京图书馆出版社，2003。

《天一阁藏明代方志选刊》，上海古籍出版社，1961～1966。

《天一阁藏明代方志选刊续编》，上海书店，1990。

《中国方志丛书·河北省》，（台北）成文出版社，1968。

李欢主编《故宫博物院藏稀见方志丛刊》，故宫出版社，2013。

北京师范大学图书馆编《北京师范大学图书馆藏稀见方志丛刊》，北京图
　书馆出版社，2007。

马小林、孟繁裕主编《明代孤本方志选》，线装书局，2000。

郝瑞平编《清代孤本方志选》，线装书局，2001。

《宋元方志丛刊》，中华书局，1990。

董光和、齐希编《中国稀见地方史料集成》，学苑出版社，2010。

三　史料传记

点校本二十四史，中华书局，1959～1977。

赵尔巽等撰《清史稿》，中华书局，1977。

《历代史料笔记丛刊》，中华书局，1979。

周祖譔主编《历代文苑传笺证》，凤凰出版社，2012。

周骏富辑《清代传记丛刊》，（台北）明文书局，1985。

周骏富辑《明代传记丛刊》，（台北）明文书局，1991。

张捷夫等主编《清代人物传稿》，中华书局，2001。

来新夏主编《清代科举人物家传资料汇编》，学苑出版社，2006。

国史馆校注《清史稿校注》，（台北）台湾商务印书馆，1999。

《中国文学家大辞典》系列，中华书局，1992～2018。

傅璇琮主编《唐才子传校笺》，中华书局，1995。

傅璇琮主编《宋才子传笺证》，辽海出版社，2011。

周勋初主编《唐人轶事汇编》，上海古籍出版社，2015。

周勋初主编《宋人轶事汇编》，上海古籍出版社，2014。

（清）徐松撰，赵守俨点校《登科记考》，中华书局，1984。

（清）徐松撰，孟二冬补正《登科记考补正》，北京燕山出版社，2003。

傅璇琮主编《宋登科记考》，江苏教育出版社，2009。

鲁小俊、江俊伟校注《贡举志五种》，武汉大学出版社，2009。

（明）冯梦祯：《历代贡举志》，中华书局，1985。

国家图书馆善本金石组编《历代石刻史料汇编》，北京图书馆出版社，2000。

周绍良主编《唐代墓志汇编》，上海古籍出版社，1992。

周绍良、赵超主编《唐代墓志汇编续集》，上海古籍出版社，2001。

（宋）宋敏求编《唐大诏令集》，京华书局，1968。

李希泌主编，毛华轩等编《唐大诏令补编》，上海古籍出版社，2003。

司義祖整理《宋大诏令集》，中华书局，1962。

四 总集

（清）严可均辑《全上古三代秦汉三国六朝文》，上海古籍出版社，2009。

逯钦立辑校《先秦汉魏晋南北朝诗》，中华书局，2017。

韩理洲等辑校编年《全三国两晋南朝文补遗》，三秦出版社，2013。

韩理洲等辑校编年《全北魏东魏西魏文补遗》，三秦出版社，2010。

韩理洲等辑校编年《全北齐北周文补遗》，三秦出版社，2008。

韩理洲等辑校编年《全隋文补遗》，三秦出版社，2004。

（清）彭定求等编《全唐诗》，中华书局，1999。

陈尚君辑校《全唐诗补编》，中华书局，1992。

（清）董诰等编《全唐文》，中华书局，1983。

吴钢主编《全唐文补遗》，三秦出版社，2007。

周绍良主编《全唐文新编》，吉林文史出版社，2000。

李时人编校，何满子审定《全唐五代小说》，中华书局，2014。

许结主编《历代赋汇》，凤凰出版社，2018。

傅璇琮等主编《全宋诗》，北京大学出版社，1991。

汤华泉辑撰《全宋诗辑补》，黄山书社，2016。

曾枣庄、刘琳主编《全宋文》，上海辞书出版社，2006。

唐圭璋编纂《全宋词》，中华书局，1988。

《全宋笔记》系列，大象出版社，2003～2018。

曾枣庄、吴洪泽主编《宋代辞赋全编》，四川大学出版社，2008。

曾枣庄主编《宋代序跋全编》，齐鲁书社，2015。

唐圭璋编《全金元词》，中华书局，1979。

阎凤梧、康金声主编《全辽金诗》，山西古籍出版社，1999。

杨镰主编《全元诗》，中华书局，2013。

李修生主编《全元文》，江苏古籍出版社，1999。

《清代诗文集汇编》，上海古籍出版社，2010。

徐世昌编《晚晴簃诗汇》，中华书局，1990。

（清）朱彝尊选编《明诗综》，中华书局，2007。

（清）钱谦益编，许逸民、林淑敏点校《列朝诗集》，中华书局，2007。

五 学术专著、学位论文与期刊论文

清华大学国学研究院主编，方麟选编《王国维文存》，江苏人民出版社，
　　2014。

周余姣：《郑樵与章学诚的校雠学研究》，齐鲁书社，2015。

祝嘉：《中国书学史》，中国文史出版社，2015。

清华大学国学研究院主编，付佳选编《赵万里文存》，江苏人民出版社，
　　2016。

清华大学国学研究院主编，方遥选编《马衡文存》，江苏人民出版社，
　　2020。

李润民：《河北地方志载金代作家文献研究》，硕士学位论文，山西大学，
　　2007。

方广岭：《清代直隶方志研究》，博士学位论文，南开大学，2010。

杨春扬：《地方文化传统的转移——以民国时期河北省地方志的纂修为
　　例》，硕士学位论文，天津师范大学，2010。

王民德：《晚清碑学思潮研究（1814—1911）》，博士学位论文，中国艺术
　　研究院，2014。

朱建路：《石刻文献与元代河北地区研究》，博士学位论文，南开大学，
　　2017。

李也：《清代碑志书法研究》，博士学位论文，吉林大学，2018。

王旭东：《明清〈获鹿县志〉研究》，硕士学位论文，武汉大学，2019。

傅振伦：《河北明刊方志提要》，《河北师范大学学报》（哲学社会科学版）
　　1982 年第 4 期。

牛润珍：《河北旧方志的编纂存佚和种类》，《河北学刊》1983 年第 4 期。

牛润珍：《河北旧方志的源流和发展》，《河北学刊》1984 年第 6 期。

傅朗云：《中国东北地方文献学刍议》，《古籍整理研究学刊》1990 年第
　　1 期。

吴怀祺：《金石、金石学与〈通志·金石略〉》，《中国历史博物馆馆刊》
　　2000 年第 1 期。

赵子夫、高月起：《金石文献小考》，《河南图书馆学刊》2007 年第 2 期。

申欢欢：《河北涉县响堂石窟隋代石刻碑记补释》，《邢台学院学报》2008
　　年第 4 期。

张靖：《论金石学学科领域的金石书籍分类》，《图书馆理论与实践》2010
　　年第 3 期。

杨海蛟：《金石学文献价值及著作分类》，《美与时代》（中）2012 年第
　　6 期。

王雪玲：《论清代金石学的学术自觉与理论价值》，《吉林大学社会科学学
　　报》2013 年第 2 期。

王霖、吕贺：《邢台开元寺金石文献研究初探》，《邢台学院学报》2020 年
　　第 4 期。

图书在版编目（CIP）数据

京津冀方志金石文献述论 / 张志勇著. -- 北京：
社会科学文献出版社，2021.11
ISBN 978 - 7 - 5201 - 9152 - 4

Ⅰ.①京… Ⅱ.①张… Ⅲ.①金石 - 文献 - 研究 - 华
北地区 Ⅳ.①K877.24

中国版本图书馆 CIP 数据核字（2021）第 198102 号

京津冀方志金石文献述论

著　　者／张志勇

出 版 人／王利民
责任编辑／杜文婕
文稿编辑／程丽霞
责任印制／王京美

出　　版／社会科学文献出版社
　　　　　　地址：北京市北三环中路甲 29 号院华龙大厦　邮编：100029
　　　　　　网址：www.ssap.com.cn
发　　行／市场营销中心（010）59367081　59367083
印　　装／三河市龙林印务有限公司

规　　格／开本：787mm × 1092mm　1/16
　　　　　　印张：18　字数：296 千字
版　　次／2021 年 11 月第 1 版　2021 年 11 月第 1 次印刷
书　　号／ISBN 978 - 7 - 5201 - 9152 - 4
定　　价／98.00 元

本书如有印装质量问题，请与读者服务中心（010 - 59367028）联系